Hugo de Vries

Monographie der Zwangsdrehungen

Hugo de Vries

Monographie der Zwangsdrehungen

ISBN/EAN: 9783743381735

Hergestellt in Europa, USA, Kanada, Australien, Japan

Cover: Foto ©Andreas Hilbeck / pixelio.de

Manufactured and distributed by brebook publishing software (www.brebook.com)

Hugo de Vries

Monographie der Zwangsdrehungen

Monographie der Zwangsdrehungen.

Von

Hugo de Vries.

Mit Tafel II—XI.

I. Theil.

Dipsacus silvestris torsus.

Erster Abschnitt.
Die Gewinnung einer erblichen Rasse.

§ 1. Methodisches.

Die Untersuchungen über Bildungsabweichungen treten in den letzten Jahren mehr in den Vordergrund wie früher. Ihrer allgemein anerkannten morphologischen Bedeutung schliesst sich jetzt auch das Interesse an, welches sie für die Fragen der Erblichkeit gewähren. In beiden Hinsichten scheint es mir aber zeitgemäss, an die Stelle des bisherigen Verfahrens, überall wo dies nur möglich ist, die experimentelle Methode einzuführen.

Weitaus die meisten Untersuchungen auf diesem Gebiete beschränken sich auf das Studium und die Beschreibung zufällig aufgefundener Gegenstände. Es leuchtet aber, auch bei oberflächlicher Kenntniss der vorliegenden Literatur, ein, dass der wissenschaftliche Werth der Mittheilungen in hohem Grade von der Vollständigkeit des studirten Materiales abhängig ist. Fast jede Monstrosität tritt uns in den mannigfachsten Graden der Ausbildung entgegen, und

eine volle Einsicht wird nur gewonnen, wenn diese so zahlreich wie
nur irgendwie möglich berücksichtigt werden. Die teratologische
Literatur ist äusserst reich an kurzen Beschreibungen einzelner Fälle,
und der Natur ihres Vorwurfes gemäss kann sie solcher nicht ent-
behren. Daneben aber bilden die ausgedehnteren und eingehenden
Erforschungen von in sich geschlossenen Gruppen von Bildungsabweichungen die Quellen gründlicher Erkenntniss, welche die Grundlage für die wissenschaftliche Einsicht in die ersteren abgeben.

Solchen umfangreicheren Studien könnte man den Namen von
teratologischen Monographien geben.

Um für derartige Monographien das erforderliche Material zu
gewinnen, möchte ich nun die Methode der Herstellung erblicher
Rassen empfehlen. Ich habe mich durch eine lange Reihe von
Culturversuchen mit den verschiedensten Bildungsabweichungen über-
zeugt, dass diese im Allgemeinen erblich sind und sich, bei richtiger
Behandlung, mehr oder weniger leicht fixiren lassen. Schon ein
geringer Grad von Fixirung liefert aber bereits sehr reichliches und
oft ausreichendes Material für die morphologische Untersuchung, und
eine Cultur von wenigen Jahren dürfte diesem Zwecke in den meisten
Fällen genügen.

Die vorliegende Abhandlung hat zur hauptsächlichsten Aufgabe,
die Zweckmässigkeit der vorgeschlagenen Methode an einem klaren
Beispiele zu zeigen. Zwangsdrehungen sind an zahlreichen Pflanzen-
arten und in den verschiedensten Graden der Ausbildung aufgefunden
worden; eine wissenschaftliche Erklärung wurde vor fast einem halben
Jahrhundert von dem berühmten Morphologen Braun aufgestellt,
und dennoch ist eine klare Einsicht in das Wesen dieser Erscheinung und in die Merkmale, welche sie von den übrigen Torsionen
trennen, noch bei Weitem nicht erreicht worden.

Um dazu zu gelangen, bedarf es erstens eines viel reicheren
Materiales zu vergleichend morphologischen Studien und zweitens
der Verfügung über die nöthigen lebenden Individuen zu physiologischen Experimenten. Beides kann wohl nur mittelst der Methode
der erblichen Rassen erreicht werden.

Aber ein geringer Grad der Fixirung genügt, wie bereits hervorgehoben. Meine Rasse von Dipsacus silvestris torsus lieferte
in dritter Generation, bei einem Erblichkeitsgrade von nur etwa
4 %, alles zur vorliegenden Untersuchung erforderliche Material.

Und ich glaube, dass ich in den wesentlichen Punkten hinreichend
vollständige Reihen von Beobachtungen und Versuchen gesammelt
habe. Darüber wird aber der Leser selbst urtheilen können.

§ 2. Geschichte meiner Rasse.

Seit vielen Jahren cultivirte ich, zu anderen Zwecken, im
botanischen Garten von Amsterdam, unter vielen anderen Gewächsen
auch Dipsacus silvestris. Und zwar stets als zweijährige Pflanze.
Allerdings wird diese Art in verschiedenen Floren als einjährig angegeben [1]), ich fand aber in meiner Cultur, unter mehreren Tausen-
den von Individuen, nie ein einjähriges.

Im Jahre 1885 fand ich in meinem Beete zufällig zwei tordirte
Exemplare. Bevor diese zu blühen anfingen, liess ich die sämmtlichen übrigen entfernen. Von den beiden gesparten Pflanzen war
der Hauptstamm der einen nach rechts, der anderen nach links
tordirt. Die Samen dieser beiden Stammeltern meiner Rasse wurden
im folgenden Jahre auf zwei grossen Beeten ausgesäet. Als die
Pflanzen im Juni 1887 emporschossen, zeigte sich, dass unter 1643
Exemplaren wiederum zwei tordirte waren. Diese waren beide im
Hauptstamm nach rechts gedreht, das eine in drei ganzen Windungen
bis nahe an den Gipfel des Stengels, das andere viel schwächer und
nur im unteren Theile zu etwa $1\frac{1}{2}$ Schraubenumgang.

Nur diese beiden Individuen liess ich zur Blüthe gelangen.
Ihre Samen sammelte ich im October und zwar von jedem getrennt.

Unter den nicht tordirten Exemplaren von 1887 fanden sich
zwei mit dreigliedrigen Wirteln, die übrigen hatten die normale,
decussirte Blattstellung. Sie wurden im Juni zur Hälfte ausgerodet,
zur Hälfte dicht über dem Wurzelhals abgeschnitten. Die letzteren
trieben darauf, aus den Achseln der Wurzelblätter, zahlreiche und
kräftige Sprosse, welche ich gleichfalls nicht zur Blüthe gelangen
liess, welche aber ein reichliches Material von kleineren Torsionen
und weiteren Bildungsabweichungen lieferten.

Im Jahre 1888 fing meine dritte Generation an. Ich wählte
dazu nur die Samen von einer der beiden tordirten Pflanzen von
1887 und zwar von der am schönsten gedrehten. Sie wurden auf

---

1) Koch, Synopsis Florae Germanicae et Helveticae; Grenier et
Godron, Flore de France.

vier Beeten gesäet. Im Mai 1889, als die Pflanzen zu schiessen
anfingen, waren die tordirten leicht zu erkennen. Sie waren 67 an
der Zahl. Daneben 46 Exemplare mit dreigliedrigen Wirteln und
1503 mit decussirten Blättern. Im Ganzen also 1616 Exemplare,
von denen somit 4,1 % tordirt waren. Die Anzahl der tordirten wech-
selte auf den einzelnen Beeten und erreichte im höchsten Falle 7,6 %.

Die Drehung war in einigen Stämmen eine rechtsläufige, in
anderen linksläufig. Ich untersuchte dieses, nachdem 11 Exemplare
zu anderen Zwecken verwandt waren und fand 29 rechts- und 27
linksgedrehte. Also waren beide Richtungen in annähernd gleicher
Anzahl vertreten.

Von den tordirten Exemplaren wurden mehr als die Hälfte
während des Wachsthums des Stammes abgeschnitten oder zu Versuchen benutzt. Von den übrigen wählte ich, kurze Zeit vor der
Blüthe, die vier besten Individuen als Samenträger aus. In diesen
erstreckte sich die Torsion des Stammes bis zum höchsten Blatte,
und waren an einigen Seitenzweigen gleichfalls Zwangsdrehungen,
wenn auch nur in geringem Grade, ausgebildet. Von den Samenträgern schnitt ich vor der Blüthe alle normalen Seitenäste ab und
an den übrigen alle noch ganz jungen Nebenknospen. Es gelangten
nur die gipfelständige Inflorescenz des Hauptstammes, die Köpfchen
zweiten Grades und einige dritten Grades zur Blüthe.

Während der Blüthe der Samenträger gelangte kein anderes
Exemplar zur Blüthe. Es wurde dadurch die Gefahr einer Kreuzung
vermieden. Die Samen reiften im September 1889 und wurden von
den vier Samenträgern getrennt, und ferner getrennt von den Inflorescenzen ersten, zweiten und dritten Grades eingesammelt.

Um aus diesen vier Samenträgern von 1889 denjenigen mit
der grössten Erbkraft zur Fortsetzung der Rasse zu wählen, befolgte
ich die Methode Vilmorin's. Ich säete im Jahre 1890 von jedem
einen Theil der Samen auf ein besonderes Beet; zwei von diesen
Beeten lieferten 10 %, die beiden andern 1 % und 5 % tordirter
Individuen; die beiden ersteren sollen somit allein zur Fortsetzung
der Rasse dienen.

Ich habe jetzt noch über die atavistischen Individuen von 1889
zu berichten. Von diesen wurde im Mai ein Theil ausgerodet, ein
grösserer Theil aber dicht am Boden abgeschnitten, um, wie in der
vorigen Generation, aus der Wurzelblattrosette neue Triebe zu bilden.

Der Erfolg war der erwartete und zwar, dem Fortschritt der Rasse entsprechend, ein besserer als in 1887. Die Ernte lieferte in 1887 auf 1845 und in 1889 auf 820 Zweigen:

1887   20 % Seitenäste mit Abweichungen in der Blattstellung,
1889   29 % solcher Seitenäste,
1887   1—2 % Seitenäste mit localer Zwangsdrehung,
1889   9. % solcher Seitenäste.

Somit ein sehr reichliches Material zu weiteren Studien.

Die Zweijährigkeit meiner Rasse würde zur Folge haben, dass ich jedesmal nur im zweiten Jahre Material zur Erforschung der Zwangsdrehung hätte. Ich habe deshalb auch in den Jahren 1887 und 1889 Aussaaten gemacht, um diesem Uebelstande vorzubeugen. Diese Aussaaten lieferten das, namentlich zu physiologischen Experimenten noch gewünschte Material, wurden aber nicht zur Ausbildung der Rasse benutzt.

Durch die beschriebene Cultur ist bewiesen, dass die Zwangsdrehung von *Dipsacus silvestris* eine erbliche Erscheinung ist, welche sich durch Zuchtwahl fixiren lässt.[1] Ferner sieht man, dass in drei Generationen ein ausreichendes Material für Untersuchungen gewonnen werden kann. Ich habe im Laufe der vier letzten Jahre etwa 90 gedrehte Hauptstämme, weit über 100 Seitenzweige mit localer Zwangsdrehung und nahezu 1000 Seitenzweige mit sonstiger abweichender Blattstellung geerntet.

§ 3. Beschreibung der typischen Exemplare.

Zwischen den Individuen mit dem höchsten Grade der Zwangsdrehung und den Atavisten kommen Uebergänge in allen Stufen der Ausbildung vor. Für das morphologische Studium sind diese viel wichtiger als die Erben selbst; letztere werden daher im Folgenden in den Hintergrund treten. Ich möchte deshalb hier eine kurze Beschreibung der typischen Erben entwerfen, um zu zeigen, wie weit sich meine Rasse in der dritten Generation ausgebildet hat.

Die Erben sind in den ersten Monaten ihres Lebens von den Atavisten nicht zu unterscheiden. Sie haben gewöhnlich zwei, bisweilen drei Cotylen, und decussirte, bisweilen in dreigliedrigen Wirteln

---

1) Vergl. meine vorläufige Mittheilung in den Berichten der deutschen botanischen Gesellschaft 1889, Bd. VII, Heft 7, S. 291.

gestellte Wurzelblätter. Häufig fängt die spiralige Stellung der
Blätter schon im ersten Sommer an, doch habe ich darauf leider
in 1888 noch nicht geachtet. In der in 1889 gekeimten Nebencultur habe ich aber bereits im ersten Jahre, theils im Hochsommer,
theils im Herbst, Rosetten mit spiraliger und dreizähliger Blattstellung ausgewählt und alle übrigen ausgerodet. Aus ihnen erhielt
ich im Jahre 1890 Stämme mit Zwangsdrehung und mit dreigliedrigen Wirteln, daneben aber auch Rückschläge. Der erste
Anfang der spiraligen Blattstellung wird, je nach den Individuen,
früher oder später sichtbar. In der Aussaat von 1890 war die
spiralige Anordnung der Blätter im ersten Herbste schon sehr allgemein eingetreten.

Ich habe in der jetzigen vierten Generation die erste Aus-
wahl der tordirten Exemplare bereits im Winter vorgenommen und
hoffe, solches in späteren Generationen schon im ersten Sommer
thun zu können und dadurch im zweiten Jahre stets bedeutend
an Raum zu ersparen. Je früher die spiralige Blattstellung sichtbar
wird, um so grössere Ansprüche hat die Pflanze offenbar, um als
Samenträger gewählt zu werden.

Die in der Rosette der Wurzelblätter aufgetretene spiralige
Blattstellung erhält sich, abgesehen von Rückschlägen, bis zur Inflorescenz. Dementsprechend wird der Stengel tordirt, indem die
sich streckenden Internodien an ihrer Dehnung gehindert werden.
Die Blätterspirale wird theilweise entwunden und dabei steiler, um
so mehr, je bedeutender das Wachsthum der Internodien ist. Auf
den ersten Windungen folgt bisweilen ein völlig entwundener Theil
der Blattspirale; hier stehen die Blätter in gerader Zeile einseit-
wendig. Jedoch war dieses bei meinen Samenträgern noch nicht
der Fall.

Zu den Rückschlägen rechne ich auch das in 1889 häufig beobachtete Auftreten eines geraden, gestreckten Internodiums unterhalb
der drei obersten Blätter, wie dieses auf Taf. II in Fig. 3 abgebildet
worden ist. In den vier Samenträgern war aber eine solche Unterbrechung der Zwangsdrehung nicht vorhanden, die Blätterspirale war
eine ununterbrochene. Das Internodium, welches die Inflorescenz
trägt, war stets gestreckt und nicht tordirt.

Schon Anfang Mai waren die tordirten Exemplare leicht von
den übrigen zu unterscheiden. Ein Umstand, der dazu wesentlich

beiträgt, ist folgender. Die Blätter verwachsen in einer Spirale; dadurch unterbleibt die Bildung jener Trichter, welche in regnerischen Zeiten mit Wasser gefüllt sind. An solchen Tagen fallen die wasserlosen Exemplare sofort in die Augen. Mitte Mai, bei einer Stammeslänge von etwa einem halben Meter, sind die Erben noch nahezu gleich hoch wie die Atavisten, von da an bleiben sie aber zurück und Ende Mai fallen sie, als Zwerge, zwischen den hoch aufschiessenden Atavisten schon in grosser Entfernung auf. Dieser Unterschied nimmt bei fortdauernder Streckung der normalen Exemplare stark zu, bis Ende Juni die Atavisten fast zwei Meter Höhe erreicht haben und die Erben, bei einer Stammeslänge von wenig über einem halben Meter, ihre Seitenzweige nur etwa bis zu einem Meter Höhe emporheben.

Die Seitenzweige der tordirten Exemplare waren in der ersten und zweiten Generation normal, oder wenigstens nicht tordirt. In der dritten Generation verhielten sich viele Erben ebenso, an einigen trat aber auch in den Zweigen Zwangsdrehung, wenn auch nur in geringer Ausbildung, auf. Die vier Exemplare, in welchen diese Erscheinung am schönsten entwickelt war, wurden zu Samenträgern ausgewählt. Unter ihnen hatte ein Individuum zwei Zweige mit schöner Torsion, die übrigen nur solche mit geringer Drehung. Daneben hatte jedes einige Zweige mit abweichender Blattstellung. Es zeigte sich dabei, dass sowohl die unteren, wie auch die höchsten Seitenzweige stets normal waren, nur die mittleren trugen die erwähnten Abweichungen. Solches war, soweit ich dieses untersuchen konnte, an allen Erben, und auch an den dreizähligen Exemplaren und den Atavisten die Regel.

Vor der Blüthe schnitt ich von den Samenträgern alle normalen Zweige, wie erwähnt, ab, und liess ihnen nur die 5 bis 11 mittleren Aeste. Ich hoffe, dadurch die Aussichten auf Verbesserung meiner Rasse erhöht zu haben.

Bei der Ausbildung einer neuen Rasse muss man bekanntlich von vornherein ein bestimmtes Ideal vor Augen haben, nach welchem man seine Samenträger wählt. Ununterbrochene Torsion am Hauptstamm und an allen Seitenzweigen gehört zum Bilde des Monstrums, das ich erreichen möchte.[1]) Eine spiralige Blattstellung in der

---

1) Die Zwangsdrehung muss sich, in meinem Ideal, bis an die Inflorescenz erstrecken, diese muss von ihr nicht durch ein gestrecktes Internodium getrennt

Rosette von den Cotylen an und eine Erblichkeit von nahezu 100 %
sind gleichfalls als Anforderungen zu stellen. Nach meinen bisherigen Erfahrungen an anderen Monstrositäten hoffe ich, diesem
Ideal in drei bis vier weiteren Generationen schon ziemlich nahe
kommen zu können, aber um es völlig zu erreichen, wird wohl noch
eine längere Reihe von Jahren erforderlich sein.

Von den in 1889 geernteten Samen der oben beschriebenen vier
Exemplare habe ich in 1890 nur einen Theil ausgesät. Eine Probe
habe ich meinem verehrten Freunde, Herrn Professor Magnus, zur
Cultur im botanischen Garten in Berlin gesandt. Meine diesjährige
Cultur (1890—1891) hat eine Beurtheilung der Erbkraft der einzelnen
Sorten der 1889 geernteten Samen gestattet, und ich werde jetzt
gerne Proben den Herren Fachgenossen zur Verfügung stellen. Bei
etwaigen Anfragen bitte ich zu berücksichtigen, dass einstweilen nur
auf etwa 10 % tordirter Exemplare zu rechnen ist, dass die Culturen
somit einen ziemlich grossen Raum erfordern, um Aussicht auf Erfolg zu haben.

Zweiter Abschnitt.

Die Blattstellung der erblichen Rasse.

§ 1. Die decussirte und die quirlige Blattstellung.

Die normalen Pflanzen von Dipsacus silvestris und die
Atavisten meiner Rasse haben decussirte Blattstellung. Diese fängt
mit den Cotylen an und erhält sich unverändert bis in die Inflorescenz. Im Stengel des zweiten Jahres ist sie genau decussirt,
wie z. B. aus Fig. 7 auf Taf. III ersichtlich ist. In der Rosette
des ersten Jahres würde eine solche Stellung die Blätter in vier
Zeilen übereinander stehen lassen und wäre sie somit der Function
dieser Organe höchst schädlich. Dieser Gefahr entweicht die Pflanze,
indem sie die aufeinanderfolgenden Blattpaare um einen kleinen

---

bleiben. Dass dieses erreichbar ist, zeigte mir ein Seitenzweig eines dreizähligen
Individuums im Sommer 1890. Die Blätterspirale schloss hier direct an die unterste
Schuppe des Involucrums an; die Zwangsdrehung selbst war allerdings noch unterbrochen, das oberste Blatt und die unterste Schuppe waren aber durch eine schmale,
aber deutliche Flügellinie über die ganze Länge des kurzen, sie trennenden Internodiums verbunden.

Winkel drcht. Ich habe dieses in Fig. 8 meiner vorläufigen Mittheilung abgebildet.[1])

Die Blattpaare von Arten mit normaler decussirter Blattstellung werden bisweilen, durch longitudinale Verschiebung, aufgelöst. Dabei bleibt, wie Delpino lehrte, die Decussation erhalten. Man erkennt dieses häufig ohne Weiteres, oder aber in der horizontalen Projection der Insertionsstellen der Blätter. An den Seitenzweigen der Atavisten meiner Rasse war diese Erscheinung nicht gerade selten; einen sehr deutlichen Fall habe ich in Fig. 2 auf Taf. VII dargestellt. Zwischen zwei normalen Blattpaaren sieht man hier zwei einzeln stehende Blätter. Denkt man sich aber das trennende Internodium weg, so bilden sie zusammen ein Paar, welches genau mit den beiden anderen decussirt ist. Wegen der Bedeutung, welche solche Fälle für die richtige Beurtheilung der normalen Blattstellung unserer Pflanze haben, verweise ich auf Delpino's bekanntes Werk: Teoria generale della Fillotassi.

Die erwähnte Figur zeigt uns zu gleicher Zeit eine andere Erscheinung, welche in Aesten mit spiraliger Blattstellung viel häufiger auftritt, hier aber in ihrer einfachsten Form zu erkennen ist. Ich meine die Knickung des Stengels an den beiden einblättrigen Knoten. In den gewöhnlichen Knoten bleibt der Stengel gerade, hier biegt er nach der dem Blatte entgegengesetzten Seite aus. Die Veränderung der Richtung erreicht im unteren Knoten etwa 35°, im oberen etwa 40°. Aber in anderen Fällen, und namentlich bei spiraliger Blattstellung, kann die Knickung so weit gehen, dass das obere Internodium fest gegen das untere angedrückt wird, die Umbiegung im Knoten also fast 180° beträgt. Eine ganz ähnliche Knickung des Stengels an einblättrigen Knoten kommt bekanntlich bei den Varietates tortuosae vor, z. B. bei Ulmus campestris tortuosa und bei Robinia Pseud-Acacia tortuosa, und ist von Masters für Crataegus oxyacantha[2]) abgebildet. Den Mechanismus dieser Erscheinung habe ich nicht untersucht, doch dürfte Dipsacus silvestris torsus zu solchen Studien ein geeigneteres Material abgeben, als die namhaft gemachten, anscheinend sehr constanten Handelsvarietäten.

---

1) Ber. d. d. bot. Gesellsch. Bd. VII, Taf. XI.
2) Masters, Vegetable Teratology, S. 317.

Im ersten Abschnitt habe ich des Vorkommens von Individuen mit dreiblättrigen Wirteln Erwähnung gethan. Auch in diesem Falle ist die Blattstellung bisweilen über den ganzen Stamm dieselbe, indem die Pflanze mit drei Cotylen keimt und die Blätter, sowohl der Rosette als des Stengels, zu je drei zu Wirteln vereinigt sind. Die Blattstellung eines solchen Exemplares habe ich in Fig. 2 auf Taf. III im Querschnitt in geringer Höhe oberhalb des Vegetations-punktes des wachsenden Stengels, zur Vergleichung mit der nachher zu besprechenden spiraligen Anordnung, dargestellt.

Auch viergliedrige Blattwirtel kommen bisweilen vor, aber nur vereinzelt, an Hauptstämmen oder Seitenzweigen. Fünf- und sechs-gliedrige Quirle fand ich bis jetzt nur an verbänderten Zweigen (vergl. Abschnitt VII, § 1).

Zur Untersuchung der Blattstellung in der Endknospe der Rosette und wachsenden Stengel benutzte ich eine Methode, welche ihrer Einfachheit wegen sich für ähnliche Fälle empfehlen dürfte. Die Knospen werden, nach Entfernung der äusseren Blätter, in Alkohol gehärtet und darauf in Glycerin-Gelatine eingebettet, um die Zwischen-räume zwischen den jungen Blättchen zu füllen und diese in ihrer normalen Lage aneinander zu befestigen. Die mit Alkohol durch-tränkten Knospen werden dazu einfach in die erwärmte, flüssige Mischung gebracht, worauf ich den Alkohol mittelst einer Luftpumpe ein Paar Male aufkochen lasse. Dadurch wird die Flüssigkeit zwischen den Blättern, sowie etwa noch vorhandene Luft entfernt, beim lang-samen Oeffnen des Hahnes dringt das warme Glycerin-Gelatin in die sämmtlichen Zwischenräume ein. Man giesst nun aus, lässt er-kalten und bringt die Knospe in eine Mischung von etwa gleichen Theilen Alkohol und Glycerin. Ist die Gelatine hierin hinreichend entwässert, so klebt sie nicht mehr an das Messer, ist aber noch so weich, dass sie sich, mit sammt der Knospe, sehr leicht schneiden lässt. Mit einem Handmicrotom werden jetzt Schnitte von 0,1 bis 0,2 mm Dicke gemacht, welche, reihenweise auf Objectträgern auf-geklebt und mit Glycerin überdeckt, dem Zwecke völlig genügen. Nach solchen Präparaten sind die meisten Zeichnungen auf den Tafeln III—V mit der Camera lucida entworfen worden.

Zu bemerken ist noch, dass ich die Injectionen in einem dick-wandigen Röhrchen von der Grösse eines gewöhnlichen Reagenzrohres vornehme. Dieses steht durch ein Rohr von Kautschuk mit dem

Hahne der Luftpumpe in Verbindung und wird während der Operation in ein Glas mit warmem Wasser gestellt. Mittelst eines Stückchens Messinggases werden die Knospen in der Mischung untergehalten. Man kann gleichzeitig mehrere Knospen injiciren.

Auch kann man die injicirten Knospen mittelst Glycerin-Gelatine auf flache Korke kleben und darauf in Alkohol-Glycerin härten. Kleine Knospen sind dann leichter zu handhaben. Klebt man einige Knospen neben einander, so kann man sie gleichzeitig schneiden.

§ 2. Die spiralige Blattstellung.

Eines der Hauptresultate meiner Untersuchung ist der Satz, dass Zwangsdrehungen bei meinem Dipsacus silvestris torsus nur an Achsen mit spiraliger Blattstellung auftreten, und dass diese Anordnung bereits in der Knospe, lange vor dem ersten Anfange der Torsion, obwaltet.

Dass an den tordirten Zweigen die erwachsenen Blätter in einer Spirale stehen, leuchtet, bei kräftiger Ausbildung der Zwangsdrehung, stets auf dem ersten Blick ein; für die Fälle geringerer Drehung werde ich diesen Punkt im vierten Abschnitt besprechen. Aber die Spirale am tordirten Stengel ist nicht mehr die ursprüngliche, denn sie ist gerade durch die Drehung theilweise· entwunden. Es ist somit notwendig, sie zuerst in ihrem anfänglichen Zustande zu studiren, um zu erforschen, wie sie sich verhält, bevor sie durch die Torsion verändert wird.

Dieses ist die Aufgabe des vorliegenden Paragraphen. Er zerfällt in zwei Theile, deren einer die spiralige Blattstellung in den Rosetten der Wurzelblätter behandelt, während der zweite dieselbe Erscheinung in den Endknospen der sich streckenden Stämme des zweiten Jahres verfolgt.

In meiner Nebencultur von 1889 habe ich im Laufe des Sommers und des Herbstes in mehreren Rosetten von Wurzelblättern eine Aenderung der anfänglich decussirten Blattstellung in die spiralige beobachtet. Wenn man einmal darauf aufmerksam geworden ist, lässt sich die neue Anordnung leicht ermitteln. An einem Individuum, welches mit drei Cotylen keimte, beobachtete ich im Juli 1889 die erste Andeutung der spiraligen Blattstellung, nachdem fünf dreigliedrige Wirtel ausgebildet waren. Ich maass auf dem Felde die Wirtel zwischen den drei Blättern, welche bei ungeänderter

Blattstellung den sechsten Quirl gebildet haben müssten. Ich fand
aber $2/5$ eines Umkreises (also etwa 144°), was der Blattstellung
$5/13$ für eine so ungenaue Messung hinreichend entspricht. Die
Spirale war eine linksläufige. Die Anordnung blieb eine spiralige
bis in den nächsten Frühling, der aufschiessende Stengel aber trug
nur dreigliedrige Blattwirtel.

Im weiteren Laufe desselben Sommers bis in den Herbst trat
die spiralige Blattstellung noch in zehn Rosetten auf, welche mit
decussirten Blättern angefangen hatten. Die Anordnung entsprach
wieder der Formel $5/13$. Mehrere von diesen Exemplaren hatten in
1890 tordirte Stämme.

Für die Untersuchung der Blattstellung in der Endknospe tordirender Stämme war ich in der Lage, ein ziemlich bedeutendes
Material zu opfern. Einige Exemplare untersuchte ich sofort, von
einem Dutzend brachte ich im Mai 1890 die Gipfel in Alkohol, um
davon im Winter vollständige Schnittserien herzustellen. Von diesen
waren sechs links- und sechs rechtsgedrehte. Sie waren so weit
entwickelt, dass wohl alle Blätter angelegt waren, in einigen war
bereits der erste Anfang der Anlage der Blüthenknospe in den betreffenden Präparaten sichtbar. Ferner legte ich im Frühling 1890
einige tordirende Stämme mit ihren sämmtlichen Blättern in Alkohol
ein, sowie einige andere zu besonderen Zwecken. Endlich nahm ich
zu dieser Untersuchung einige Rosetten mit spiraliger Blattstellung.

Mit einer einzigen Ausnahme (Fig. 9 auf Taf. III) erhielt sich
in allen diesen, und namentlich in elf zu vollständigen Schnittserien
verarbeiteten Exemplaren, die spiralige Anordnung bis in die jüngsten
noch zu erkennenden Blattanlagen (vergl. Taf. III, Fig. 1, 3, 4, 5,
Taf. IV, Fig. 1 A, 2 u. s. w.). Auch war der Blattwinkel, nach
Augenmaass, überall derselbe, und zwar von den jüngsten Anlagen
an bis zu jenen Blättern, an deren Basis die Torsion des Stengels
gerade anfing.

Um den Blattwinkel möglichst genau kennen zu lernen, wählte
ich aus den namhaft gemachten elf Schnittserien die Schnitte,
welche gerade den Vegetationskegel des Stammes enthielten. Ich
maass den Winkel zwischen einer der jüngsten Anlagen, meist der
dritten bis fünften, und einem der ältesten Blättchen, und wählte
diese beiden derart, dass sie eine möglichst sichere Messung ge-
statteten. In der Spirale zählte ich nun die Blattwinkel und die

Umgänge zwischen diesen beiden Endpunkten; aus diesen Werthen lässt sich offenbar die mittlere Grösse des Blattwinkels berechnen. Ich erhielt die folgenden Zahlen:

A. Links gedrehte Individuen.

	Zahl der Blattwinkel.	Gesammtgrösse.	Mittlere Werth.
No. 1	8	$3 \times 360^0 + 25^0$	$138^0 \ 8'$
No. 2	10	$4 \times 360^0 - 55^0$	$138^0 \ 30'$
No. 3	10	$4 \times 360^0 - 65^0$	$137^0 \ 30'$
No. 4	9	$3 \times 360^0 + 160^0$	$137^0 \ 45'$
No. 5	11	$4 \times 360^0 + 75^0$	$137^0 \ 40'$
No. 6	—	—	$137^0 \ 13'$

B. Rechts gedrehte Individuen.

No. 7	11	$4 \times 360^0 + 90^0$	$139^0 \ 6'$
No. 8	10	$4 \times 360^0 - 75^0$	$136^0 \ 30'$
No. 9	8	$3 \times 360^0 + 40^0$	$140^0 \ 0'$
No. 10	4	$2 \times 360^0 - 165^0$	$138^0 \ 45'$
No. 11	8	$4 \times 360^0 - 25^0$	$138^0 \ 30'$

Der mittlere Blattwinkel ist somit $138^0 \ 10'$.

Vergleichen wir diese Zahl mit den bekannten Werthen der sogenannten Hauptreihe der Blattstellungen[1]):

$$\tfrac{1}{2} = 180^0$$
$$\tfrac{1}{3} = 120^0$$
$$\tfrac{2}{5} = 144^0$$
$$\tfrac{3}{8} = 135^0$$
$$\tfrac{5}{13} = 138^{6}/_{13}$$
$$\tfrac{8}{21} = 137^{1}/_{7}$$
$$\text{Grenzwerth} = 137^0 \ 23' \ 28''.$$

Wir dürfen daraus folgern, dass die Blattstellung unserer tordirten Exemplare, von Anfang der Drehung, der Formel $^5/_{13}$ hinreichend genau entspricht, um diese zu ihrer Bezeichnung zu wählen.

Ich habe dieses Resultat auf Taf. III in den Fig. 3—5 bildlich dargestellt. Sie sind drei verschiedenen Individuen entnommen, Fig. 3 und 4 rechts, Fig. 5 links gedreht. Der Schnitt Fig. 3 ist 1,4 mm oberhalb des Vegetationspunktes aus der betreffenden Serie

---

1) Vergl. Hofmeister, Allgemeine Morphologie, S. 447.

gewählt; Fig. 5 enthält diesen Theil in seiner Mitte. In dem
Stengel, welchem die Fig. 4 entnommen worden ist, war, wie man
sieht, die Anlage des Blüthenköpfchens schon angefangen. Auf die
Anordnung der Bracteen habe ich nicht geachtet.

Der Winkel zwischen den jüngsten aus obiger Tabelle ausgeschlossenen Blattanlagen lässt sich nicht so genau messen. Es
war aber wichtig, zu entscheiden, ob er in runder Zahl annähernd
140°, entsprechend $^5/_{13}$, oder 120°, entsprechend dem Winkel im
dreigliedrigen Blattquirl war. Dieses war leicht zu beobachten. Ich
maass ihn für sieben Individuen zwischen der jüngsten und der
zweiten und zwischen der zweiten und der dritten Anlage und fand
ihn stets annähernd = 140°. In einigen dieser Stämme war das
Capitulum eben angelegt, in anderen aber noch nicht.

Die spiralige Blattstellung in den Rosetten des ersten Jahres
ist dieselbe, wie die in der Endknospe des wachsenden Stengels.
Auf Taf. III ist in Fig. 1 das Centrum einer solchen Rosette abgebildet. Die Spirale war eine linksläufige, die Pflanze sehr gross
und schön entwickelt. Sie wurde Ende December 1889 aus dem
Beete genommen und in Alkohol eingelegt. Die Figur ist aus einer
Serie von Microtomschnitten gewählt. Der Winkel zwischen den
Blättern No. 3 und No. 16 ist $\dfrac{5 \times 360 + 20}{13} = 140°$, stimmt
also hinreichend genau mit der Formel $^5/_{13}$ überein.

Die spiralige Anordnung der Blätter in der Endknospe der
tordirenden Individuen erhielt sich in allen untersuchten Fällen, mit
der erwähnten Ausnahme (Taf. III, Fig. 9; vergl. den folgenden §)
bis zum Gipfel. Vergleichen wir mit dieser Thatsache den Befund
an denjenigen tordirenden Individuen, welche ich bis zur vollen
Entwickelung ihres Hauptstammes auf den Beeten stehen liess. Ihre
Zahl betrug 35 (Mitte Juni 1889).

Unter diesen Individuen erstreckte sich die Zwangsdrehung ununterbrochen bis in das höchste Blatt in zehn Fällen, während in
24 anderen Exemplaren sich eine Unterbrechung zwischen dem
dritten und vierten Blatte (von oben herab gezählt) zeigte. Aber
auch hier standen alle Blätter in spiraliger Anordnung, und war die
Torsion bis zur Unterbrechung schön entwickelt. In einem Individuum folgte auf dem tordirten Stammtheile ein gestreckter Gipfel
von über 1 m Länge mit vier echten dreigliedrigen Quirlen.

Dieses entsprach somit dem in Fig. 9 auf Taf. III abgebildeten Falle.

Wir dürfen nun wohl schliessen, dass die Anordnung der Blätter in der Endknospe der gesparten Individuen dieselbe war wie in den auf's Geradewohl herausgegriffenen mikroskopisch untersuchten Exemplaren. M. a. W. die am tordirten Stamm spiralig gestellten Blätter sind am Vegetationspunkt gleichfalls in spiraliger Anordnung, und zwar mit $^5/_{13}$-Stellung, angelegt worden.

Dieser von Braun theoretisch gefolgerte, von Klebahn in einem Falle, bei Galium Mollugo bestätigt gefundene Satz bildet bekanntlich die Grundlage der mechanischen Erklärung der echten Zwangsdrehungen. Wir werden ihn im vierten Abschnitt zur Herleitung der zahlreichen Typen localer und unterbrochener Zwangsdrehung benutzen.

§ 3. Das Wechseln der Blattstellung an demselben Individuum.

An normalen Pflanzen von Dipsacus silvestris erhält sich die decussirte Blattstellung bekanntlich von den Cotylen bis in die Inflorescenz und in allen Zweigen. Dasselbe gilt selbstverständlich von den vollkommenen Atavisten meiner Rasse.

In allen übrigen Individuen meiner Rasse fehlt diese Gleichförmigkeit der Blattstellung. Fast ohne Ausnahme wechselt sie im Laufe der Entwickelung der Hauptachse wenigstens einmal, und ebenso ändert sie sich beim Uebergang des Stammes auf die Zweige und in diesen selbst. Es ist sowohl für die Beurtheilung des jetzigen Entwickelungsgrades meiner Rasse, als für die klare Einsicht in die morphologischen Verhältnisse, welche die geringeren Grade der Zwangsdrehung aufweisen, von Interesse, diesen Satz durch einige Beispiele und Einzelangaben zu erläutern. Ich werde dabei die drei namhaft gemachten Fälle besonders besprechen und fange mit dem Wechseln der Blattstellung am Hauptstamme selbst an.

Einige solche Fälle sind bereits im vorigen Paragraphen erwähnt worden, sollen hier aber genauer beschrieben werden.

Die Samen meiner Rasse keimen in der Regel mit zwei Samenlappen. Die jungen Pflanzen entwickeln in diesem Falle ihre ersten Blätter ohne Ausnahme in decussirten Blattpaaren, auch wenn sie später wirtelige oder spiralige Blattstellung haben werden. Diese

Veränderung kann, wie bereits hervorgehoben, im ersten Sommer anfangen. Unter 50 Rosetten, welche Mitte Juli 1889 noch genau decussirte Blätter hatten, fand ich im October sieben dreizählige Individuen und zehn mit spiraliger Blattstellung; die neue Anordnung erhielt sich in den meisten Exemplaren im nächsten Jahre bis an die Inflorescenz. Unter 80 Rosetten eines anderen Beetes, welche damals (October 1889) noch ganz decussirt waren, entwickelte im folgenden Frühling eine Pflanze einen tordirten und eine andere einen dreizähligen Stamm.

Bisweilen, aber wie es scheint im Ganzen selten, geht die einmal erreichte spiralige Blattstellung später wieder verloren. In solchen Fällen traten dreiblättrige Wirtel an ihre Stelle. Ein Beispiel giebt die Fig. 9 auf Taf. III, welche aus einer Serie von Schnitten durch die Endknospe eines im Mai 1889 in Alkohol gebrachten, von der Basis bis zur Knospe tordirten Individuums gewählt wurde. Es ist dieses die im vorigen Paragraphen einige Male genannte Ausnahme. Die vier äusseren, unteren Blätter stehen in spiraliger Anordnung mit dem üblichen Divergenzwinkel, die übrigen aber in dreigliedrigen Quirlen, deren ersterer die Blätter 5, 6 und 7, deren zweiter die Nummern 8, 9 und 10 umfasst. Das Grenzblatt 5 ist gespalten, die kleinere Hälfte steht dort, wo der Anschluss an Blatt 4, die grössere dort, wo der Anschluss an Blatt 6 dieses fordern würde.[1]) Im Ganzen sind ausser dem Grenzwirtel vier dreigliedrige Quirle angelegt worden.

Genau denselben Fall beobachtete ich an einer erwachsenen, kurze Zeit vor der Blüthe ausgerissenen Pflanze. Die Pflanze war 1,40 m hoch, der tordirte Theil des Stammes 30 cm, der gestreckte 110 cm lang. Die Blätterspirale lief rechts um den Stengel herum, der gestreckte Theil hatte einen Grenzquirl und vier völlig normale dreigliedrige Blattquirle in etwa gleichen gegenseitigen Entfernungen.

Aehnlich wie diese beiden Beispiele verhielten sich noch einige andere Exemplare.

Keimpflanzen mit drei Samenlappen pflegen auch ihre ersten Blätter in dreigliedrigen Quirlen zu stellen. Ich beobachtete eine, welche nach vier solcher Quirle zur Decussation zurückkehrte und

---

1) Der Winkel zwischen 4 und der benachbarten Blatthälfte von 5 beträgt etwa 140°, der zwischen 6 und der anderen Blatthälfte von 5 etwa 120°.

eine andere, welche nach sechs Quirlen zur spiraligen Anordnung schritt, diese bis in den Winter erhielt, im nächsten Frühling aber einen dreizähligen Stamm hervorbrachte. Keimpflanzen mit einem gespaltenen Cotyl entwickelten bis jetzt nur decussirte Blätter.

So viel über den Wechsel der Blattstellung am Hauptstamm.

Wenn es erlaubt ist, in Hinsicht auf den Zweck meiner Cultur, die wirtelige Blattstellung als eine niedrigere Stufe der Variation zu betrachten als die spiralige, so lässt sich über die Blattstellung der Zweige in Bezug auf die Hauptachse sagen, dass sie fast stets mehr oder weniger zurückschlägt. Decussation ist an ihnen die Regel, sowohl bei tordirenden als bei dreizähligen Stengeln; drei- zählige Zweige sind an beiden Arten von Individuen verhältniss- mässig selten, und solche mit ausschliesslich spiraliger Anordnung habe ich bis jetzt noch nicht gefunden. Für die Seitenzweige tor- dirter Stämme habe ich die beiden Verhältnisse in den Nebenfiguren 6 u. 8 auf Taf. III abgebildet, dasselbe erhellt aus mehreren Figuren auf Taf. IV.

Die Zweige selbst haben häufig wechselnde Blattstellung und zwar in den mannigfachsten Gruppirungen. Sehr gewöhnlich fangen sie an ihrer Basis mit decussirten Blättern an und schreiten dann höher hinauf zur wirteligen oder zur spiraligen Anordnung, um diese meist, doch nicht immer, bis zu ihrem Gipfel zu behalten. Ich habe ausgedehnte Tabellen über diesen Wechsel gemacht, halte es aber für überflüssig sie hier zu reproduciren.

Dritter Abschnitt.

Der innere Bau des tordirten Stengels.

§ 1. Die gürtelförmigen Gefässstrang-Verbindungen der Blätter.

In normalen Pflanzen von Dipsacus silvestris sind die Blätter jedes einzelnen Blattpaares mit einander durch breite Flügel zu jenen bekannten Behältern des Regenwassers verwachsen. Jedes Blatt umfasst dabei den halben Umfang des Stengels.

In dreizähligen Exemplaren verbinden sich die drei Blätter des Quirls in derselben Weise; jedes Blatt umfasst ein Drittel des Stengels.

Bei spiraliger Anlage der Blätter am Vegetationspunkt verwachsen die benachbarten Blätter auf dem kürzesten Wege gleichfalls und wiederum in genau derselben Weise mit einander. Jedes
Blatt umfasst nun $^5/_{13}$ des Stengelumfanges und wird dabei durch
die Verbindung mit dem nächstunteren und dem nächstoberen Blatte
ein wenig schiefgestellt. Die Verwachsung ist hier, wie bei den
decussirten und dreigliedrigen Individuen, eine congenitale.

Es leuchtet ein, dass diese Verhältnisse zur Folge haben müssen,
dass die sämmtlichen, am Vegetationskegel in spiraliger Anordnung
angelegten Blätter zu einem einzigen Bande verwachsen. Man
sieht dieses am schönsten, wenn man während des Wachsthums die
sämmtlichen Blätter eines Stammes in einer horizontalen Ebene in
der Höhe des Vegetationspunktes durchschneidet. Die Fig. 5 auf
Taf. V stellt ein solches Präparat in natürlicher Grösse dar. Der
Flügel ist zwischen dem ersten und dem zweiten Blatte oberhalb
der Verbindung getroffen, von Blatt 2 bis 11 in dieser, in den
jüngsten Blättern wiederum oberhalb der hier erst eben angelegten
Flügelverbindung. In den Figuren auf Taf. III u. IV sind die
Blätter gleichfalls zumeist oberhalb dieses Theiles geschnitten.

Die Verwachsung der Blätter zu einer ununterbrochenen Spirale
übt selbstverständlich auf den Bau des Stengels einen tiefgreifenden
Einfluss aus. Zwei Punkte fallen dabei besonders auf und sollen
deshalb in diesem und dem nächsten Paragraphen besprochen werden.
Es sind dieses die Gefässbündelverbindungen der benachbarten Blätter
und die Diaphragmen der jetzt aufgelösten Knoten.

Die gürtelförmigen Gefässstrangverbindungen, welche namentlich
bei den Dipsaceen, Valerianeen und Rubiaceen vorkommen, sind von
Hanstein ausführlich beschrieben und auch für die normalen Stengel
von Dipsacus silvestris abgebildet worden[1]). Bei dieser Art
sind sie nach Hanstein besonders leicht zu sehen und sehr vollkommen ausgebildet, die Blattscheiden enthalten zahlreiche Neben-
stränge aus der Seitenverbindung zwischen den beiden benachbarten
Blättern. Die gegenseitigen Verbindungen der Stränge eines und
desselben Blattes im Gürtel nennt er Rückenstücke des Gürtels.

---

1) J. Hanstein, Ueber gürtelförmige Gefässstrangverbindungen im Stengelknoten dikotyler Gewächse. Abh. d. k. Akad. d. Wiss. Berlin 1857, S. 77—98,
Taf. I—IV. Für Dipsacus silvestris siehe S. 85 und Taf. III, Fig. 26 u. 27.

Eine genaue Kenntniss dieser Verhältnisse ist namentlich für das Studium der Unterbrechungen erforderlich, welche so häufig in den Zwangsdrehungen der Hauptstämme und der Aeste auftreten. Ich will sie deshalb hier eingehend schildern. Sie sind für die tordirenden Individuen nicht wesentlich anders als für die normalen.

Auf Taf. V habe ich in Fig. 2 eine Projection des Gürtels für ein normales Blattpaar nach einer Serie von Querschnitten entworfen. Bei m und m' sieht man die dicken mittleren Nerven, der innere Kreis, welcher diese verbindet, soll den von den höheren Knoten herabsteigenden Kreis von Gefässbündeln andeuten.

Ausser dem medianen treten in jedes Blatt noch einige weitere Stränge über, welche einander parallel im fleischigen Mittelnerven emporsteigen. Diese sind mit a, b und c bezeichnet; c sind die randständigen Gefässbündel jenes Nerven. Die Bündel a und b sind bisweilen unter sich verbunden, bisweilen aber nicht. Die Randbündel c sind stets unter sich vereinigt und geben ferner den Strangbogen ab, welcher von einem Blatte bis zum anderen geht, und aus denen die feineren Nerven des Flügels entspringen.

Diese Verhältnisse erscheinen noch deutlicher in der Seitenansicht. In Fig. 3 auf derselben Tafel ist in natürlicher Grösse die Verbindung der Basen zweier Blätter von einem tordirenden Stamme abgebildet. Die Blätter waren noch jung, hatten etwa ihre halbe endgültige Länge erreicht, die Torsion hatte an ihrem Grunde schon angefangen. Sie bildeten einen Theil einer nach links gedrehten Spirale; p ist somit die obere Kante des Mittelnerven des unteren, q die untere Kante des Nerven des oberen Blattes. Zwischen p und q ist der dünne Flügel ausgebreitet.

Die medianen Nerven m, m' sind frei und nicht mit den übrigen verbunden. a und a' sind die benachbarten, wie in Fig. 2 nach oben gespaltenen Stränge, c und c' die Randbündel. Diese sind unter sich mit a und a' durch starke Bogen vereinigt, welche zusammen den Gürtel bilden. Aus dem Gürtel entspringen die secundären Randbündel in den fleischigen Mittelnerven, sowie die feinen Stränge im Flügel.

Diese Verbindungen sind bereits angelegt und zu bedeutender Stärke herangewachsen, bevor die Torsion im Stengel anfängt. Man sieht dieses an Präparaten aus jüngeren Blättern. Ich stellte dazu Tangentialschnitte der Blattbasen aus Alkoholmaterial her, und machte

diese mit Kreosot durchsichtig. Einem solchen Schnitte ist die
Fig. 9 auf Taf. V entnommen. Um das Alter der Blätter genau
zu kennen, machte ich dieses Präparat aus dem Stengel, dessen
Blättergruppirung in der Fig. 5 auf derselben Tafel dargestellt
worden ist. Ich wählte die als No. 12 und 13 bezeichneten Blätter;
an ihrem Grunde hatte der Stengel noch keine Spur von Torsion.
Man sieht die Stränge und ihre Verbindungen zwar in einfacherer
Ausbildung wie in Fig. 3, aber doch der Hauptsache nach vollendet.

Auf den Querschnitten meiner Mikrotomserien traf ich die
gürtelförmige Verbindung zwischen den Blättern der tordirenden
Stämme regelmässig an. Sie ist z. B. in Fig. 12 B auf Taf. V bei s′
abgebildet worden. Es war in diesen Präparaten stets deutlich zu
erkennen, dass die Gürtel ausserhalb des Gefässbündelkreises des
Stengels liegen und somit noch zu den Blättern zu rechnen sind.
Es ist dieses von Wichtigkeit für die experimentelle Beantwortung
der Frage nach ihrer Bedeutung für das Zustandekommen der Torsion
(vergl. Abschn. V, § 2).

Zum Schlusse verweise ich noch auf die Fig. 10 auf Taf. V.
Sie ist nach einem Spiritus-Präparate in natürlicher Grösse gezeichnet. Das Präparat war ein tordirender Stengel, der während
des kräftigsten Wachsthums abgeschnitten worden war. Er wurde
in der Richtung der spiralig verlaufenden Längsreihen aufgeschnitten,
die sämmtlichen Blätter dicht an ihrer Basis entfernt, und darauf
das Ganze in Wasser von 90° C. getödtet und erschlafft. Er liess
sich jetzt leicht entwinden und flachlegen und wurde nun, zwischen
zwei Glasplatten geklemmt, in Alkohol gehärtet. Der mit 0,02 Theilen
Salzsäure versetzte Spiritus machte das Präparat völlig weiss und
liess die Gefässbündel deutlich hervortreten.

In der Zeichnung sind die Achselknospen als dunkle Kreise
eingetragen. Von ihnen läuft ein dicker, medianer Blattspurstrang
herab bis zum nächsten Schraubenumgange. Die Linie, in der die
Blätter abgetrennt sind, machte ich wellig, um die den einzelnen
Blättern, sowie die den Flügelverbindungen entsprechenden Theile
deutlicher erkennen zu lassen. Die gürtelförmigen Gefässstrangverbindungen mit ihrem eigenthümlichen Formenreichthum springen
sofort in die Augen.

§ 2. Das Diaphragma der Knoten.

Der Stengel von Dipsacus silvestris ist hohl, die Höhlung in jedem Knoten von einem Diaphragma unterbrochen. Dieses letztere enthält keine Gefässbündel.

Schneidet man tordirte Stämme auf, so sind sie gleichfalls hohl, die Höhlung ist aber eine ununterbrochene. Dagegen läuft eine ins Innere hervorspringende Leiste als eine Wendeltreppe den Seiten des Hohlcylinders entlang. Sie entspricht genau der Insertion der Blätterspirale und ist somit als die Vereinigung der Diaphragmastücke der einzelnen Blätter zu betrachten.

Noch schöner als im ausgewachsenen Stengel ist diese Erscheinung auf Schnitten aus den Gipfeln noch wachsender Exemplare zu beobachten. Es empfiehlt sich dabei, nicht einen genau medianen Längsschnitt zu machen, sondern in tangentialer Richtung auf einer Seite soviel wegzunehmen, dass die Höhlung gerade überall erreicht wird. Ein solches Präparat ist in natürlicher Grösse in Fig. 7 auf Taf. V dargestellt worden. Die Blätterspirale war eine linksläufige. Man sieht das schraubige Band in der Höhlung, auf der vorderen Seite der Windungen vom Schnitt getroffen, auf der hinteren Seite im Grunde des hohlen Stengels. Man erkennt deutlich, wie die Windungen der Schrauben nach oben allmählig weniger steil werden und wie sie der äusseren Blattspirale genau entsprechen.

In den Querschnitten des wachsenden Gipfels zeigt sich die Diaphragmenleiste als eine hervorragende Partie, deren breiteste Stelle in der Mediane eines Blattes liegt, wenn dieses gerade in der Mitte seiner Insertion getroffen wurde. Man erkennt dieses in den Figuren 6 und 8 auf Tafel V. Vergleiche auch die einer jüngeren Partie entnommene Fig. 8 auf Taf. IV.

Ich möchte hier die Blätterspirale unseres Dipsacus silvestris torsus mit den normalen spiraligen Blattstellungen anderer Pflanzen vergleichen. Ich wähle dazu als Beispiel die Umbelliferen. Hier trägt jeder Knoten nur ein Blatt. Dieses aber umfasst den Stengel und schliesst seine beiden Ränder aneinander an, statt sich mit seinen beiden Nachbarn zu verbinden. Dementsprechend entsteht das Diaphragma als quere Wand im Stengel und können die Internodien sich ungehindert strecken.

Genau so verhält es sich bei unserem Dipsacus, wenn die
Blattpaare aufgelöst werden, ohne Aufhebung der decussirten Blattstellung. Ich habe diese Erscheinung bereits oben (Abschn. II, § 1)
beschrieben und verweise auf die dort citirte Fig. 2 auf Taf. VII.
In diesem Zweige sind allerdings die betreffenden Blätter bei Weitem
nicht stengelumfassend, auch fehlten in der Höhlung des Stengels die
ihnen entsprechenden Querwände. Da aber der gegenseitige Verband
der beiden Blätter aufgehoben ist, hat sich das zwischengeschobene
Internodium strecken können und hat es keine Torsion erfahren.

Die spiralige Blattstellung an sich bedingt somit offenbar noch
keine Zwangsdrehung, dazu ist überdies die Verwachsung der Blätter,
wie sie bei Arten mit opponirten Blättern üblich ist, aber den
Pflanzen mit gewöhnlichen zerstreuten Blättern fehlt, wie es scheint,
unerlässlich.

Vierter Abschnitt.
Die unterbrochene Zwangsdrehung.

§ 1. Beschreibung und Herleitung dieser Erscheinung.

In den beiden ersten Abschnitten wurde der Umstand erwähnt,
dass viele gedrehte Stämme meiner Cultur unterhalb der drei obersten
Blätter ein gestrecktes Internodium hatten. Zwischen jenen drei
Blättern wiederholte sich dann aber die Torsion in grösserem oder
geringerem Grade. Man kann das gestreckte Internodium somit als
eine Unterbrechung der Zwangsdrehung betrachten.

Solche Unterbrechungen kommen auch sonst häufig vor, namentlich
in den Aesten. Einen sehr schönen Fall eines Hauptstammes habe
ich auf Taf. II in Fig. 1 dargestellt. Die Unterbrechung liegt hier
fast genau in der Mitte. Oberhalb und unterhalb der beiden gestreckten Internodien (a, g, f) ist die Zwangsdrehung im vollsten
Maasse ausgebildet, auf der oberen Seite sogar bis zur völligen Aufrichtung der Blattspirale zu einer geraden Längszeile.

Bei diesen Unterbrechungen ist die Richtung der Blätterspirale
stets oberhalb und unterhalb jener Stelle dieselbe, wie auch in der
citirten Figur ersichtlich ist. Ich hebe dieses besonders hervor, weil
in anderen Fällen von Torsionen, welche keine Zwangsdrehungen im
Sinne Braun's sind, die Unterbrechung ganz gewöhnlich mit einer
Umdrehung der Richtung zusammenfällt und in dieser letzteren ihre
Ursache hat.

Viele Beispiele von unterbrochenen Zwangsdrehungen werde ich in den folgenden Paragraphen dieses Abschnittes zu erwähnen haben. Um sie zu begreifen und die sie begleitenden Bildungsabweichungen zu verstehen, scheint es mir unerlässlich, sich eine klare Vorstellung zu machen, wie sie zu Stande kommen.

Zwangsdrehungen kommen bei meinem Dipsacus nur vor an Stengeln mit spiraliger Blattstellung, und diese Blattstellung tritt, soweit meine Untersuchungen reichen, schon bei der ersten Anlage am Vegetationskegel auf, wie in Abschnitt II, § 2 dargethan wurde. Wir haben uns somit die Frage vorzulegen, was aus einer Endknospe mit spiraliger Anordnung der Blätter werden kann. Ich verweise dabei wiederum auf die Fig. 3, 4 und 5 auf Taf. III.

Betrachten wir zunächst den typischen Fall von Zwangsdrehung, aber ohne Unterbrechung. Am Vegetationskegel fehlt die Torsion, die Blätter sind hier in der beschriebenen Weise unter sich zu einer Spirale mit dem Divergenzwinkel $^5/_{13}$ verbunden. Die Drehung fängt erst an, sobald die Internodien sich bedeutend zu strecken beginnen. Die Torsion entwindet dabei die Blätterspirale mehr oder weniger vollständig, und das Wachsthum des Stengels dehnt die Insertionen der Blätter mehr oder weniger aus, ohne sie aber von einander zu entfernen. Die Riefen des Stengels stellen sich dabei um so schiefer, je kräftiger an der betreffenden Stelle das Längenwachsthum ist und je vollständiger die Blätterreihe entwunden und aufgerichtet wird.

Auf die ursächlichen Beziehungen dieses Vorganges werde ich erst im folgenden Abschnitt einzugehen haben, hier möge die gegebene, möglichst objectiv gehaltene Darstellung genügen.

Ich komme jetzt zu den möglichen Abweichungen in diesem Vorgang und erinnere nochmals, dass ich dabei stets die spiralige Anordnung der Blattanlagen in der Knospe als gegeben voraussetze.

Nehmen wir zunächst an, dass an irgend einer Stelle die Verbindung zwischen zwei benachbarten Blättern verfehlt werde. Oberhalb und unterhalb dieser Stelle wird die Zwangsdrehung sich in der üblichen Weise ausbilden. An der Fehlstelle selbst wird aber keine Ursache zu irgend welcher Abweichung vom normalen Wachsthum vorhanden sein. Hier wird somit der Stengel sich in der üblichen Weise strecken können und es wird ein gewöhnliches Internodium entstehen.

Nach diesem Prinzipe finden die Unterbrechungen in den Zwangsdrehungen eine sehr einfache Erklärung.

Doch ist es keineswegs für ihre Entstehung erforderlich, dass
die Verbindung zweier Nachbarblätter in der Knospe vollständig
fehlschlage. Es reicht offenbar aus, anzunehmen, dass diese Verbindung nur an der fraglichen Stelle schwächer sei, als die Kräfte,
welche gerade dort die Streckung des Stengels herbeiführen würden.

Wo diese Annahme zutrifft, wird offenbar die einmal angelegte
Verbindung beim Wachsthum zerrissen oder doch in ungewohnter
Weise ausgedehnt werden. Vielleicht wird sie auch anfangs gedehnt
und nachher zerrissen werden.   .

Welche Folgen wird dieser, vorläufig nur hypothetisch angenommene, Vorgang haben, und woran wird er im ausgewachsenen
Sprosse noch zu erkennen sein?   .

Erstens die einfache Ausdehnung. Zwischen den beiden Partien
der Zwangsdrehung wird sich ein mehr oder weniger gestrecktes
Internodium finden. Auf diesem werden aber die beiden Blätter,
welche durch sein Wachsthum von einander entfernt wurden, noch
verbunden sein. Der Blattflügel. wird sich vom einen bis zum
anderen erstrecken. Und zwar, wenn das Internodium nicht gedreht
ist, in einer geraden Linie, welche die anodische Seite des unteren
mit der katodischen Seite des oberen Grenzblattes vereinigt. Der
Dehnung entsprechend wird der Flügel nur schmal sein.

Solche Flügel nun waren in meiner Cultur im Sommer 1889
keineswegs selten, namentlich wenn das zwischengeschobene Internodium kein sehr langes war.

Viel häufiger muss aber der Flügel zerrissen werden, da er
offenbar nicht für eine solche Ausdehnung angelegt wird. Die Zerreissung kann nun, a priori, entweder spät oder früh stattfinden.
Bei später Zerreissung erstreckt sich der Flügel entweder von einem
oder von den beiden Grenzblättern bis in grösserer oder geringerer
Entfernung über das gestreckte Internodium, wie solches z. B. in
den Fig. 2 (a b) und 3 (a c) auf Taf. VI zu sehen ist. Eine Linie
wird ihre beiden Enden verbinden; diese wird sich entweder als sehr
feine, oft zerrissene Flügelleiste (z. B. Taf. II, Fig. 1 bei d c b),
oder als eine Risslinie präsentiren. Das erstere, wenn der Flügel
in der Mitte eigentlich nur bis zur Unkenntlichkeit gedehnt oder
erst spät zerrissen; das zweite, wenn er schon früh wirklich zerrissen

wurde. Im letzteren Falle wird häufig auch die Verbindung der breiteren Flügeltheile mit dem Internodium, wegen des überherrschenden Wachsthums des letzteren verbrochen, und hängt der Flügel lose neben dem Stengel herab. Auch dieses ist z. B. in der ererwähnten Fig. 3, Taf. VI zu erkennen.

Bei früher Zerreissung kann jede übermässige Verbreiterung des Flügels unterbleiben und eine einfache Risslinie an dem gestreckten Internodium die beiden Grenzblätter verbinden. Solche Risslinien waren in meinem Material eine ganz gewöhnliche Erscheinung.

Bis jetzt habe ich angenommen, dass die Fehlstelle in der gegenseitigen Verbindung der Blätter dort lag, wo gewöhnlich die Ueberbrückung der gemeinschaftlichen Grenze durch den im vorigen Abschnitt beschriebenen Gefässbündelbogen stattfindet, also z. B. zwischen c und c' in Fig. 3 auf Taf. V.

Betrachten wir aber diese Figur etwas näher, so sehen wir, dass das Gürtelband sich zwar von a bis a' ununterbrochen erstreckt, aber zwischen a und m, sowie zwischen a' und m' fehlt. Mit anderen Worten, es sind im Mittelnerven jedes Blattes zwei schwache Stellen gegeben, von denen wir erwarten dürfen, dass sie einer dehnenden Kraft geringeren Widerstand entgegensetzen werden, wie der Gefässbündelbogen zwischen a und a'. Diese beiden Stellen liegen zwischen dem medianen Strang des fleischigen Nerven und seinen beiden ersten Nachbarn, also so dicht an die Mitte des Nerven gerückt, wie nur möglich.

Denken wir uns jetzt, dass die Gewebeverbindung zwischen m und a in irgend einem Blatte einer Knospe mit spiraliger Blattstellung schwächer ausfällt, als die Kräfte, welche das Längenwachsthum des Stengels an jener Stelle verursachen.[1] Das Gewebe zwischen m und a wird dann offenbar zerrissen werden, die Entfernung dieser beiden Punkte wird zunehmen, und der Riss wird sich zwischen den beiden Gefässbündeln aufwärts vergrössern, ohne einem unüberwindlichen Widerstand zu begegnen. Zwischen den beiden Hälften des Mittelnerven eines und desselben Blattes wird jetzt ein gestrecktes Internodium eingeschoben.

---

[1] Es soll damit nicht entschieden werden, ob die Gewebeverbindung schwächer als gewöhnlich, oder die zuletzt angedeuteten Kräfte grösser oder anders combinirt sind als sonst im tordirten Stengel. Ueberhaupt ist in obiger Erörterung kein Versuch zu einer mechanischen Erklärung gemacht worden.

Ein Blick auf die Fig. 4 auf Taf. VII und 1 und 7 auf Taf. VI
zeigt sofort, dass solche Verhältnisse thatsächlich vorkommen. Auch
waren sie nicht gerade selten. Ich möchte nun keineswegs behaupten,
dass das Fehlen einer Gefässbündelverbindung die einzige Ursache
ihres Auftretens ist; dass sie aber dazu wesentlich beitrug, liegt auf
der Hand, namentlich wenn man berücksichtigt, dass das Aufreissen
wohl stets in unmittelbarer Nachbarschaft des medianen Stranges des
Nerven stattfand.

Ich werde solche Blätter, um eine kurze Bezeichnung zu haben,
zweibeinige nennen. Sie lassen die Wundlinie stets deutlich erkennen, nicht nur an der aufgerissenen Kante des Blattnerven, sondern
auch am Stengel. Auf diesem sind die beiden Beine des Blattes
stets durch eine, oft breite und braune, Wundlinie verbunden.

Sehr einzelne Male streckte sich ein Internodium zwischen den
beiden Hälften eines Blattnerven, ohne diesen zerreissen zu können.
Das Blatt wurde dann gedehnt, das Internodium an der Verbindungslinie am erstrebten Wachsthum gehindert. Die gegenüberliegende
Seite streckte sich frei, dadurch wurde das Internodium gekrümmt.
Die convexe Seite war glatt, die concave von queren Falten reichlich
bedeckt.

Mehrere andere Fälle, deren Erklärung sich leicht aus unserem
Schema ableiten lässt, habe ich beobachtet, doch lohnt es sich nicht,
sie hier zu beschreiben.

Bis jetzt habe ich eine einmalige Unterbrechung in der ganzen
Blattspirale einer Knospe angenommen. Es leuchtet ein, dass die
Erscheinung sich wird wiederholen können. Die Zwangsdrehung
kann an zwei oder mehreren Stellen zwischengeschobene Internodien
mit denselben Nebenerscheinungen aufweisen, wie sie oben beschrieben
wurden.

Die Wiederholung der Unterbrechung kann aber soweit gehen,
dass dadurch die ganze Blätterspirale in einzelne kleine Gruppen
von Blättern aufgelöst wird. Solche Gruppen können dann noch
sehr deutliche Zwangsdrehung aufweisen, wie z. B. in den in Fig. 1,
3, 7 (Taf. VI) u. s. w. dargestellten Zweigen, oder aber dazu zu
wenig Blätter umfassen. Im letzteren Falle entstehen Gruppen von
1—4 Blättern, welche ich als Scheinwirtel bezeichnen werde.
Diese Scheinwirtel verdienen eine eingehende Erörterung, da sie den
extremen Fall von unterbrochener Zwangsdrehung bilden. Sie sind

von echten Quirlen dadurch zu unterscheiden, dass ihre Blätter nicht
genau auf derselben Höhe stehen, nicht rings um den Stengel um
gleiche Winkel von einander entfernt sind, und dass sie mit den
nächstunteren und nächstoberen Scheinwirteln in der Regel durch
deutliche Risslinien verbunden sind.

Ich werde daher diesen Scheinwirteln einen besonderen Paragraphen widmen, diesem aber eine Behandlung der localen Zwangsdrehungen und des dabei stattfindenden Anschlusses an die decussirte
oder wirtelige Blattstellung folgen lassen. Mehrere Beispiele von
Risslinien auf zwischengeschobenen Internodien und von zweibeinigen
Blättern werde ich dabei zu erwähnen haben.

Am Schlusse dieser deductiven Behandlung der Vorgänge der
unterbrochenen Zwangsdrehung möchte ich hervorheben, dass es mir
noch nicht gelungen ist, die Unterbrechungen während ihrer Entstehung zu beobachten. Doch glaube ich, dass die äusserst viel-
fältigen Erscheinungen, welche ich an ausgewachsenen, oder doch
im Wachsthum bereits wesentlich vorgeschrittenen Hauptstämmen
und Aesten gesehen habe, eine andere ebenso einfache Deutung nicht
zulassen. Die spiralige Anordnung der Blätter kann selbstverständlich
nicht, für die betreffenden Sprosse, durch Untersuchung des Vegeta-
tionskegels festgestellt werden, doch ist sie an den erwachsenen
Sprossen in der Regel noch mit solcher Sicherheit zu erkennen, dass
dieses auch überflüssig wäre.

Hauptsache ist, dass es sich hier nicht um vereinzelte Ausnahmen, sondern um häufige und durch ein reichhaltiges Material
von Einzelbeobachtungen belegte Variationen auf einem und demselben Thema handelt.

§ 2. Die Scheinwirtel.

Bei einer Durchmusterung von vielen Hunderten von solchen
Seitenzweigen, welche nach dem Abschneiden des Hauptstengels
atavistischer Individuen aus dem Stengelgrunde hervorgewachsen
waren, fand ich, sowohl im Jahre 1887 als in 1889, sehr zahlreiche
Aeste mit Scheinwirteln. Meist war es nur der obere, seltener
waren es einige der oberen oder ein oder mehrere tiefer gelegene
Knoten, welche einen solchen Quirl trugen. Die übrigen Knoten
trugen dann Blattpaare oder dreiblättrige Wirtel vom normalen Bau.

Auch am Hauptstamm tordirender Exemplare kamen Scheinwirtel nicht selten vor. Sie bilden dann den obern oder die beiden
obern, durch gestreckte Internodien hoch über den zwangsgedrehten
Theil des Stengels erhobenen Quirle. Beispiele habe ich abgebildet
auf Taf. II in Fig. 2 u. 3. Für die beiden oberen Scheinwirtel von
Fig. 2 habe ich Projectionen gezeichnet, welche das Wesen eines
solchen Gebildes noch besser erläutern können. Man findet diese
auf Taf. VII in Fig. 5 u. 6, welchen Zahlen die neben den beiden
Knoten in der Hauptfigur gestellten Ziffern entsprechen. Die grössere
Entfernung eines Blattes vom Stengel deutet an, dass es am Knoten
tiefer inserirt war. Die Flügelverbindungen sind leicht kenntlich;
wo ein Flügel frei absteht, erstreckte er sich als solche oder als
Risslinie am nächstunteren Internodium abwärts; wo der Flügel an
den Stengelquerschnitt angeschlossen gezeichnet ist, lief er am
Stengel aufwärts. Die Zahlen 1—5 weisen die Anordnung der
Blätter in der genetischen Spirale an. Zu bemerken ist nur noch,
dass der Knoten 5 eine starke Zwangsdrehung zeigte, daher er im
Querschnitt abnormal gross erscheint; Knoten 6 war nur äusserst
schwach tordirt.

Auch der Scheinwirtel in Fig. 3 auf Taf. II war durch eine
Risslinie an das oberste Blatt der Zwangsspirale angeschlossen; die
Insertionshöhe seiner drei Blätter differirte aber wenig.

Nach diesen beiden Beispielen wird die folgende allgemein gehaltene Beschreibung leichter verständlich sein.

Die Scheinwirtel sind auf dem ersten Blick leicht mit den
echten Wirteln der dreizähligen Exemplare zu verwechseln. Bei
genauerer Untersuchung bemerkt man aber sofort eine wesentliche
Differenz. Denn die Winkel zwischen den Medianen ihrer Blätter
sind unter sich nicht gleich, wie es bei echten Quirlen sein sollte.
Ein Winkel pflegt grösser zu sein als die übrigen. Bei genauerer
Untersuchung stellt sich dann heraus, dass die Blätter unter sich
nicht allseitig mit ihren Flügeln verwachsen sind, sondern dass in
dem grossen Winkel diese Verbindung fehlt. In den übrigen ist
sie mehr oder weniger deutlich ausgebildet.

Ferner sieht man, dass die Blätter nicht genau in derselben
Höhe stehen, sondern in einer schwach aufsteigenden Spirale. Das
unterste und das oberste Blatt dieser Spirale sind einerseits durch
die übrigen Blätter zu einem Schraubenbande verbunden, auf der

andern Seite des Stengels aber nicht unter sich vereinigt. Und zwar fällt auf die letztere Seite in der Regel jener oben genannte grösste Blattwinkel.

Kommen zwei oder mehrere von gestreckten Internodien getrennte Knoten mit Scheinwirteln vor, so pflegen diese letzteren unter sich durch Risslinien verbunden zu sein, welche vom höchsten Blatt des einen zum untersten des nächstoberen Knoten verlaufen.

Alle diese Thatsachen lassen leicht erkennen, dass, abgesehen vom späteren Längen- und Dickenwachsthum des Astes, die Blätter in spiraliger Anordnung stehen. Eine Horizontalprojection würde eine Spirale ergeben, deren successive Winkel allerdings nicht gleich wären, deren wechselnde Grösse sich aber aus dem grösseren Dickenwachsthum des Stengels an der offenen Seite in jedem Knoten würde erklären lassen.

Am häufigsten sind dreiblättrige Scheinwirtel. Doch fehlen auch zweiblättrige und vierblättrige nicht. Von ersteren ist ein Beispiel auf Taf. V in Fig. 11, von letzteren auf Taf. VI in Fig. 3 abgebildet. Im letzteren Falle ist aber die Zwangsdrehung schon sehr ausgeprägt und Gleiches gilt natürlich von den grösseren, durch gestreckte Internodien vereinzelten Blättergruppen.

Endlich besteht offenbar die Möglichkeit, dass durch wiederholte Streckungen ein einzelnes Blatt aus einer Knospe mit spiraliger Anordnung isolirt werden wird. Ich komme auf diesen Fall bald zurück.

Zunächst aber noch Einiges über die Entstehung der Scheinwirtel. Dass sie thatsächlich aus Blättern gebildet werden, welche am Vegetationspunkt mit dem Divergenzwinkel $5/13$ angelegt werden, würde im zweiten Abschnitt für einen bestimmten Fall bewiesen. Es war dieses das auf Taf. II in Fig. 3 abgebildete Vorkommen eines dreiblättrigen Scheinwirtels am oberen Ende eines tordirten Hauptstammes, eine in meiner Cultur von 1889 sehr häufige Erscheinung. Aus dem Umstande, dass in den mikroskopisch untersuchten Endknospen die $5/13$-Stellung fast stets ununterbrochen bis zur Inflorescenz ging, haben wir abgeleitet, dass diese Scheinwirtel in solcher Weise angelegt worden sein müssen. Wir dürfen nun ohne Zweifel dieses Ergebniss auch auf die Aeste übertragen, und somit allgemein die Entstehung der Scheinwirtel aus Theilen von Blattspiralen nach der Formel $5/13$ annehmen.

Wenn zwei oder mehrere Scheinwirtel auf einander folgen, so pflegen diese unter sich durch eine der ganzen Länge des Internodiums entlang gehende Risslinie verbunden zu sein. Oft sind sie auch in dieser Weise mit den benachbarten normalen Blattpaaren und Blattwirteln vereinigt.

Die Scheinwirtel geben oft Veranlassung zu Torsionen, oft aber auch nicht. Solche Torsionen sind der Hauptsache nach beschränkt auf den kleinen Stengeltheil, welcher den betreffenden Wirtel trägt. Ob und in welchem Grade der Ausbildung die Drehung entsteht, hängt offenbar davon ab, ob die sehr kurzen Internodien zwischen den Insertionen der einzelnen Blätter desselben Scheinquirles eine Streckung erfahren oder nicht. Fehlt die Streckung, so unterbleibt die Torsion, je erheblicher die erstere, um so deutlicher wird auch die zweite sein. Die Fig. 2 auf Taf. II giebt in den beiden, oberhalb der eigentlichen Zwangsdrehung befindlichen Scheinwirteln geringe Grade von Drehung, die Fig. 3 auf Taf. VI eine sehr bedeutende Torsion im Scheinwirtel zu erkennen.

Um eine Vorstellung von der Häufigkeit dieser Scheinwirtel mit geringer Zwangsdrehung zu geben, möchte ich hier die folgende Beobachtung beschreiben. Im Juni 1887 schnitt ich, wie im ersten Abschnitt erwähnt, von mehreren Hunderten von atavistischen Exemplaren die Stengel dicht am Boden ab, lange bevor sie ihre Streckung vollendet hatten. Aus den Stammstümpfen trieben sie zahlreiche Zweige, welche Mitte September blühreif waren und abgeschnitten wurden. Es waren im Ganzen 1845 grossentheils secundäre, theils aber auch tertiäre Zweige von 514 Exemplaren. Unter diesen fand ich:

1. Normale, völlig decussirte Zweige 1470
2. Dreizählige Zweige 34
3. Wechselnde Blattstellung ohne Torsion 80
4. Schön ausgebildete, vielblättrige Zwangsdrehungen . . 26
5. Geringe Torsion in Scheinwirteln 235

Summa: 1845

Die fünfte Gruppe enthielt folgende Fälle:

a) Nur der obere Knoten mit Scheinwirtel und geringer Torsion, Scheinwirtel zweiblättrig 115
b) Ebenso, doch der Scheinwirtel dreiblättrig 56

Latus: 171

Transport: 171

c) Ebenso, doch der Scheinwirtel vierblättrig   23

d) Ein tieferer Knoten mit Scheinwirtel und Torsion . .   7

e) Zwei oder mehrere Knoten mit Scheinwirtel und Torsion   34

Summa: 235

Wir haben also auf 1845 Zweigen 261 mit Zwangsdrehung, also etwa 14 % und von diesen etwa 12,5 % locale Zwangsdrehungen in Scheinwirteln[1]).

Bei einem ganz ähnlichen Versuche in 1889 mit etwa 800 solchen Zweigen erhielt ich ähnliche Zahlen.

Auch an Individuen, deren ganzer Hauptstamm dreigliedrige Blattwinkel trug, fand ich Seitenzweige mit einzelnen Scheinwirteln und mit meist geringfügiger Torsion. Ebenso an Exemplaren mit tordirtem Hauptstamm.

Eine auffallende und auf dem ersten Blick anscheinend unerklärliche Thatsache ist der Umstand, dass in Scheinwirteln die Torsion häufig nicht genau auf den blättertragenden Theil der Achse beschränkt ist, sondern sich aufwärts und abwärts noch eine Strecke weit verfolgen lässt und nur allmählich aufhört. Beispiele dieser Erscheinung liefern die Fig. 2 u. 3 auf Taf. II und Fig. 11 auf Taf. V.

Zwei Ursachen dürften, theils jede für sich, theils in Zusammenwirkung diese Erscheinung bedingen. Die erstere ist die im vorigen Paragraphen erwähnte Risslinie. Wir haben uns einfach vorzustellen, dass der fragliche Scheinwirtel als ein Theil einer grösseren Gruppe von nach der Formel $5/13$ angeordneten Blättern entstanden ist. Nach unseren Auseinandersetzungen wird dann das untere Blatt des Scheinwirtels mit dem vorhergehenden, das obere mit dem nächstfolgenden, durch eine Risslinie verbunden sein, auch wenn beide durch lange, gestreckte Internodien von ihm getrennt sind. Stellen wir uns nun die Entstehung der Risslinien als Folge der Streckung jener Internodien etwas eingehender vor, so liegt auf der Hand anzunehmen, dass der Riss am frühesten etwa in der Mitte des Internodiums entstehen wird, dass die Zerreissung an seinen beiden Enden

---

1) Dieser Versuch wurde im ersten Abschnitt S. 17 bereits erwähnt; zu bemerken ist, dass dort als Torsionen nur die hier sub 4 angegebenen bedeutenderen Fälle berücksichtigt wurden.

am letzten wird stattfinden, dort aber auch vielleicht wird unterbleiben können. Thatsächlich beobachtet man nicht gerade selten Internodien, deren Risslinie auf den grössten Theil ihrer Länge völlig genesen ist und nur als eine blassgrüne Linie, aber ohne Narbe, sich verfolgen lässt. In der Nähe der Scheinwirtel tritt dann an ihre Stelle eine feine Narbe, eine eigentliche Wundlinie. Und in unmittelbarer Nähe jener Wirtel laufen die Blattflügel, bisweilen sogar die Blattmittelrippen eine Strecke weit auf- resp. abwärts, als Fortsetzung und Anschluss der beschriebenen Risslinie.

Der am Internodium auf- oder absteigende Blatttheil bildet somit einen allmählich schwächer werdenden Theil jener verwachsenen Blattspirale, welche Braun als die Ursache der Zwangsdrehung betrachtet. Es ist dann aber selbstverständlich, dass diese letztere sich so weit vom eigentlichen Knoten auf- oder abwärts erstrecken wird, als jene und dass sie, wie diese, langsam sich ausgleichen wird.

Genau in derselben Weise sind die an einblättrigen Knoten bisweilen zu beobachtenden geringen Grade von Zwangsdrehung zu erklären.

Die Richtigkeit dieser Deutung geht auch noch aus einer anderen Beobachtung hervor. In Abschnitt II, § 1 habe ich die auseinander geschobenen Blattpaare beschrieben, welche oft am oberen Ende der Zweige meiner Rasoo gesehen werden (vergl. Taf. VII, Fig. 2). Hier haben wir also einblättrige Knoten, welche in ganz anderer Weise entstanden sind und deren Blättern in der Regel die gegenseitige Verbindung zu einer Spirale durch eine Risslinie fehlt. Solchen Knoten fehlt dann aber auch stets jede Spur von Drehung.

Die zweite mögliche Ursache ist das Vorkommen von geotropischen Torsionen, welche sich, namentlich am Grunde längerer Internodien, an die echte Zwangsdrehung anschliessen können.

Durch die Zwangsdrehung werden die Längslinien der Internodien schief oder fast horizontal gestellt; ohne Geotropismus würde sich somit das auf ihr folgende Internodium in jener schiefen Richtung weiter entwickeln. Die erwähnte Eigenschaft sucht nun den Stengel, wo er dem Zwange der Blätter nicht unterliegt, geradauf zu stellen. Da er aber am Gipfel meist schwer belastet ist, wird dieses aus bekannten mechanischen Gründen sehr leicht zu Torsionen Veranlassung geben.[1]

§ 3. Oertliche Zwangsdrehungen.

Sowohl am Hauptstengel wie an den Seitenzweigen meiner Rasse wechselt die Blattstellung nicht gerade selten. Zwei- und dreigliedrige Wirtel wechseln mit einander, und diese wiederum mit spiralig angeordneten Blättern. Diese Verhältnisse haben wir bereits in Abschnitt II, § 3 besprochen.

Die spiralige Blattstellung ist, wie wir gesehen haben, die erste Bedingung der Zwangsdrehung. Wo somit spiralige und quirlige Anordnung an demselben Zweige vorkommen, wird nur ein Theil diese Drehung erfahren können. Wir haben dann eine örtliche Zwangsdrehung.

Dieser Fall kommt in den Seitenzweigen meiner Rasse sowohl bei tordirten Individuen als bei Atavisten ziemlich häufig vor. Meist ist dann der untere Theil quirlig, der obere gedreht. Bisweilen folgen auf der Zwangsdrehung auch noch eine oder mehrere Quirle.

Ich möchte hier diese örtlichen Zwangsdrehungen etwas eingehender behandeln. Einerseits in methodologischer Hinsicht, andererseits wegen der Risslinien und zweibeinigen Blätter, welche so häufig dort gefunden werden, wo die spiralige Blattstellung sich an die quirlige anschliesst.

In methodologischer Hinsicht geben die örtlichen Zwangsdrehungen eine Warnung, deren Nichtbeachtung leicht zu Irrthümern führen könnte. Das Wechseln der Blattstellung an einer und derselben Achse ist im Pflanzenreich allerdings nicht gerade selten, in dem Grade wie beim Dipsacus silvestris torsus hat es aber doch etwas Unerwartetes. Wenn man nun, um die Blattstellung an einer örtlichen Zwangsdrehung zu erforschen, die nächsthöheren, jüngeren Theile berücksichtigen wollte, — sei es, dass hier die Anordnung klarer und einfacher hervortritt, sei es, dass die Theile noch ganz jung sind und die Anordnung der Blätter somit noch nicht von der Streckung der Internodien beeinflusst sein kann, —

---

1) Vergl. Arbeiten d. bot. Instituts Würzburg, Bd. I, S. 265—267 und S a c h s, Lehrbuch der Botanik, 4. Aufl. S. 833.

so würde man offenbar einen Fehler machen. Denn die Möglichkeit
ist nicht von der Hand zu weisen, dass die Blattstellung im jüngeren
Theile ursprünglich eine andere sei als die im gedrehten.[1]) Man
ist also, falls keine vergleichenden Untersuchungen über die Anordnung der Blätter am Vegetationskegel selbst gemacht werden
können, auf die Analyse des gedrehten Theiles selbst beschränkt.

Die Richtigkeit dieses Satzes leuchtet am klarsten dort ein, wo
der Wechsel der spiraligen Anordnung mit der quirligen nicht der
einzige ist, sondern wo auch zwei- und dreiblättrige Quirle abwechseln. Die Annahme einer Constanz der Blattstellung ist an
solchen Zweigen selbstverständlich ausgeschlossen.

Zur näheren Beleuchtung des Erörterten gebe ich hier in einer
kleinen Tabelle eine Beschreibung von einigen im September 1887
gesammelten Zweigen. Sie waren aus den gelassenen Stammtheilen
der im Juni abgeschnittenen Atavisten meiner Cultur entstanden und
blühreif. Unter fast zweitausend solcher Zweige fand ich, wie
Seite 42 bereits erwähnt, 26 mit schöner, wenn auch oft kleiner
Zwangsdrehung. In fünf von diesen war die Blattstellung oberhalb
und unterhalb der Torsion decussirt, in fünf anderen unterhalb der
Torsion decussirt und oberhalb dreizählig quirlig. In sechs Zweigen
nahm die Zwangsdrehung den höchsten beblätterten Theil ein,
während die übrigen wiederum andere Abweichungen zeigten.

Ich wähle nun die folgenden Fälle als Beispiele heraus und
gebe die Zahl der Blätter im tordirten Theil (T), dieselbe Zahl im
höchsten Knoten unterhalb dieser Strecke (A) und oberhalb in einem
oder zwei Knoten (B′ und B″).

Zweig	A	T	B′	B″
No. 1	3	7	3	
No. 2	3	3	2	1
No. 3	2	4	3	3
No. 4	2	5	3	
No. 5	2	6	3	
No. 6	2	7	2	3
No. 7	2	4	2	1

1) Vergl. hierzu Magnus in den Sitzungsber. d. botanischen Vereins
der Provinz Brandenburg, Bd. XIX, S. 118, 1877.

Es leuchtet ein, dass man in solchen Fällen aus den benachbarten Theilen keinen Schluss auf die Blattstellung des tordirten Abschnittes ziehen darf.

Die Analyse des gedrehten Theiles selbst weist aber stets deutlich auf dieselbe spiralige Anordnung, welche auch am tordirten Hauptstamm obwaltet und deren Entstehung in der $5/_{13}$-Anordnung für diesen im zweiten Abschnitt bewiesen wurde.

Ich komme jetzt zu der Erörterung der Frage, in welcher Weise eine Blätterspirale sich an einen Quirl anschliessen wird. Ich wähle als Beispiel den einfachsten und häufigsten Fall, dass auf ein gewöhnliches Blattpaar eine Spirale folgt. Versuchen wir aus der Anordnung der Blattanlagen am Vegetationskegel abzuleiten, welche Fälle hier zu erwarten sind.

Zunächst sei das Blattpaar ganz normal und beiderseits in sich geschlossen. Es fehlt dann der Anschluss für das erste (unterste) Blatt der Spirale. Sein katodischer Rand würde somit frei sein; thatsächlich schliesst er sich wohl stets einem Rande des Blattpaares an. Dieses fordert, dass ein Blatt jenes Paares sich auf einer Seite an zwei Blätter anschliesse, und zwar an das ihm gegenüberliegende desselben Paares und an das erste der Spirale. Solches habe ich denn auch nicht selten beobachtet.

Zweitens können die Blätter des Paares unter sich nur einseitig verbunden sein, während das obere von ihnen mit seinem anderen Rande an das untere Blatt der Spirale anschliesst. Dann bleibt aber der eine Rand des anderen paarigen Blattes über, und diesen fand ich in solchem Falle nicht selten am Stengel herunterlaufend bis an den nächsten Knoten. Es dürfte ein solches „Uebergangspaar" wohl die häufigste Form des Anschlusses sein. Nur die Divergenz $1/_2$ berechtigt uns die Blätter zusammen als ein Paar zu betrachten.

Als drittes Beispiel wähle ich den in Fig. 9 auf Taf. III abgebildeten Fall. Auf der Spirale folgen dreigliedrige Quirle mit einem bereits früher besprochenen, gespaltenen Grenzblatte. Die Figur ist einem Schnitte aus einer mit dem Mikrotom angefertigten Serie entnommen; aus den successiven Schnitten lässt sich also die Art und Weise des Anschlusses entnehmen. Der rechte (katodische) Rand des gespaltenen Blattes 5 schliesst an 4 an, und zwar hatte das zwischenliegende Internodium, über welches diese Verbindung lief, bereits eine Länge von 3,2 mm; würde sich somit wohl be-

deutend gestreckt haben. Der andere Rand von 5 schliesst an 6;
Blatt 5, 6 und 7 bilden den ersten dreigliedrigen Quirl. Der freie,
nach 5 gestreckte Rand von 7 (x) lief gleichfalls am Internodium
hinab bis 4. Ebenso liefen die beiden mittleren Flügel (x und x)
des gespaltenen Blattes (5) am Internodium bis zum nächsten Blatte
abwärts.

Es scheint überhaupt eine ziemlich allgemeine Regel zu sein,
dass Blattränder, welche den Anschluss an einen anderen Rand ver-
fehlen, am Internodium bis zum nächst unteren Blatte abwärts laufen.
Aehnlich wie die herablaufenden Ränder bei anderen Pflanzen, z. B.
bei Verbascum. Vielleicht gelingt es einmal, eine Variation zu
finden, der die Anschlüsse gänzlich abgehen; sie würde bei spiraliger
Blattstellung gar keine Zwangsdrehung haben.

Monstrositäten in den Anschlüssen sind nicht gerade selten.
Ich beobachtete einmal einen Fall, wo die vier Ränder eines Blattpaares, bei genau opponirten Medianen und Insertion in genau derselben Höhe den gegenseitigen Anschluss verfehlt hatten und alle
als vier breite Flügel am Internodium herunterliefen. Allmählig
schmäler werdend, erreichten sie das um 7 cm tiefer gelegene Blattpaar. Auch andere ähnliche Fälle fand ich in meinen Culturen bisweilen vor.

Eine Form des Anschlusses, welche gleichfalls ziemlich oft vorkommt, ist diese, dass die zwei oder drei oberen Blattpaare resp.
dreigliedrigen Quirle, welche der Spirale vorangehen, in derselben
Weise modificirt sind, als sonst das letzte Paar. Sie sind dann
unter sich durch mehr oder weniger deutliche Risslinien verbunden,
welche ihre sämmtlichen Blätter zu einer einzigen allerdings unregelmässigen Schraubenlinie vereinigen.

Ich komme nun zu der Beschreibung von einzelnen Beispielen
von Anschlüssen von Spiralen an Quirle, und fange mit einigen,
durch ihre zweibeinigen Blätter auffallenden Zweigen an.

Zunächst wähle ich den auf Taf. VII in Fig. 4 abgebildeten
Ast. Ich fand ihn im Juli 1889 unter den Zweigen, welche aus
dem Stammesgrunde der abgeschnittenen atavistischen Exemplare
hervorgetrieben waren. Er bildet das schönste Beispiel von Zwangsdrehung, das ich in meinen Culturen bis jetzt an Seitenzweigen
gefunden habe, d. h. er hat die grösste Blätterzahl in der Spirale

und die grösste Abweichung in der Richtung der Längsriefen von der longitudinalen.

Bis zum Knoten a b war der Ast normal. Von dem Blattpaare dieses Knotens war aber das eine, in der Figur zum Theil abgebildete Blatt mit seinem hinteren Rande am Stengel aufwärts angewachsen. Es schloss damit an die Blätterspirale an, welche die Zwangsdrehung verursachte, welche aber bis e auf deren hinterer Seite in fast genauer Längszeile emporstieg und somit in der Figur nicht sichtbar ist. Erst oberhalb e bis f sieht man die Basis der aneinander anschliessenden Blätter nebst ihren Achselsprossen. In der Höhe von e war der Stengel stark aufgeblasen; dieser Theil ist, wie man sieht, scharf vom unteren, weniger gedunsenen Theile abgesetzt.

Das Anschlussblatt b sitzt auf einem nicht tordirten, etwas gestreckten Internodium. Durch das Wachsthum dieses Stengeltheiles ist seine Basis auseinander gerissen. Man sieht in seinem Mittelnerven den Spalt, der zu einem Dreiecke erweitert worden ist. Der Nerv ist dicht neben seinem medianen Gefässbündel aufgerissen, also dort, wo das Gürtelband der Stränge fehlt, wie wir im dritten Abschnitt gesehen haben. Eine breite, in der Figur nicht dargestellte Narbe läuft am Stengel vom einen Bein zum andern.

Aus derselben Cultur stammt der auf Taf. VI in Fig. 7 abgebildete Ast. In diesem war nur der Theil c e tordirt; a ist der obere Knoten des normalen, decussirten Theiles. Auf e folgte ohne weitere Vermittelung der Stiel der Inflorescenz. Die Blätterspirale steigt links an, ist aber fast in ihrer ganzen Länge zu einer Längszeile aufgerichtet; diese sieht man in der Figur von der Rückenseite.

Die beiden Blätter 1 und 2 des Blattpaares a stehen genau opponirt; 1 sieht man von der Vorder-, 2 von der Rückseite. Der rechte Flügel von 2 ist mit dem linken Flügel des Uebergangsblattes 3 verbunden, welches das erste Blatt der Spirale bildet, und selbst unmittelbar an 4, und durch dieses an die weiteren Blätter der Spirale 5—10 anschliesst. Das Uebergangsblatt (3) verhält sich wie im vorigen Beispiel. Es war dem Stengeltheile a c der Länge nach angewachsen, hat aber seiner Streckung keinen genügenden Widerstand leisten können und ist somit von seiner Basis aus im Mittelnerven aufgerissen worden. Auch hier wiederum neben dem medianen Gefässbündel, wo das Gewebe durch keine Querbündel

verstärkt ist. $c\,b$ und $b\,d$ sind die beiden Seiten des Risses; am
Internodium ist die Linie $d\,c$ als deutliche, aber in der Figur nicht
sichtbare vernarbte Linie gezeichnet.

Von secundären Monstrositäten zeigte dieser Zweig zwei, welche
ich hier kurz erwähnen will, da sie in der Figur sofort sichtbar
sind, obgleich sie eigentlich zum Gegenstand des sechsten Abschnittes
gehören. Erstens ist das Uebergangsblatt 3 am Gipfel gespalten und
zweitens trägt es auf seiner Rückseite, am Mittelnerven bis zu etwa
halber Höhe angewachsen, ein kleineres Blättchen, dessen freier
Gipfel bei o gesehen wird. Dieses Blättchen kehrt dem Tragblatte 3
seinen Rücken zu und hat seine Insertion am Knoten a, und ist
von d bis b dem gespaltenen Theil des Mittelnerven von 3 angewachsen.

Einen dritten, ähnlichen Fall aus derselben Cultur zeigt uns
Fig. 1 auf derselben Taf. VI. Die Zwangsdrehung ist hier auf die
Strecke beschränkt, welche die Blätter 6—8 trägt. Der Knoten a
trägt einen normalen dreigliedrigen Blattwirtel, die Blätter 1 und 2
zeigten nichts Auffallendes und sind dicht am Grunde abgeschnitten.
An das dritte Blatt des Wirtels 3 schloss sich die Blätterspirale
4—8 an, und zwar merkwürdiger Weise so, dass das Uebergangsblatt 4 mit seiner Bauchseite fast bis zum Gipfel an die Bauchseite
des Blattes 3 angewachsen ist. Die Vereinigung beschränkt sich auf
die beiden Mittelnerven. Um sie im Bilde deutlich hervortreten zu
lassen, habe ich das Blatt 4 nach links zurückgeschlagen, es nimmt
sich jetzt als ein doppelter Flügel am Mittelnerven von 3 aus.

Das Uebergangsblatt (4) ist wiederum zweibeinig. Zwischen
a und s hat sich der Stengel gestreckt, und die beiden Seiten des
Blattgrundes, wie in den beiden vorher beschriebenen Fällen, aus-
einandergerissen.

Mehrere andere Beispiele von zweibeinigen Blättern auf der
Grenze zwischen Quirlen und Spiralen habe ich in meiner Cultur,
namentlich in den Jahren 1887 und 1889, vorgefunden und einige
davon photographirt; es scheint mir aber überflüssig, ihre Abbildungen
und Beschreibungen hier zu reproduciren.

Von anderen Anschlüssen beschreibe ich zunächst einen Fall,
der, wenigstens theilweise, in Fig. 3 auf Taf. VI abgebildet ist.
Die Zwangsdrehung war in diesem Zweige auf die kleine Strecke $a\,b$
beschränkt, sonst trug der Zweig decussirte Blattpaare. Das Inter-

nodium unterhalb *a* hatte eine Länge von etwa 12 cm. Sein unterer Knoten trug das oberste Blattpaar, welcher aber bereits nicht mehr normal war. Es bestand allerdings aus zwei opponirten Blättern, von denen das eine, theoretisch untere, ganz normal war. Das andere war zweigipflig und bis unten zweinervig, einerseits in üblicher Weise mit dem opponirten Blatte verbunden, aber auf der nach rechts ansteigenden Seite nicht nur mit jenem Blatte, sondern ausserdem mit dem Uebergangsblatte der Spirale vereinigt. Dieses stand am Stengel um etwa 2 cm höher als das Blattpaar, war wiederum zweibeinig, und nach oben mit breitem Flügel dem Stengel angewachsen. Offenbar war dieser Flügel in der Jugend und während der ersten Streckung mit dem Flügel *c* des untersten Blattes unserer Figur verbunden gewesen. Durch das Wachsthum des Stengels, welches hier, im Gegensatz zu den drei oben beschriebenen Beispielen, oberhalb des Anschlussblattes noch ein sehr starkes war, war jene Verbindung zerrissen und der Flügel beiderseits abgetrennt; man sieht bei *c* deutlich, wie er vom Stengel losgerissen ist. Eine Risslinie verband die beiden Blätter am Stengel entlang.

Bisweilen war auch die Risslinie oberseits der Zwangsdrehung ausgebildet und erstreckte sie sich bis zum nächstoberen Blattquirl. So z. B. an einem am 25. Juli 1889 gesammelten Zweige, der eine Blattspirale von vier Blättern mit schöner Torsion trug (Taf. VI, Fig. 6). Diese schloss unterseits unmittelbar, d. h. ohne Einschaltung eines gestreckten Internodiums, an einen dreigliedrigen Quirl (Blatt 1, 2, 3) an, dessen Verbindung auf der Seite aufgehoben war, wo das eine Quirlblatt (3) sich in das erste spiralige (4) fortsetzte. Oberseits lag zwischen dem gedrehten Theile und dem nächsten dreiblättrigen Quirle ein Internodium von 8 cm Länge mit deutlicher Wundlinie, welche den anodischen Rand des obersten spiraligen Blattes (7) mit dem entsprechenden Rande von einem der Quirlblätter verband.

Einen ähnlichen Fall, an einem oberhalb und unterhalb des gedrehten Theiles zweizähligen Zweige fand ich in derselben Cultur. Die Zwangsdrehung hatte eine Höhe von 4 cm, umfasste vier Blätter und schloss nach oben und nach unten mit Risslinien an die nächsten Blattpaare an.

Die Fig. 2 auf Taf. VI zeigt eine Zwangsdrehung mit fünfblättriger, fast ganz aufgerichteter Spirale. Das untere Blatt 1 läuft

bis *b* mit breitem Flügel an dem gestreckten, ungedrehten Theil
des Stengels herab; von *b* erstreckte sich eine deutliche Risslinie
bis zum nächsttieferen Blatte. Das obere Blatt 7 der Spirale ist, der
dortigen Streckung des Stengels zufolge, zweibeinig und schliesst
an das untere Blatt 8 des Scheinwirtels 8, 9, 10 an.

Endlich giebt uns die Fig. 5 das Bild von einem der häufigsten
Fälle von örtlicher Zwangsdrehung. Sie ist beiderseits von den benachbarten Quirlen durch lange Internodien getrennt, an welchen
mehr oder weniger deutliche Risslinien zu sehen sind.

Ich verzichte auf die Beschreibung weiterer Fälle, ohne Abbil-
dung sind sie nicht leicht verständlich zu machen, und ich würde
das erlaubte Maass weit überschreiten, wollte ich meine sämmtlichen
Photographien dieser Arbeit beigeben. Ich hoffe aber durch das
Mitgetheilte das Princip klargelegt zu haben, auf dem die einzelnen
Fälle eine fast unendliche Reihe von Variationen bilden.

Fünfter Abschnitt.
Die Mechanik der Zwangsdrehung.

§ 1. Der Vorgang des Tordirens.

Die Cultur einer erblichen Rasse von zum Theil tordirten
Individuen liefert nicht nur ein reichliches Material für morphologische und entwickelungsgeschichtliche Untersuchungen, für physio-
logische Experimente ist sie geradezu unentbehrlich. Und eine
experimentelle Behandlung der Torsion ist der einzige Weg, um zur
vollen Gewissheit über ihre Mechanik zu gelangen. Bis jetzt hat
man stets versucht, aus dem Baue der erwachsenen Theile abzuleiten,
wie sie sich gedreht haben dürften und welchen Ursachen dieses
zuzuschreiben sei. Unter den vielen Schwierigkeiten, auf welche
solche Erklärungsversuche stossen, möchte ich hier namentlich hervorheben, dass man nicht weiss, in welchem Stadium der Entwickelung
die Drehung angefangen hat, und dass man somit Irrthümern aus-
gesetzt ist in der Annahme der Umstände, welche in jenem Stadium
herrschten und denen die Erscheinung somit möglicherweise zugeschrieben werden könnte.

Die Beobachtung des Vorganges der Drehung selbst soll hier
somit in den Vordergrund der Behandlung gestellt werden.

Die Methode der Beobachtung war die von Darwin für die Untersuchung der Circumnutation erdachte[1]). Als im Mai 1889 die Hauptstämme meiner Pflanzen deutlich zu tordiren angefangen hatten, umgab ich die, für diesen Versuch bestimmten Individuen je mit einem Viereck von starken, fest in den Boden eingetriebenen Pfählen, deren Köpfe durch Eisendraht verbunden wurden. Die Pfähle waren so weit vom Stamm entfernt, dass sie die Bewegung der Blätter möglichst wenig hinderten und so hoch, dass eine grosse Glasplatte, auf sie aufgelegt, genau horizontal über den Blattspitzen lag. Auf diese Platte wurde zunächst die Lage der vier Pfähle aufgetragen, dadurch wurde es möglich, sie von Tag zu Tag genau an dieselbe Stelle zu bringen, ohne sie den Tag über auf dem Felde lassen zu müssen. Um nun auf einer solchen Platte die Lage eines Blattes anzugeben, stellte Darwin das Auge in die Verlängerung der Blattachse und markirte nun auf der Platte den Punkt, in der sie von dieser Verlängerung getroffen wurde. Ich verfuhr in derselben Weise und markirte die Lage von allen durch die Platte sichtbaren Blätter. Dieses wiederholte ich nun jeden zweiten Tag, bis die am Anfang des Versuchs jüngsten Blätter durch ihre Streckung die Platte erreicht hatten und eine Fortsetzung unmöglich machten. Im Anfange des Versuchs hatte ich die Lage der Stammachse in derselben Weise auf der Platte angegeben.

Es handelte sich nun darum, aus diesen Daten die Bewegung der einzelnen Blätter zu berechnen. Dazu wurden die Punkte zunächst auf Papier übergepaust und darauf sämmtlich durch gerade Linien mit dem Orte der Stammachse, also dem Mittelpunkte der Drehung verbunden. Nach dieser Vorbereitung liessen sich offenbar die Winkel, um welche die einzelnen Blätter in je zwei Tagen gedreht worden waren, ohne Weiteres messen.

Die Fig. 1 auf Taf. V· giebt das Resultat eines solchen Versuches in etwas geänderter Form. Die Winkel sind hier übertragen auf ein System von Kreisen mit etwa gleichen gegenseitigen Entfernungen: Und zwar entspricht der äussere Kreis dem ältesten Blatte, der zweite dem nächst jüngeren u. s. w., bis der innerste Kreis die Drehung des jüngsten Blattes aus dem Versuche angiebt.

---

1) Movements of plants, p. 6.

Ich gebe jetzt die beobachteten Winkel für diesen Versuch in tabellarischer Form. Vorher gehe aber die Bemerkung, dass es bei dieser Methode der Beobachtung offenbar nur auf die Hauptzüge der Erscheinung, nicht auf grosse Genauigkeit der Einzelheiten ankommt.

Dauer des Versuches zehn Tage. Anfang am 11. Mai 1889. Die Spalten 2—6 enthalten die durchlaufenen Winkel in den zweitägigen Beobachtungsperioden.

	13. Mai	15. Mai	17. Mai	19. Mai	21. Mai	Blattlänge am 16. Mai
Blatt No. 1 . . .	0	—	—	—	—	erwachsen
„ No. 2 . . .	20°	0	—	—	—	„
„ No. 3 . . .	36	0	—	—	—	„
„ No. 4 . . .	31	22°	0	—	—	—
„ No. 5 . . .	26	32	8°	0	—	—
„ No. 6 . . .	45		20	0	—	—
„ No. 7 . . .	20	20	42	12°	0	—
„ No. 8 . . .	85		20	15	0	—
„ No. 9 . . .	45	80	30	30	12°	23 cm
„ No. 10 . . .	95	100	110		45	17 cm
„ No. 11 . . .	110		45	50	50	—

Der Stengelabschnitt unter dem Blatte 9 bis zum nächsten Umgang der Spirale maass am 16. Mai, den Rippen entlang, etwa 1,5 cm.

Es leuchtet ein, dass der totale, von jedem einzelnen Blatte zurückgelegte Weg durch die Torsion des ganzen unter ihm befindlichen, noch in Drehung begriffenen Theiles des Stengels bedingt wird. Dementsprechend nehmen die Zahlen in unserer Tabelle vom ältesten bis zum jüngsten Blatte zu und zwar so stetig, wie die unvermeidlichen Fehler der Beobachtung dieses nur gestatten. Denn die seitlichen Krümmungen der Blätter und ihre circumnutirenden Bewegungen verringern oft die Genauigkeit der Beobachtungen sehr wesentlich. Ich hoffe später, durch etwas abgeänderte Methode, zu besseren Resultaten gelangen zu können, einstweilen möge das Vorhandene genügen. Denn nur während weniger Wochen im ganzen Jahre ist das Material für diese Studien geeignet.

Die Divergenzwinkel der Blätter nehmen während der Torsion des Stengels ab. Um ein Bild davon zu entwerfen, berechne ich die totalen Drehungen während der zehntägigen Versuchszeit und finde durch Subtraction jedes Werthes vom nächstfolgenden die entsprechende Abnahme der Winkeldivergenz. Um diese Rechnung für zweitägige Perioden durchzuführen, dazu genügen meine Zahlen nicht, auch muss ich die Beobachtungen am Blatt 6, sowie an den beiden jüngsten Blättern als nicht hinreichend sicher ausschliessen. Ich erhalte dann:

	Totale Drehung in 10 tägiger Periode	Verminderung des Divergenzwinkels
Blatt No. 2	20	20
„ No. 3	36	16
„ No. 4	53	17
„ No. 5	66	13
„ No. 6 u. 7 . .	94	je 14
„ No. 8	120	26
„ No. 9	197	77

Bei einer Blattlänge von 23 cm und einer Internodiallänge von etwa 1,5 cm wird die Divergenz vom nächst älteren Blatte in zehn Tagen somit um 77°, also um mehr als die Hälfte seines ganzen Werthes (138°) verringert. Dann nimmt die Bewegung allmählich ab, um erst etwa gleichzeitig mit dem Wachsthum zu erlöschen.

Berechnen wir die Abnahme des Divergenzwinkels zwischen Blatt 9 und 8 in viertägigen Perioden, so finden wir:

11.—15. Mai	15.—19. Mai	19.—21. Mai
40°	25°	12°

Also auch hier abnehmende Geschwindigkeit.

Für die Ableitung weiterer Folgerungen reicht aber die Genauigkeit des Versuchs nicht aus.

In einem zweiten Versuch, gleichzeitig mit ersterem angestellt, erhielt ich in einer Periode von acht Tagen folgende Zahlen. Es waren für die betreffenden Blätter die acht letzten Tage der Drehung, wie am zehnten Tage constatirt wurde.

	Totale Drehung beobachtet	Verminderung des Divergenzwinkels berechnet	Länge des Blattes
Blatt No. 1	0	0	erwachsen
„ No. 2	77	77	—
„ No. 3	106	29	—
„ No. 4	—	} je 52	—
„ No. 5	210		—
„ No. 6	260	40	22 cm

Die Länge des Blattes 6 wurde am fünften Tage des Versuchs gemessen. Die Länge der medianen äusseren Blattspur dieses Blattes bis zum nächsten Umgang der Spirale war an jenem Tage etwa 1 cm.

In einem dritten Versuch, bei sechstägiger Versuchsdauer:

	Totale Drehung	Blattlänge am zweiten Versuchstage
Blatt No. 1	20	—
„ No. 2	51	—
„ No. 3	48	—
„ No. 4	73	—
„ No. 5	96	—
„ No. 6	155	15 cm

Die Länge der Blattspur von Blatt 6 war am zweiten Versuchstage etwa 1 cm, gemessen wie oben. Während des Versuchs traten noch zwei weitere Blätter No. 7 u. 8 aus der Knospe aus; ihre Drehung konnte somit nur theilweise beobachtet werden. Ihre Länge war am zweiten Versuchstage 10 und 8 cm.

So ungenau alle diese Zahlen auch sind, so zeigen sie doch:

1. dass die Blätterspirale während des Wachsthums entwunden wird;

2. dass ein sehr bedeutender Theil der Torsion stattfindet, nachdem das betreffende Blatt bereits eine ansehnliche Länge (15 bis 20 cm) erreicht hat. In den drei obigen Versuchen fand ich die Länge der medianen äusseren Blattspur, bis zum nächstunteren Umgang der Spirale, für die gemessenen Blätter etwa = 1 bis 1,5 cm. Also ist bei dieser Internodiallänge die Torsion noch sehr energisch. Sie erlischt erst etwa gleichzeitig mit dem Ende der Streckungsperiode.

Es ist von Magnus die Ansicht aufgestellt worden, dass die Zwangsdrehung „auf der Hemmung des Längenwachsthums beruhe, welche der Stengel in der Jugend in Folge des Druckes der umgebenden Blätter erfährt.“ Ohne hier auf eine Kritik dieser Ansicht eingehen zu wollen — eine solche bleibe für den zweiten Theil dieser Monographie erspart —, möchte ich hier doch die Druckverhältnisse besprechen, welche während der Torsion in den oben erwähnten Versuchen geherrscht haben.

Es leuchtet nun ein, dass meine ganze Versuchsanordnung fordert, dass die zu beobachtenden Blätter nicht mehr als Knospe zusammenschliessen. Sie müssen sich bereits gerade gestreckt haben und sich frei von einander bewegen. Ersteres ist Bedingung für das Eintragen der Verlängerung ihrer Achse auf die Glasplatte; das zweite ergiebt sich unmittelbar aus der ungleichen Winkelgeschwindigkeit. Im dritten Versuch hatte das jüngste Blatt, als es durch die Platte hindurch sichtbar wurde, eine Länge von 8 cm, sein Internodium (bis zum. nächstunteren Umgang der Blattspirale) etwa 1 cm; das Blatt drehte sich um 40° in zwei Tagen. Das Blatt war gerade und hatte sich eben aus der lose geschlossenen Blättergruppe der Endknospe losgelöst. Die ältesten, noch drehenden Blätter sind schon nahezu ausgewachsen und weit vom Stengel abstehend.

Es ist somit klar, dass in meinen Versuchen die Drehung wenigstens zu einem bedeutenden Theile in Stengeltheilen stattfand, auf denen die Blätter frei abstanden, und welche also von diesen keinen hemmenden Druck erfahren konnten. Nur die Verbindung der Blattbasen zu einer Spirale konnte hier, der Ansicht Braun's entsprechend, eine Hemmung ausüben. Darüber jedoch werde ich im nächsten Paragraphen Versuche mittheilen.

Einen weiteren Versuch habe ich mit sechs tordirenden Individuen angestellt. Ich theile daraus nur die Drehung eines der am schnellsten drehenden Blätter für jedes Exemplar, unter Angabe der Blattlänge und der Entfernung seiner Insertion vom nächstunteren Umgange der Blätterspirale mit. Die Messungen fanden am Anfange der viertägigen Periode statt.

---

1) Frühlingsversammlung des botanischen Vereins der Provinz Brandenburg in Freienwalde a. O., Sitzung vom 1. Juni 1890. Nach einem mir von Herrn Prof. Magnus freundlichst zugesandten Zeitungsberichte. Vergl. auch die während des Druckes meiner Monographie erschienene Abhandlung desselben Forschers in Verhandl. d. Bot. Ver. d. Prov. Brandenburg XXXII, S. VII.

Pflanze	Blatt	Intern.	Totale Drehung in 4 Tagen
A . . .	15 cm	2 cm	125 ⁰
B	16 „	2 „	135 ⁰
C	16 „	2 „	70 ⁰
D	16 „	2 „	45 ⁰
E	19 „	2 „	90 ⁰
F	20 „	3 „	60 ⁰

Also bei einer Internodiumlänge von 2—3 cm stets noch bedeutende Drehung. Dasselbe fand ich in einigen weiteren Versuchen bestätigt.

Ich habe zum Ueberflusse versucht, den vermutheten Druck der Blätter auf den tordirenden Stengeltheil aufzuheben oder doch zu vermindern. Zum ersten Zwecke schnitt ich die Blätter während des Drehens am drehenden Stengeltheil dicht über ihrer Basis ab, und zwar von unten herab bis zu einer Blattlänge von 8—11 cm. Diese Operation übte auf den Vorgang der Torsion keinen merklichen Einfluss aus. Zum zweiten Zwecke habe ich eine Anzahl tordirender Exemplare auf dem Felde völlig verdunkelt, ich hoffte durch das Etiolement der Blätter deren Festigkeit und somit ihr Vermögen, einen Druck auszuüben, zu schwächen. Auf das Tordiren des Stengels hatte auch diese Behandlung keinen Einfluss. Die sämmtlichen Versuche wurden Mitte Mai gemacht, als die Gipfel der tordirenden Stämme noch kaum alle Blätter am Vegetationskegel angelegt hatten.

Die auf S. 54 f. beschriebenen Versuche lassen die letzte Periode und das Ende der Drehung erkennen, nicht aber den Anfang. Ich hätte diesen vielleicht nach derselben Methode bestimmen können, wenn ich die äusseren Blätter der Endknospe entfernt und in dieser Weise ein Blatt kurze Zeit vor Anfang der Drehung freigelegt hätte. Ich hoffe auch im nächsten Jahre solche Versuche anstellen zu können[1]).

Es lässt sich diese Frage aber noch in einer anderen Weise beantworten. Denn man braucht dazu offenbar nur an einem tordirenden Sprosse die jüngste Stelle aufzusuchen, an der noch eine Neigung der Stengelrippen kenntlich ist.

Ich wählte zu diesem Versuch im Mai 1889 eine junge, sich streckende und sich kräftig tordirende Pflanze, an deren

---

1) Das Material dazu ist mir leider im Winter erfroren, 4. Mai 1891.

Vegetationspunkt noch nicht sämmtliche Blätter angelegt waren, suchte die jüngsten schon tordirten Theile auf und maass hier die Länge der Blätter, die Länge der von demselben Blatte herabsteigenden medianen äusseren Blattspur bis zum nächsten Umgang der Spirale und die Neigung dieser Mediane, d. h. den Winkel, den sie mit der Längsrichtung des Stammes machte. Ich fand

	Länge der Blattspur	Länge des Blattes	Neigung der Blattspur
Blatt No. 1 . .	20 mm	16,5 cm	30 ^{0}
„ No. 2 . .	16 „	11,0 „	30 ^{0}
„ No. 3 . .	10 „	7,5 „	30 ^{0}
„ No. 4 . .	7 „	5,0 „	20 ^{0}
„ No. 5 . .	4 „	4,0 „	0 ^{0}

Es fängt in diesem Beispiele die Torsion somit an bei einer Blattlänge von 4,0 cm und einer Blattspurlänge von 4 mm. An zahlreichen anderen Individuen fand ich einen ähnlichen späten Anfang der Drehung.

Der Anfang der Torsion lässt sich auch auf dem Querschnitte ermitteln, wenn dieser nur nicht auf die jüngsten, sich noch nicht tordirenden Theile beschränkt wird. Ich durchschnitt dazu Mitte Mai die ganze Blättergruppe junger Stämme in einer horizontalen Ebene in der Höhe des Vegetationspunktes, legte eine Glasplatte auf die Pflanze auf und zeichnete auf diese die Lage der Blätter in natürlicher Grösse. Eine solche Figur findet man in Fig. 5 auf Taf. V.

Ich maass nun die Divergenzwinkel der gezeichneten Blätter und fand in zwei Individuen folgende Zahlen:

Winkel zwischen		A	B
Blatt 1—2	. . .	133 ^{0}	132 ^{0}
„ 2—3	. . .	134 ^{0}	132 ^{0}
„ 3—4	. . .	134 ^{0}	130 ^{0}
„ 4—5	. . .	134 ^{0}	125 ^{0}
„ 5—6	. . .	129 ^{0}	125 ^{0}
„ 6—7	. . .	120 ^{0}	120 ^{0}
„ 7—8	. . .	110 ^{0}	122 ^{0}
„ 8—9	. . .	115 ^{0}	128 ^{0}
„ 9—10	. . .	115 ^{0}	128 ^{0}
„ 10—11	. . .	130 ^{0}	138 ^{0}
„ 11—12	. . .	130 ^{0}	138 ^{0}

Winkel zwischen	A	B
Blatt 12—13 . .	132^0	138^0
„ 13—14 . . .	138^0	138^0
„ 14—15 . . .	138^0	—
„ 15—16 . . .	138^0	—

No. 1 ist das älteste, No. 14—16 sind die jüngsten Blätter. Die Pflanze B ist diejenige, der die Fig. 5 auf Taf. V entnommen ist.

Es ergiebt sich, dass die Blätter A 13—16 und B 10—14 noch den normalen Divergenzwinkel der Vegetationskegel haben, dass von Blatt 13 resp. 10 an die Winkel, offenbar durch die Torsion des Stengels, geringer geworden sind. Hier ist also der erste Anfang der Drehung.

Um zu erfahren, welcher Länge der Blattspur hier dieser Anfang entspricht, habe ich an dem Individuum B, nachdem die Zeichnung gemacht worden war, diese Länge für die betreffenden Blätter gemessen. Ich fand diese Länge für die mediane äussere Blattspur, den Rippen entlang gemessen, bis zum nächsten Umgange der Blattspirale:

	Länge der Blattspur		
für Blatt No. 9 . . .	14 mm	Neigung	deutlich,
„ „ No. 10 . .	10 „	„	schwach,
„ „ No. 11 . .	6 „	„	äusserst schwach,
„ „ No. 12 . . .	5 „	„	nicht sichtbar.

Es zeigt sich, dass die ersten Spuren der Torsion hier an der Neigung der Rippen noch etwas früher sichtbar sind als an der Abnahme des Divergenzwinkels. Die Länge der Blattspur, welche eben anfängt sich zu tordiren (5—6 mm), stimmt mit jener des auf voriger Seite mitgetheilten Versuches (4—7 mm) hinreichend genau überein.

In anderen Individuen fand ich die ersten Spuren der Torsion noch nicht bei 3 cm Blatt- und 2 mm Blattspurlänge, wohl aber beim nächstfolgenden Blatt mit 4 cm Blatt- und 3 mm Blattspurlänge.

Die Versuchspflanzen hatten eine Stammhöhe von 10—15 cm, ihre Blätter erhoben sich bis zu etwa einem halben Meter.

Fassen wir die Ergebnisse aller dieser Versuche und Beobachtungen zusammen, so finden wir:

1. Die Drehung fängt bei einer Blattspurlänge von 3—6 mm, welche einer Blattlänge von etwa 4 cm entspricht, an.

2. Sie ist anfangs langsam, in dem Augenblicke, wo die Blätter den Verband der Knospe verlassen, sehr schnell (bei einer Blattgrösse von etwa 15—20 cm und einer Blattspurlänge von etwa 10—15 mm) und erlischt dann nur langsam mit dem Aufhören der Streckung des betreffenden Stengeltheils. Die Drehung zeigt somit eine „grosse Periode", welche mit derjenigen der Streckung zusammenfallen dürfte; jedoch bedarf dieses noch besonderer Untersuchung.

3. Jedenfalls findet aber die Torsion hauptsächlich gleichzeitig mit der bedeutenden Streckung des betreffenden Stengeltheiles statt.

§ 2. Versuche über die Mechanik des Tordirens.

Die erste, experimentell zu beantwortende Frage ist die, ob die Gürtelverbindungen der Gefässbündel der Blätter einen Einfluss auf das Zustandekommen der Torsion haben.

Diese Gürtelverbindungen stellen, wie früher beschrieben wurde, ein ununterbrochenes Schraubenband um die junge Stengelspitze dar. Sie sind in unseren Fig. 3, 9 u. 10 auf Taf. V deutlich zu erkennen. Sie liegen, wie Fig. 12 B auf derselben Tafel zeigt, in dem Blattgrunde, ausserhalb des Stengels. Daraus geht hervor, dass es leicht gelingen muss, sie zu entfernen, wenn man die Verbindung der benachbarten Blattflügel am Stengel wegschneidet oder abkratzt, wenn man nur Sorge trägt die äusseren Theile bis in das Rindengewebe oder bis an den Gefässbündelring des Stammes abzutragen.

Die Fig. 9 auf Taf. V bezieht sich auf die Blätter 12 u. 13 der Fig. 5. Und erst zwischen den Blättern 9 u. 10 fing der Divergenzwinkel an merklich geringer zu werden. Eine schiefe Neigung als erste Andeutung der Torsion war, wie wir oben gesehen haben, an den Blattspuren des Blattes 12 noch nicht sichtbar. Die Gürtelverbindungen sind somit völlig angelegt, bevor die Torsion anfängt.

Dennoch üben sie auf diesen Process keinen merklichen Einfluss aus. Ich habe an fünf Pflanzen Ende Mai und Anfang Juni, während der kräftigen Streckung des unteren Theiles des sich tordirenden Stammes, alle Gürtelverbindungen über mehrere Umgänge der Blätterspirale vorsichtig abgetragen. Und zwar für jede einzelne Verbindung vor oder im allerersten Anfang der Torsion; die einzelnen

Operationen an demselben Stengel wurden somit an successiven Tagen ausgeführt. Aber die Torsion ging in ganz normaler Weise vor sich. Die untere Hälfte des in Fig. 1 auf Taf. VII photographirten Stengels war eines dieser Versuchsobjecte, die Operationen erstreckten sich etwa bis *b*. Man sieht, dass die Torsion hier einen ganz gewöhnlichen Grad der Ausbildung erreicht hat. Ebenso verhielten sich die übrigen Versuchspflanzen.

Es sei gestattet, hier daran zu erinnern, dass es viele Arten mit schönen Zwangsdrehungen giebt, welche keine Gürtelverbindungen haben. Doch komme ich hierauf im nächsten Abschnitt zurück.

Eine zweite zu beantwortende Frage ist die nach dem Einflusse des schraubenförmigen Diaphragma im Innern des hohlen Stengels auf die Entstehung der Torsion. Obgleich dieses keine Gefässbündel enthält, so könnte es doch als continuirliches Band die Hemmung bedingen, welche nach Braun's Auffassung die Drehung herbeiführt. Um die Continuität dieses Bandes aufzuheben, machte ich von aussen in den Stengel hinein Einschnitte zwischen je zwei Blättern, dadurch wurde gleichzeitig das ganze Blätterband in Stücke getrennt.

Auch diese Versuche hatten aber das erwartete Ergebniss nicht. Erstrecken sich die Schnitte nicht wesentlich aufwärts oder abwärts von der Insertionslinie der Blätter, so geht die Drehung ungestört weiter.

Ein Einfluss auf die Erscheinung wird erst erzielt, sobald die Einschnitte sich eine kleinere oder grössere Strecke weit von jener Insertionslinie ausdehnen. Es ist dabei erforderlich, wie wohl selbstverständlich, die Operation an Stellen vorzunehmen, wo die Drehung noch nicht angefangen hat oder eben anfängt, denn je weiter die Torsion bereits vorgeschritten, um so geringer wird der Erfolg der Einschnitte sein können. Die Drehung fängt aber, wie im vorigen Paragraphen gezeigt wurde, dort an, wo die Blätter etwa 4 cm, die Blattspuren etwa 4 mm Länge erreichen.

Den Erfolg dieser Versuche habe ich in meiner vorläufigen Mittheilung mitgetheilt und abgebildet [1]). Es gelang hier die Drehung stellenweise völlig aufzuheben, während sie oberhalb und unterhalb der Versuchsstrecke eine äusserst kräftige blieb. Die beiden durch die Spalte getrennten Blätter wurden dabei durch das

---

1) Ber. d. d. bot. Gesellsch., Band. VII, S. 294, Taf. XI, Fig. 6.

Wachsthum des Stengels in vertikaler Richtung auseinandergeschoben; die Verschiebung erreichte in einem Falle etwa 2 cm. Der betreffende Stengeltheil war gerade gestreckt, die Insertionen der Blätter standen nahezu quer zur Stengelachse. Dieselben Resultate erhielt ich mit mehreren Versuchspflanzen in 1889; in 1890 habe ich diese Versuche wiederholt und die Ergebnisse bestätigt gefunden. Die Schnitte, welche eine deutliche Verschiebung der beiden benachbarten Blätter aus der Spirale herbeiführten, hatten, nachdem der Stengel ausgewachsen war, eine Länge von 2—3 cm, bei einer Blattspurlänge von 4—5 cm, sie erstreckten sich also um etwa $^{1}/_{4}$ der Blattspurlänge von der Insertionslinie aufwärts und abwärts. In dieser Weise ausgedrückt, gilt das angegebene Maass selbstverständlich auch für den Tag der Operation. Kleinere Schnitte hatten in der Regel keinen merklichen Erfolg.

Ich schritt nun zu grösseren Operationen. Denn in der vorigen Versuchsreihe waren eigentlich nur die Ränder der Schnitte von der Torsion verschont geblieben, es handelte sich jetzt darum, grössere Strecken gerade zu erhalten. Diesem Versuche wurden im Juni 1890 drei im unteren Theile bereits schön tordirte Hauptstämme geopfert. Von diesen sind zwei auf Taf. VII in Fig. 1 u. 7 abgebildet. Das Princip dieser Versuche war, die Einschnitte länger und zahlreicher zu machen und sie derart in Entfernungen von einer oder zwei Blattinsertionen von einander anzubringen, dass sich ihr Einfluss auf die zwischenliegenden Partien des Stengels summiren könnte.

Es gelang mir in dieser Weise längere, gerade gestreckte und völlig ungedrehte Stengelstücke entstehen zu lassen an Stellen, welche ohne die Operationen ohne Zweifel sich tordirt haben würden, da die benachbarten nicht behandelten Partien sowohl auf der Unterseite als auf der Oberseite der operirten Strecke die Drehung im üblichen Grade der Ausbildung zeigten. Vergl. Fig. 1 zwischen Blatt 1 und Blatt 5 und Fig. 7 zwischen Blatt 1 und Blatt 6.

Die Operationen wurden im Juni 1890 vorgenommen an jenen Stellen des noch jugendlichen Stammes, an denen die Torsion eben anfing sichtbar zu werden. Die Pflanzen blieben bis in den Herbst auf dem Beete und wurden somit im völlig ausgewachsenen Zustande geerntet und photographirt.

Das erste in Fig. 1 (Taf. VII) abgebildete Exemplar hatte drei

Einschnitte. Es sind dies *d e* zwischen Blatt 1 u. 2; dieser Schnitt erstreckte sich nur wenig unterhalb der Insertionslinie, aufwärts aber über etwa $^2/_3$ der Blattspur des Blattes 4. In der Figur sind die Blätter am leichtesten an ihren Achseltrieben kenntlich, derjenige des Blattes 1 war am Grunde abgeschnitten. Zwischen Blatt 2 u. 3 ist keine Operation zu erwähnen. Zwischen Blatt 3 u. 4 liegt der grösste Schnitt; da er in der Figur auf der Hinterseite liegt, ist sein Umriss nicht leicht zu erkennen. Er ist durch *g, g', g'', c'', c'* bezeichnet und durchläuft den Stengel nach oben und nach unten bis zum nächsten Umgang der Blattspirale. Zwischen Blatt 4 und Blatt 5 liegt der Schnitt *f, f', h', h,* der sich abwärts nur etwa um eine halbe Blattspurlänge, aufwärts aber bis zum nächsten Umgang der Spirale erstreckt.

Die nächsten Folgen dieser Einschnitte sind, dass der Stengel-streifen von Blatt 7 abwärts über Blatt 4 bis zu Blatt 1, sowie der Doppelstreifen von Blatt 5 u. 6 abwärts zu Blatt 2 u. 3 völlig von einander isolirt sind. Nur ein kleiner Arm, zwischen *e* und *f* verbindet sie, dieser ist durch ihre Streckung quergestellt worden und hat dadurch die gegenseitige Entfernung der beiden Streifen, welche in der Figur so auffallend ist, herbeigeführt. Der Doppelstreifen aber hat sich derart mit beiden Rändern einwärts gebogen, dass er an sich ein fast cylindrisches Stengelstück mit scheinbar einfachem Längsriss darstellt. In den Riss passt aber der Streifen 7, 4, 1 hinein.

Nach dieser etwas umständlichen Beschreibung, deren Verständniss leider durch unsere Figur nicht in demselben Grade erleichtert wird, wie wenn ich meinen Lesern das Object selbst vorlegen könnte, kehre ich zum Hauptergebniss zurück. Es ist dieses:

Die von zwei parallelen Schnitten isolirten Streifen haben keine Torsion erfahren. Es gilt dieses sowohl, wenn sie die Breite von zweien Blattinsertionen haben, als wenn sie sich nur über die Breite eines einzelnen Blattes erstrecken. Mit dem Fehlen der Drehung ist eine bedeutende Streckung verbunden, welche fast das Doppelte von der während der Torsion erreichbaren Länge beträgt.

Das in Fig. 7 (Taf. VII) abgebildete Object wurde genau in derselben Weise behandelt. Die Einschnitte lagen zwischen den Blättern 1 u. 2 (auf der Rückenseite in der Figur), 2 u. 3 (*a, a'', a''', a^{IV}, a^V*) und 3 u. 4 (*b, b', b''*). Sie erstreckten sich sämmtlich aufwärts bis zum nächsten Umgang der Spirale. Die drei von ihnen isolirten Stengelstreifen haben ihre Ränder möglichst einwärts gekrümmt, sind aber sonst gerade geblieben.

Im dritten Exemplar erstreckten sich die Einschnitte von einem Blatte bis zum zehnten darauf folgenden und somit über $3\frac{1}{2}$ Umgänge der ursprünglichen Blattspirale. Sie lagen zwischen den Blättern 1 u. 2, 3 u. 4, 4 u. 5, 5 u. 6, 6 u. 7 und waren somit fünf an der Zahl. Da sie sich jede bis zum nächstoberen Umgang der Spirale erstreckten, erreichte die letzte fast das zehnte Blatt. Die operirte Strecke war 18 cm lang und nicht tordirt, die Blätter bildeten eine Schraube von fast $3\frac{1}{2}$ Umgänge und hatten somit, soweit die Verzerrung durch die Wunden dieses erlaubte, die ursprünglichen Divergenzen beibehalten.

Die beiden Versuche bestätigen also die aus dem ersteren abgeleiteten Folgerungen.

Diese auf dem Felde ausgeführten Operationen haben somit, trotz ihrer unvermeidlichen Rohheit, zur Aufhebung der Torsion und entsprechenden Streckung der Glieder des Stengels geführt. Sobald es gelingt, feiner zu arbeiten, wird man offenbar einen Dipsacus-Stengel herstellen können mit spiraliger Anordnung der Blätter, aber ohne Torsion, mit einer Blattstellung also, wie sie bei gewöhnlichen Pflanzen mit zerstreuten Blättern obwaltet.

Als Schlussergebniss zeigt sich, dass als mechanische Ursache der Torsion nicht allein die spiralige Verwachsung der Blattbasen mit ihren Gürtelverbindungen und dem Diaphragma in der Höhlung des Stengels betrachtet werden muss, sondern die spiralige Anordnung der Blattbasen nebst den von ihren Blattspuren durchlaufenen Abtheilungen des Stengels (für jedes Blatt bis zum nächst unteren Umgang der Spirale gerechnet). Erst wenn oder soweit diese Abtheilungen von einander losgelöst werden, bleibt die Drehung aus.

Offenbar ist diese Auffassung des Mechanismus mit dem Satze Braun's keineswegs in Widerspruch, sondern kann als eine Präcisirung dieses Satzes betrachtet werden.

Weitere Versuche werden, von diesem neuen Gesichtspunkte ausgehend, ohne Zweifel unsere Einsicht in das Wesen der Zwangsdrehung noch bedeutend vertiefen. Es ist mir völlig klar, dass meine Experimente dazu nur einen ersten Schritt bilden und dass namentlich die im vierten Abschnitt gegebene deductive Beschreibung

der Unterbrechungen der Zwangsdrehungen nicht auf den Namen
eines Versuches zur mechanischen Erklärung Anspruch machen kann.
Aber bis jetzt stand mir nicht mehr Material zur Verfügung, ich
habe ohnehin schon eine ganz bedeutende Anzahl von tordirenden
Individuen diesen Studien geopfert.

Jedem, der sich für diese und andere Fragen über die Erscheinungen der Zwangsdrehung interessirt, werde ich gerne Samen
meiner Rasse zu eigenen Versuchen zur Verfügung stellen[1]).

Sechster Abschnitt.
Suturknospen und Suturblättchen.

§ 1. Accessorische Achselknospen.

Neben dem normalen Achselspross tragen die Stengel von
Dipsacus silvestris bisweilen kleine, collaterale Knospen. Diese
wurden bereits von Braun gesehen. Er sagt darüber: „Sehr kümmer-
liche Nebensprösschen neben dem Hauptspross, meist nur auf einer
Seite, habe ich in diesem (1874) und dem verflossenen Jahre an
mehreren Exemplaren in mittlerer Stengelhöhe von den Trichtern
der verbundenen Blätter versteckt beobachtet“[2]). Auf eine weitere
Beschreibung geht er aber nicht ein.

An meinen tordirten Exemplaren waren diese collateralen Achselknospen sehr häufig und oft auf demselben Stengel in grosser Anzahl und üppiger Entwickelung vorhanden. An decussirten und
dreizählig-wirteligen Pflanzen sah ich sie selten; hier gelang es mir
aber ihre Ausbildung durch einen Kunstgriff zu veranlassen. Ich
schnitt dazu, als die Pflanzen etwa anderthalb Meter Höhe erreicht
hatten, den Gipfel und sämmtliche normale Achselsprosse weg, die
letzteren stets unterhalb ihres ersten Blattpaares. Die Folge war,
dass in vielen Achseln accessorische Knospen hervorbrachen und
sich zu kleinen Sprösslein entwickelten. Meist in jeder Achsel nur
eine, oft aber auch zwei. Im Laufe des Sommers gingen diese
Sprösschen aber meist wieder zu Grunde.

Denselben Versuch stellte ich, und zwar mit gleichem Erfolg,
mit einer Anzahl tordirter Exemplare im Sommer 1890 an.

---

1) Vergl. auch S. 20.
2) A. Braun, Sitzungsber. d. Gesellsch. Naturf. Freunde, Berlin 14. Juli
1874, S. 77.

Die collateralen Achselknospen der tordirten Karden von 1889 sind in einer Reihe von Beispielen auf Taf. IV in Fig. 5, 6, 7 u. 11 und in Fig. 8 auf Taf. V dargestellt.

Fig. 5 u. 11 geben ihre normale Stellung in der Jugend und im vorgeschrittenen Alter an, wenn ihre Ausbildung nicht durch künstliche Eingriffe gefördert worden ist. Fig. 5 ist einem links-gedrehten Exemplare entnommen und senkrecht auf die Rippen des Stengels, also parallel der Blattspirale geschnitten. Der normale Achselspross war 5 mm lang und trug bereits eine Anlage eines Blüthenköpfchens. Auf der einen Seite sieht man eine, auf der andern zwei collaterale Knospen. Letztere sind vermuthlich als Spaltungsproducte einer fasciirten Knospe aufzufassen (vergl. Fig. 7 und weiter unten im Text). Gefässbündelanlagen konnte ich an diesen Knospen noch nicht sichtbar machen.

Es ist deutlich, dass die collateralen Knospen hier neben, nicht auf dem Hauptachselsprosse stehen. Ebenso verhielten sie sich in den übrigen untersuchten Fällen junger Anlagen.

Beim weiteren Wachsthum des mittleren Achselsprosses ändert sich aber diese gegenseitige Lage. Die Ursache davon ist das An-schwellen des Sprossgrundes zu einer dicken, runden Geschwulst. Diese ist fast kugelig, aber breiter als hoch. Auf ihr sitzen, wie Fig. 11 in natürlicher Grösse zeigt, die collateralen Knospen seitlich. So zeigen sie sich auf den erwachsenen tordirten Stengeln dem un-bewaffneten Auge.

Eine ganz gewöhnliche Abweichung, der diese collateralen Knospen unterliegen, ist die Fasciation. Sie sind häufig mehr oder weniger verbreitert und zwar parallel der Insertionslinie des be-treffenden Blattes. Ein Beispiel aus vielen ist in Fig. 7 auf Taf. IV abgebildet, eine normale collaterale Knospe dagegen in Fig. 6.

Die Fasciation giebt sich theilweise durch die Verbreiterung der ganzen Anlage, theilweise durch die Zahl der Glieder im ersten Blattwirtel zu erkennen. Ich beobachtete in mikroskopischen Schnitten durch junge, noch wachsende tordirte Stengel nicht selten vier-blättrige und achtblättrige Wirtel, während die Fig. 7 einen fünf-und einen sechsblättrigen Quirl erkennen lässt. Auch siebenblättrige habe ich gesehen. Bisweilen führen diese Wirtel auch mehr oder weniger tiefgespaltene Blattanlagen, wie solches aus der Vergleichung successiver Mikrotomschnitte hervorgeht.

5*

§ 2. Suturknospen.

Ausser den im vorigen Paragraphen beschriebenen collateralen
Achselknospen bildet Dipsacus silvestris noch andere Knospen.
Diese stehen nicht in den Blattachseln selbst, sondern mitten
zwischen den Insertionsstellen zweier Blätter, genau an dem Punkte,
wo diese sich berühren. Solche „interfoliare" Knospen scheinen im
Pflanzenreich selten zu sein; sie sind z. B. für die Inflorescenzen
von Asclepias bekannt, wo Eichler sie „interpetiolar" nennt[1]).
Sie sind in vielen Exemplaren meiner Rasse zahlreich und schön
ausgebildet, und zwar wesentlich nur an den Individuen mit durchaus tordirtem Hauptstamm. An atavistischen Pflanzen habe ich sie
seltener gesehen, doch konnte ich hier ihre Ausbildung, wie diejenige der accessorischen Achselknospen, durch Abschneiden des
Gipfels und sämmtlicher normaler Achselsprosse, befördern. Auf
diesen Versuch komme ich weiter unten zurück.

Ich werde diese Knospen „Suturknospen" nennen; sie stehen
auf der Sutur zwischen zwei benachbarten Blättern. Diese Bezeichnung weist sofort auf die Uebereinstimmung ihrer Stellung mit
den in den beiden nächsten Paragraphen zu behandelnden Suturblättchen hin.

Suturknospen habe ich auf Taf. IV in Fig. 8, 12, 13 B, 13 C
abgebildet. Sie finden sich, sowohl an tordirten als an atavistischen
Exemplaren, nicht selten zwischen Blättern, deren wenigstens eins
auf der Seite der Suturknospe eine accessorische Achselknospe trägt.
An tordirten Exemplaren sieht man sie bisweilen an den Suturen
einer ganzen Reihe aufeinanderfolgender Blätter. Bisweilen führt
dieselbe Sutur zwei Knöspchen (Taf. IV, Fig. 13 C), welche vielleicht ebenso wie die doppelten collateralen Achselknospen, als
Spaltungsproducte einer fasciirten Knospe betrachtet werden müssen.
Doch habe ich auf die Neigung dieser Gebilde zur Fasciation bald
zurück zu kommen.

Die Gefässbündel der Suturknospen gehen, wie in successiven
Mikrotomschnitten ersichtlich, gerade abwärts, bis sie die Gefässbündel des Stammes (Taf. V, Fig. 12 A u. B bei s) unter sich treffen
und vereinigen sich dann mit diesen.

---

1) Eichler, Blüthendiagramme I, S. 255.

Für gewöhnlich bilden sich die Suturknospen nicht weiter aus, als es in Fig. 12 auf Taf. IV in natürlicher Grösse abgebildet ist. Die beiden Achselsprosse der Blätter 1 und 2 waren nahezu ausgewachsen, das Bild ist der linksaufsteigenden Blattspirale eines tordirten Hauptstammes entnommen, nachdem die Blätter und Achseltriebe dicht über ihrer Basis weggeschnitten waren.

Wie bereits erwähnt, ist es mir gelungen ihre weitere Entwickelung dadurch zu veranlassen, dass ich im Juni 1890 den Gipfel und sämmtliche Achselsprosse kräftig wachsender Exemplare wegschnitt. Es war dies derselbe Versuch, in welchem ich auch das weitere Wachsthum der accessorischen Achselknospen beobachtete. Wie jene, gingen auch die meisten Sutursprosse, sowohl an atavistischen als an tordirten Individuen im August wieder ein, ohne eine bedeutende Grösse zu erreichen. Eine Ausnahme bildeten nur drei Suturtriebe, welche sich in drei Wirteln eines sehr kräftigen, dreizähligen Exemplares entwickelt hatten. Es waren die mittleren Wirtel des anderthalb Meter hohen Stammes. Die Triebe sassen genau zwischen den beiden benachbarten Blättern, entwickelten Blüthenköpfe, wurden aber vor der Samenreife mit sammt dem Stamme abgeschnitten und getrocknet, um aufbewahrt zu werden.

Ich lasse jetzt eine kurze Beschreibung dieser drei Sutursprosse folgen und fange mit dem obersten an.

Dieser erreichte eine Länge von 30 cm und sass, wie die beiden anderen, mit dickem Geschwulst dem Stengelknoten auf. Unten war er im Querschnitt rund, flachte sich nach oben aber allmählich ab, bis er fast doppelt so breit wie dick war. Die Verbreiterung fand, wie stets, parallel der Insertionslinie der benachbarten Blätter des Hauptstammes statt. Am Gipfel trug er ein bis etwa zur Mitte gespaltenes, also unvollständig verdoppeltes Köpfchen. Er trug zwei Blattwinkel, jeder von fünf Blättern; jedes Blatt mit einem normalen blühenden oder verblühten Achselspross.

Der folgende Suturspross war bereits unten oval im Querschnitt und trug einen Quirl von sieben Blättern, unter denen sechs mit blühendem Achseltrieb. Dann spaltete er sich, gleich oberhalb jenes Quirls, in zwei kräftige Aeste von je etwa 35 cm Länge, welche nach einem vier- resp. dreigliedrigen Blattquirl in ein normales Blüthenköpfchen endeten.

Der dritte untere Suturspross war klein, mit einem fünf-
blättrigen Blattwirtel und einem Blüthenköpfchen.

Die Neigung zur lateralen Verbreiterung (Fasciation) war also
in allen diesen drei Fällen hinreichend deutlich ausgeprägt.

§ 3. Freie Suturblättchen.

An den nämlichen Stellen, wie die Suturknospen, kommen an
kräftig tordirten Hauptstämmen bisweilen kleinere oder grössere
Blätter vor. Die kleinsten dieser Gebilde stehen frei vom Stengel
ab, die grösseren kehren ihren Rücken dem Stengel zu und sind
an diesen und gewöhnlich auch an eines der nächsthöheren Blätter
mehr oder weniger weit angewachsen. Diese Organe nenne ich
Suturblätter; die angewachsenen werde ich im nächsten Paragraphen,
die freien in diesem besprechen.

Die freien Suturblättchen können mit oder häufiger ohne Knospen
auf derselben Sutur vorkommen.

Ich wähle zur Erläuterung der zahlreichen möglichen Vor-
kommnisse drei typische Fälle aus, welche ich auf einem tordirten
Stamme beobachtet habe. Dieser Stamm ist auf Taf. VII in Fig. 3
abgebildet; es ist derselbe, welcher, von der anderen Seite gesehen,
in meiner vorläufigen Mittheilung in Fig. 7 dargestellt worden ist.
Die Suturblättchen, welche in beiden Figuren sichtbar sind, sind
mit denselben Buchstaben u, u'', u''' bezeichnet. u' aus der genannten Fig. 7 ist auf Taf. VII nicht sichtbar. u^{IV} ist ein angewachsenes Blättchen und wird also im nächsten Paragraphen besprochen.

Ich wähle zunächst das Blättchen u. Ich habe es in Fig. 10
auf Taf. IV, in natürlicher Grösse und vom Rücken gesehen, abgebildet; es steht genau auf der Sutur der beiden Blätter 1 u. 2,
welche dicht über ihrem Grunde abgeschnitten sind; p ist die gleichfalls durchschnittene Flügelverbindung dieser Blätter. Das Suturblättchen besitzt nicht einen dickeren Mittelnerv, wie die normalen
Blätter, es ist überall gleich dünn. Es hat zwei Nerven, welche
nur nach ihrer Aussenseite Zweige abgeben.   -

In seiner Achsel führt dieses Blättchen zwei kleine Knospen,
Suturknospen, wie wir auch im vorigen Paragraphen Verdoppelungen

---

1) Berichte d. d. bot. Ges., Bd. VII, Taf. XI.

von Suturknospen haben kennen gelernt. Ich habe die gegenseitige
Lage dieser Organe in Fig. 13 C gezeichnet, welche insoweit schematisch ist, als die Umgebung der kleinen Gruppe einem Mikrotomschnitte aus einem anderen Präparate entnommen ist. In derselben
Weise sind auch die Fig. 13 A und B, wie man sofort sieht,
schematisch.

Als zweites Beispiel wähle ich das nächsthöhere freie Suturblättchen auf demselben Stengel. Es war vom ersteren nur durch
ein Blatt getrennt und ist l. c. Taf. XI, Fig. 7 in u' abgebildet.
Es ist in unserer Fig. 3 auf Taf. VII nicht sichtbar, dafür aber in
Fig. 13 B auf Taf. IV im Grundriss eingetragen. Es führte eine
einzige Suturknospe, diese war aber zwischen ihm und der Blätterspirale eingeschaltet. Dementsprechend kehrte das Blättchen seinen
Rücken dem Stengel zu, war aber, wohl in Folge von Geotropismus,
um etwa 180° tordirt und kehrte dadurch in seinem oberen Theil
die Oberseite wieder nach oben, die Unterseite wieder nach unten.

Das dritte Beispiel ist in Fig. 13 A im Grundriss eingetragen.
Seine Insertion steht quer zur Blätterspirale. Es hatte keine Suturknospe, doch sah ich eine solche in einem anderen Falle, wo sie
neben dem quergestellten Suturblättchen eingepflanzt war. Das
Blättchen war, wohl geotropisch, um etwa 90° tordirt.

Häufig sind die Suturblättchen kleiner und schmäler. Solche
sind auf Taf. IV in Fig. 9 in natürlicher Grösse und l. c. Taf. XII
in Fig. 6 bei u dargestellt.

In den meisten Fällen sind die freien Suturblättchen nicht von
Knospen begleitet.

Die freien Suturblättchen waren am häufigsten auf dem mittleren Theile der Blätterspirale kräftig tordirender Stämme. Sie
können hier bisweilen fast auf allen Suturen vorkommen. Nennt
man im Stamme Taf. VII, Fig. 3 die Sutur des Blättchens u''' No. 1,
so führten hier die Suturen No. 2, No. 5 und No. 6 gleichfalls
freie Suturblättchen, während No. 4 ein angewachsenes (u^{IV}) trug
und nur No. 3 leer war. Es zeigt dieses, dass die Suturblättchen
nicht etwa als Glieder der Hauptspirale zu betrachten sind. Vielleicht hat man sie als Vorblätter der Suturknospen aufzufassen.

§ 4. Angewachsene Suturblätter.

Viel häufiger als die kleinen freien Suturblättchen sind an tordirten Hauptstämmen grössere überzählige Blätter, deren Deutung, trotz
der Untersuchung zahlreicher Fälle, noch grössere Schwierigkeiten
macht als die Erklärung jener. Ich fasse sie vorläufig als Suturblätter
auf, welche mehr oder weniger hoch mit dem Stengel verwachsen sind.
Ein Beispiel habe ich auf Taf. VII in Fig. 3 bei u^{IV} dargestellt.

Betrachten wir aber zunächst die Fig. 13 B auf Taf. IV. Man
kann sich hier leicht vorstellen, dass das Suturblättchen mit seinem
Rücken an den Stengel anwächst. Die Verwachsung kann sich mehr
oder weniger hoch erstrecken, was namentlich auch von der Grösse
des Blattes abhängig sein wird. Erreicht sie die nächstobere Windung der Blattspirale, so kann sie sich selbstverständlich nur auf
dem Rücken des dortigen Blattes fortsetzen. Das Suturblatt wird
sich dann als eine rückenständige Verdoppelung dieses Blattes ausnehmen.

Aus dieser deductiven Betrachtung lässt sich leicht ableiten,
mit welchem Blatte und Blatttheile die erwähnte Verwachsung statt-
finden wird. Wir betrachten dazu z. B. die einer Serie von Mikrotomschnitten entnommene Fig. 3 A auf Taf. IV. Das Suturblättchen *s*
steht zwischen den Blättern 1 u. 2 und ist dadurch mit seinem
Rücken dem Blatte 4 angedrückt, und zwar seitlich von dessen
Medianebene auf der nach dem nächsthöheren Blatte 5 gekehrten
Seite. Nennen wir diese Seite die anodische, so ergiebt sich die
Regel, dass angewachsene Suturblättchen, wenn sie eine hinreichende
Grösse haben, dem Rücken des drittnächsten Blattes anodisch von
dessen Mediane aufsitzen. Ich habe auf diese Lage in sehr zahlreichen Fällen, sowohl an ausgewachsenen Stämmen als auf Serien
von Mikrotomschnitten durch wachsende Gipfel tordirter Stengel geachtet und keine Ausnahme von dieser Regel gefunden. Auch kehren
die angewachsenen Suturblätter ausnahmslos ihren Rücken dem Stengel
und dem Tragblatte zu.

Die Verwachsung ist eine congenitale: die später verwachsenen
Theile treten als solche aus dem Vegetationskegel heraus. Die
Untersuchung jugendlicher Zustände lehrt also in dieser Hinsicht
nicht mehr als das Studium ausgewachsener Blätter. Doch hat sie
in anderer Rücksicht einen wesentlichen Vorzug.

Denn die Anlage der Blätter und somit auch jene der Suturblätter findet vor dem Anfange der Torsion statt; in der Jugend
sehen wir also wie sie sich ohne deren Einfluss verhält. Die Verwachsungslinie steht einfach der Achse des Stengels parallel, das
Blättchen steigt an diesem senkrecht auf. Ich beobachtete dieses
sowohl auf Mikrotomschnitten als an ganzen Stengelgipfeln, an denen
ich die jüngsten angewachsenen Suturblättchen mit dem unbewaff-
neten Auge in jener Region finden konnte, wo die Torsion noch
nicht angefangen hatte.

Durch die Torsion werden die Rippen des Stengels schiefgestellt und spiralig gedreht. Ein angewachsenes Suturblättchen ist
mit einem solchen Rippen der ganzen Länge nach verbunden, es erfährt somit dieselbe Drehung und geht dadurch in jenen Stand über,
welchen es in der zuerst erwähnten Figur (Taf. VII, Fig. 3 u^{IV}) zeigt.
Es ist dies eine nothwendige und erfahrungsgemäss stets zutreffende
Folge der Torsion.

Die beiden Blätter, zwischen denen das Suturblatt steht (z. B.
1 u. 2 in Fig. 3 A auf Taf. IV) sind stets mit ihren Flügeln gerade so verwachsen, als ob kein überzähliges Blättchen vorhanden
wäre. Die Flügel des angewachsenen Suturblattes laufen an der
betreffenden Stelle bis an die Hauptspirale herab, endigen hier aber
ohne Anschluss. Eine Suturknospe fand ich an ihnen bis jetzt nie.

Die angewachsenen Suturblätter erreichten nur in wenigen Fällen
die nächstobere Windung der Hauptspirale nicht. Es mag dieses
damit zusammenhängen, dass die später so bedeutende Entfernung
der benachbarten Windungen am Vegetationskegel nahezu fehlt. Ich
beobachtete den fraglichen Fall einmal an einem erwachsenen Stamme
und einige Male an Serien von Mikrotomschnitten. Bisweilen erreichte die Verwachsungsstrecke mehr, bisweilen aber auch weniger
als die halbe Entfernung der beiden Windungen der Blattspirale.

Meist sind die angewachsenen Suturblätter wenigstens mit der
Basis des drittoberen Blattes verwachsen, wie in Fig. 3 bei u^{IV} auf
Taf. VII. Sehr häufig erreichen sie die Hälfte oder mehr auf diesem
Blatte und sind dann grosse, dem Auge sofort auffallende Gebilde,
welche man auf dem ersten Blick für Verdoppelungen des betreffenden Blattes nehmen würde. Ihre Spitze ist wohl stets auf grösserer
oder geringerer Länge frei. Ein einziges angewachsenes Suturblatt
fand ich zweispitzig.

Die grossen Suturblätter haben stets einen dicken Mittelnerv
und auch sonst einen ganz ähnlichen Bau wie die normalen Blätter.
Die Art und Weise ihrer Verwachsung habe ich in den Mikrotomschnitten Fig. 1 A—D und Fig. 2 auf Taf. IV abgebildet. In Fig. 1
sieht man dieses Organ bei *s* in verschiedenen Höhen getroffen, und
zwar in Fig. 1 A dicht unterhalb seines Gipfels in einem Schnitte,
welcher 2,8 mm oberhalb des Vegetationspunktes lag. Der Schnitt
Fig. 1 B lag um 0,6 mm tiefer als der erstere, dementsprechend
erscheint der Nerv dicker, die Spreite breiter. Auch erkennt man,
dass das Blättchen sich zwischen beiden Ebenen gedreht hat, indem
es, wohl geotropisch, sich in seiner freien Spitze mit der Oberseite
nach dem Stengel zugekehrt hat. Noch 1,0 mm tiefer, in der Ebene
von Fig. 1 C, war die Verwachsung mit dem Tragblatte 4 getroffen.
Die beiden Mittelnerven sind vereinigt, und zwar anodisch von der
Medianebene des Blattes 4. Der letzte Schnitt, 1,6 mm tiefer als
C, trifft das Suturblatt unterhalb des Blattes 4, wo es also mit dem
Stengel verwachsen ist (Fig. 1 D); man erkennt noch den Mittelnerv und die beiden herablaufenden, verhältnissmässig schmalen Flügel.

Die Blätterspirale in Fig. 1 ist rechtsgedreht; einen ähnlichen
Fall in einer linksgedrehten Spirale bietet uns die Fig. 2.

Fig. 3 auf Taf. IV zeigt uns Querschnitte eines wachsenden
Gipfels eines tordirenden Stammes und in diesem ein kleines Suturblättchen (*s*), welches nun dem Stengel bis an die Basis des nächstoberen Blattes angewachsen ist. Die obere Grenze der Verwachsung
beobachtete ich 0,2 mm unterhalb der Basis des Blattes 4; der
Schnitt B ist etwas höher, der Schnitt A nahe an der Spitze des
Suturblättchens gewählt.

In Fig. 4 sehen wir zwei Suturblätter, *s* und *s'*. Der Schnitt
lag 1,8 mm unterhalb des Vegetationspunktes. Noch 2 mm tiefer
war *s* mit Blatt 3 verwachsen, und erst 0,5 mm weiter abwärts traf
ich, etwas (0,2 mm) unterhalb der Insertion des Blattes 6, die Verwachsung des Blättchens *s'* mit dem Stengel. Dieses war also mit
dem Blatte 6 selbst nicht verbunden.

Endlich ist in Fig. 14 auf derselben Tafel bei *s* ein Suturblättchen abgebildet, welches nur eine sehr kurze Strecke hinauf
dem Stengel angewachsen war. Es ist kurz oberhalb dieser Stelle
und verhältnissmässig weit unterhalb des nächstoberen Blattes (dem
die Nummer 4 zukommen würde) getroffen.

Ich habe in meinen Serien von Mikrotomschnitten für sechs verschiedene Suturblätter den Winkel der beiden Nachbarblätter gemessen und diesen verglichen mit dem mittleren Winkel, berechnet aus der Blattstellung von meist 8—10 aufeinanderfolgenden Blättern. Ich fand in einem Falle den ersteren Winkel etwas grösser, in einem anderen etwas kleiner (145° und 130°), meist aber hinreichend genau mit dem mittleren Blattwinkel übereinstimmend (135°—140°). Es geht hieraus hervor, dass die Suturblätter auf die Blattstellung in der Hauptspirale keinen wesentlichen Einfluss haben.

Ich verlasse jetzt die tordirten Hauptstämme, um noch ein Beispiel einer ähnlichen Bildung zu beschreiben, welches ich an einem Seitenzweige ohne Torsion beobachtete. Ich meine den in Fig. 4 auf Taf. V abgebildeten Fall. Es ist ein Stück eines Zweiges mit zwei Stengelknoten, deren unterer a c zwei normale Blätter trug, während der obere d e drei auf ungleicher Höhe eingepflanzte hatte. Das in der Figur hintere Blatt (2) des Knotens a c ist durch einen langausgezogenen Flügel c d mit dem unteren (3) des Knotens d verbunden, ebenso ist das höchste Blatt (5) dieses Knotens mit dem nächstfolgenden vereinigt, doch ist dieses in der Figur nur theilweise sichtbar. Hauptsache ist für uns aber jetzt das Blättchen b, welches dem ganzen Internodium c d angewachsen ist, mit seiner Spitze aber frei absteht. Es dreht dem Zweige seinen Rücken zu. Seine beiden Flügel laufen am Internodium bis a hinab und treffen hier auf die Sutur zwischen den beiden dortigen Blättern (1 u. 2), welche, wie wir sahen, nur auf dieser Seite mit einander verbunden sind. Es verhält sich also genau wie die angewachsenen Suturblätter der tordirenden Hauptstämme. Ich vermuthe für die fünf Blätter der beiden Knoten a c und d eine ursprüngliche Anlage nach $^5/_{13}$, mit späterer Zerreissung der Spirale und Zwischenschiebung des ringsherum gleichmässig gestreckten Internodiums c d. Diese Vermuthung findet ihre Bestätigung in dem Umstande, dass das Blättchen 6, welches auf der Sutur zwischen den Blättern 1 u. 2 eingepflanzt ist, dem Rücken des Blattes 4 und zwar anodisch von dessen Mediane angewachsen ist. Es folgt also in jeder Hinsicht den oben für die Suturblättchen der tordirten Stämme gegebenen Regeln (vergl. z. B. Fig. 3 auf Taf. IV).

Zuletzt sei hier an ein Paar Abbildungen von adhärirenden Blättern erinnert[1]), welche anscheinend nach einem anderen Principe

1) Vergl. Abschn. IV, § 3, S. 49—50.

verwachsen sind, zu deren genauer Untersuchung mein Material
aber bis jetzt noch nicht reichlich genug war.

Taf. VI, Fig. 7 zeigt uns den ersteren Fall. Der Knoten *a*
trug zwei opponirte Blätter 1 u. 2 und das Blatt *o*, welches mit
seinem Rücken dem Rücken des Blattes 3 angewachsen war. Vielleicht ist *o* nur als ein Flügel von Blatt 2 aufzufassen. Das Blatt 3
haben wir früher als zweibeinig kennen gelernt, es führt auf die
Zwangsdrehung *c e* hinüber.

Taf. VI, Fig. 1 enthält eine ähnliche Erscheinung. Das Blättchen 4 ist aber mit seiner Bauchseite der Bauchseite des Blattes 3
angewachsen. Blatt 4 ist zweibeinig und steht wie in Fig. 7 zwischen
einem fast normalen Blattquirl und einer kleinen Zwangsspirale,
welche hier gleichfalls links gedreht ist. Es scheint somit, dass das
Blatt 4 mit dem nächstunteren Blatt (3) verwachsen ist und dass
damit die bauchständige Vereinigung zusammenhängt.

Siebenter Abschnitt.
Sonstige Bildungsabweichungen der Rasse.

§ 1. Gespaltene Blätter und Achseltriebe.

Gespaltene Blätter bilden in meiner Cultur von Dipsacus
silvestris torsus eine ganz gewöhnliche Abweichung. Sie waren
schon im ersten Jahre, als ich die Stammeltern der jetzigen Rasse
auffand, an den decussirt-blättrigen Exemplaren desselben Beetes
nicht selten und sind seitdem jährlich beobachtet worden. Aber bis
jetzt fast nur im zweiten Lebensjahre des Individuums am sich
streckenden Stamm und seinen Zweigen.

Am häufigsten sind sie stets am Hauptstamm und den kräftigen
Seitenzweigen zweizähliger Individuen gewesen. Im Sommer 1889
habe ich 13 Atavisten bis kurze Zeit vor der Blüthe auf dem Felde
stehen gelassen, sie trugen an ihrem Hauptstamm sämmtlich gespaltene Blätter und zwar von vier bis acht pro Individuum, zusammen mehr als 80. Die meisten dieser Blätter waren zweispitzig,
andere dreispaltig, meist war auf einem Knoten nur ein Blatt gespalten, nicht selten aber auch beide. Alle Grade von Spaltung
waren vorhanden. Nur die oberen Hälften der etwa anderthalb Meter
hohen Stämme trugen diese Abweichungen.

Auch die früher erwähnten Versuche, in denen ich im Mai oder Anfang Juni die atavistischen Exemplare dicht über der Wurzel abschnitt, und in denen sie demzufolge zahlreiche, über meterhohe Triebe aus den Achseln der Wurzelblätter bildeten, lieferten reichliches Material von gespaltenen Blättern. Die Ernte von 1887 lieferte z. B. 40 solche Organe, jene von 1889 noch mehr.

Auch an den sonstigen Seitenzweigen der zweizähligen Exemplare wurden gespaltene Blätter vielfach beobachtet.

An dreizähligen Individuen sah ich bis jetzt am Hauptstamm nie gespaltene Blätter, obwohl ich zahlreiche Stämme, namentlich in 1889 und 1890 genau darauf prüfte. Dagegen sind ihre Achseltriebe zwar meist zweizählig, häufig aber auch dreizählig und mit vielen Uebergängen. Ganz allmählich führten hier gespaltene Blätter zu drei- oder vierblättrigen Quirlen, je nachdem ein oder beide Blätter eines Paares gespalten waren.

An tordirten Hauptstämmen waren gespaltene Blätter bis jetzt sehr selten. In 1889 sah ich sie an meinen sehr zahlreichen Exemplaren gar nicht, in 1890 an zwei Pflanzen je eins. Das eine war bis zur Hälfte, das andere vom Gipfel herab über etwa 3 cm gespalten. Die Achseltriebe tordirter Individuen sind dagegen reich an zweigipfligen Blättern.

Beispiele von solchen Abweichungen habe ich auf Taf. VIII in Fig. 5 u. 6 abgebildet. Fig. 5 zeigt an den beiden unteren Knoten je ein zweispitziges Blatt, das untere ziemlich tief, das obere weniger tief gespalten. Fig. 6 zeigt sie an allen Knoten des Stammes, am mittleren mit sehr geringer, die beiden anderen mit ziemlich tiefer Spaltung. Auch sieht man hier wie die Seitenzweige theils zwei-, theils dreiblättrige Quirle tragen.

Delpino hat in seiner Teoria generale della Fillotarsi eine vollständige Reihe von Blattspaltungen in allen Graden abgebildet[1]. Ich besitze in meinem Material von Dipsacus die vollständigsten Beispiele zu dem von ihm gegebenen Schema, achte es aber überflüssig, dieses noch weiter zu beschreiben.

Das erwähnte Schema Delpino's führt vom zweiblättrigen zum dreiblättrigen Quirl ganz allmählich über, erstreckt sich aber auch auf die Achselknospen. Auch diese können mehr oder weniger tief

---

1) S. 206, Taf. IX, Fig. 60.

oder auch vollständig gespalten sein. Auch davon lieferten mir
meine Kardenpflanzen ein sehr vollständiges Material, aus welchem
die wichtigsten Stufen in den erwähnten Fig. 5 u. 6 der Taf. VIII
zu erkennen sind. Fig. 6 zeigt links oben, in der Achsel eines gespaltenen Blattes, einen Spross mit gespaltenem Blüthenköpfchen,
links unten aber, gleichfalls von einem zweigipfligen Blatt getragen,
einen Trieb, der bis auf wenige Centimeter über seiner Basis verdoppelt war. Das untere Ende war breit und beiderseits von einer
Rinne überzogen, welche von dem Grunde bis zur Spaltung führte.
In Fig. 5 trägt das zweispitzige Blatt des mittleren Knotens einen
verbreiterten Achselspross von genau derselben Ausbildung wie der
zuletzt beschriebene, mit der einzigen Ausnahme, dass die Spaltung
sich nur über wenig mehr als die Hälfte erstreckt.

Zahlreiche Zwischenstufen zwischen diesen drei Beispielen habe
ich auf vielen anderen Individuen in verschiedenen Jahren gesammelt.

Bisweilen führt ein zweispitziges Blatt zwei getrennte Achselknospen, und dieses kommt sowohl bei tief- als bei nur wenig tief-
gespaltenen Blättern vor. Die in geringerer oder grösserer Höhe
gespaltenen Achseltriebe pflegen von ihrer Basis an flach und von
fast doppelter Breite zu sein, diese Breite bleibt dann bis zur Spaltung dieselbe. Die Blattquirle auf dem verbreiterten Theil sind
häufig mehrgliedrig, nicht selten bis sechsblättrig.

In geringeren Graden der Spaltung ist nur das Köpfchen getroffen, und auch von diesem Fall habe ich eine Reihe von Stufen
geerntet. Köpfchen mit querem, kammförmigem, über 2 cm breitem
Gipfel, im Ganzen also von keilförmigem Längsschnitt, wie z. B. in
Fig. 2 auf Taf. VIII, andere dreieckig mit etwas eingedrückter oberer
Seite, also fast zweispitzig, weitergehende Spaltungen bis zur Hälfte
oder fast bis zum Grunde des Köpfchens (Fig. 6), zwei Köpfchen in
einem Involucrum und endlich zwei Köpfchen mit getrenntem Involucrum auf der Spitze eines fast nicht gespaltenen Stieles.

§ 2. Becherbildung.

An meiner Rasse kommen sowohl ein- als zweiblättrige (mono-
und diphylle) Becher vor. Erstere sind selten, letztere, wie aus der
normalen Verwachsung der Blattflügel sich erwarten lässt, verhältnissmässig häufig.

Von monophyllen Bechern habe ich zwei Beispiele zu erwähnen, welche auf Taf. VIII in Fig. 3 u. 4 abgebildet sind. Das Exemplar Fig. 4 wurde Ende Juli 1889 gefunden an einem aus der Achsel eines Wurzelblattes hervorgewachsenen über Meter langen Zweig eines atavistischen Individuums, dessen Stamm im Juni dicht am Boden abgeschnitten worden war. Der Zweig war über seiner ganzen Länge normal decussirt, trug aber an einem der mittleren Knoten nur ein Blatt (d), welchem gegenüber der kleine Becher c eingepflanzt war. Dieser sass auf langem Stiel, der seine Natur als Mittelrippe an den zahlreichen kleinen nach unten gerichteten Dörnchen erkennen liess. Im Becher entsprach die Innenseite der Oberseite eines normalen Blattes.

Der Stiel war etwas unterhalb des Knotens mit dem Stengel verbunden und zwar in b, statt in a. Von b bis a sah ich aber eine Risslinie; der Becher war also in der Jugend am Knoten selbst eingepflanzt gewesen und später bis b abgerissen.

Viel grösser war der auf derselben Tafel in Fig. 3 in halber natürlicher Grösse dargestellte monophylle Becher, welcher an einem ähnlichen Zweige im Aufschlag der abgeschnittenen Atavisten Ende Juli 1889 gefunden wurde. Der Zweig p c trug am Knoten q zwei Blätter mit den beiden Achselknospen d und e. Dann ein gestautes Internodium und an dessen Knoten nur ein Blatt mit einer einzigen Spitze. Es war am Grunde mit seinen beiden schmalen Flügeln derart um die junge Endknospe herumgewachsen, dass diese, um sich zu befreien, den Becher seitlich aufreissen musste. Man sieht den Riss von b bis a, der hervorgebrochene Gipfeltrieb ist in c abgeschnitten. Dieses seitliche Aufreissen ist übrigens bei den jetzt zu besprechenden diphyllen Bechern eine ganz gewöhnliche Erscheinung.

Diphylle Becher waren sehr häufig im Aufschlag der atavistischen, im Juni 1887 und 1889 dicht am Boden abgeschnittenen Individuen. Sie bilden fast stets das untere Blattpaar der neuen Triebe. Sie unterscheiden sich von normalen Blattpaaren zunächst durch ihre Form, denn sie sind unten röhren-, oben trichterförmig. Ich habe solche Fälle in meiner vorläufigen Mittheilung in Fig. 3 u. 4[1]) und auf der beifolgenden Taf. VI in Fig. 4 abgebildet. In

---

1) Ber. d. d. bot. Gesellsch. Bd. VII, Taf. XI.

der zweitgenannten Figur tritt die Endknospe aus der Oeffnung des
Trichters hervor, in der letztgenannten aber befreit sie sich seitlich
mittelst eines Risses. Beides kommt sehr häufig vor.

Alle denkbaren Uebergänge leiten von diesen Becherbildungen
zu den normalen Blattpaaren hinüber. Aber auch mit dem einblättrigen Becher Fig. 3 auf Taf. VIII sind sie durch Zwischenstufen verbunden, in denen die Mittelnerven der beiden Blätter mehr
oder weniger hoch verschmolzen sind. Der Becher ist dann einnervig, aber zweispitzig. Oft aber auch einnervig und drei- oder
gar vierspitzig. Denkt man sich die Verwachsung der beiden Mittelnerven bis zur Spitze vollkommen, so hätten wir einen dem erwähnten
ähnlichen einblättrigen Becher.

Die Uebergänge von den Bechern zum normalen Blattpaare
zeigten sich durch geringere Ausbildung bis zum völligen Mangeln
des Trichtertheiles aus. Auch diese sind häufig drei- oder vierspitzig, die beiden Blätter mehr oder weniger tief getrennt.

Auch dreizählige und tordirte Exemplare entwickeln solche Gebilde an den Achselzweigen ihrer unteren Blätter, was ich auch im
Frühjahr 1890 beobachtet habe. Einmal fand ich auch eins der
ersten Blattpaare einer jungen Keimpflanze zu einem trichterförmigen,
zweiblättrigen Becher umgebildet.

Die Achseltriebe dieser diphyllen Ascidien sind ganz gewöhnlich monströs; ich habe sie durch Abschneiden des Zweiges dicht
oberhalb des Bechers zahlreich zur Entwickelung gebracht. Ihre
Missbildungen sind im Allgemeinen dieselben wie die der oben
(Abschn. VI, § 1) besprochenen collateralen Achselknospen und Suturknospen. Seitliche Verbreiterung der Basis, welche sich mehr oder
weniger hoch erstreckt, mehrgliedrige Blattquirle, Spaltung des
Zweiges in zwei runde oder flache Theile, oben verbreiterte, im
Längsschnitt keilförmige Blüthenköpfchen u. s. w. Man kann sich
in dieser Weise, durch das Abschneiden der Stämme und Zweige,
eine ganze Demonstrationssammlung von Verwachsungen, Spaltungen
und echten Fasciationen herstellen.

Aus dieser ganzen Reihe erwähne ich nur folgenden Fall. Ein
Achselzweig eines diphyllen Bechers war am Grunde rund, nach
oben verbreitert und dann, gerade in der Höhe eines Knotens, gespalten. Der Knoten trug zwei getrennte Blattquirle, von denen
je ein Blatt genau in der Gabelung des Sprosses stand. Diese

beiden Blätter waren bis dicht an ihren Spitzen mit dem Rücken ihrer Mittelnerven mit einander verwachsen; die vier halben Blattspreiten standen von dieser Säule in Form eines X ab. Dieses merkwürdige Vorkommniss rücklings verwachsener Blätter in der Gabelung gespaltener Zweige habe ich auch bei Robinia Pseud-Acacia und bei Evonymus japonicus beobachtet.

II. Theil.

Untersuchungen über die verschiedenen Typen der Zwangsdrehungen im Sinne Braun's.

Erster Abschnitt.

Uebersicht und Methode.

§ 1. Einleitung.

Im Jahre 1854 hat Braun jene auffallenden Torsionen, welche bei vielen Pflanzen eintreten, wenn die normalpaarige oder quirlständige Anordnung der Blätter in eine spiralige übergeht, unter dem Namen Zwangsdrehung zusammengefasst und den übrigen Verdrehungen gegenübergestellt [1]. Ob der Name von ihm selbst für diese Gruppe gebildet worden ist, habe ich leider nicht ermitteln können. In demselben Jahre aber wurde das Wort von Schimper in einer viel weiteren Bedeutung benutzt. Denn in einer kurzen Aufzählung von Beispielen von Zwangsdrehung (biastrepsis) nennt er nicht nur die typischen und allbekannten Fälle von Galium und Dipsacus, sondern auch Heracleum Sphondylium [2]), welche keine decussirte oder quirlige Blätter hat und somit wohl keine eigentliche Zwangsdrehung im Sinne Braun's gebildet haben wird.

Seitdem sind die Meinungen der Autoren über die Anwendung des Namens verschieden geblieben. Magnus und viele Andere benutzen das Wort in dem weiteren Sinne Schimper's, Penzig in seiner neuen Pflanzenteratologie (I, S. XX) betont, dass es wünschens-

---

1) Bericht über die Verh. d. k. preuss. Acad. d. Wiss., Berlin 1854, S. 440.
2) Flora 1854, S. 75.

werth wäre, den Ausdruck auf die von Braun gewollten Fälle zu
beschränken, und ihn so von der viel häufigeren Torsion einzelner
Internodien zu unterscheiden.

Ich schliesse mich in der vorliegenden Abhandlung der letzteren Auffassung an, namentlich auch, weil durch die Benutzung
des Wortes in der weiteren Bedeutung die Angaben der Autoren
oft unverständlich sind. So z. B. bezieht sich die Angabe von
Bennet über Dianthus barbatus, welche mehrfach zu den
Zwangsdrehungen im Sinne Braun's gestellt wird, dem Wortlaute
der Beschreibung nach auf eine Torsion ohne Aenderung der Blattstellung [1]). Wenn ich also von Zwangsdrehungen spreche, so meine
ich stets die der Braun'schen Gruppe zugehörigen, sonst werde ich
die Bezeichnung einfache Torsion oder Verdrehung benutzen.

Bei den älteren Autoren war die Verwirrung eine noch grössere,
da hier oft nicht zwischen Fasciation und Torsion unterschieden
wurde, und die Folgen dieser Verwechselung sind auch bei einigen
neueren Schriftstellern merklich. Ich werde aus diesem Grunde
manche Erscheinungen erwähnen müssen, welche nach unseren jetzigen
Begriffen ziemlich weit von den echten Zwangsdrehungen entfernt
sind. Diese werde ich aber alle im letzten Haupttheile dieser Abhandlung zusammenstellen.

Auch Schraubenwindungen werden nicht selten mit echten Torsionen zusammengeworfen.

Diese Sachlage hat, wie erwähnt, zur Folge, dass kurze Angaben über die betreffenden Monstrositäten meist unverständlich sind,
und dass es häufig sogar aus ausführlichen Beschreibungen nicht
gelingt zu erkennen, welcher Fall gemeint ist. Listen von tordirten
Pflanzen, welche nur deren Namen angeben, sind aus den erwähnten
Gründen völlig unbrauchbar [2]).

Eine weitere schädliche Folge der herrschenden Verwirrung ist
die Schwierigkeit, welche sie einer klaren Einsicht in die Ursachen
der verschiedenen Torsionen entgegenstellt. Auch aus diesem Grunde
glaube ich hier eine möglichst vollständige Uebersicht aller hierher-
gehörigen oder doch von verschiedenen Forschern hierhergestellten

---

1) Gard. Chron. 1883, I, S. 625 und Bot. Jahresber. XI, I, S. 446. Vergleiche auch Penzig, Pflanzenteratologie I, S. 290.

2) So z. B. leider die Liste in Masters' Vegetable Teratology, S. 325,
vergl. z. B. S. 90 Note 1 der vorliegenden Abhandlung.

Beobachtungen über gedrehte Pflanzentheile geben zu sollen. Dabei ist es aber durchaus nothwendig, schon von vornherein die einzelnen Gruppen möglichst scharf aus einander zu halten. Ich unterscheide daher zunächst drei Fälle:

1. Krümmungen in flacher Ebene;
2. Schraubenwindungen, bei denen die Achse des Organes in einer Schraubenlinie gedreht ist;
3. Torsionen, bei welchen die Achse des Organes gerade bleibt, und von den Längsstreifen der Oberfläche in Schraubenlinien umwunden wird.

Die Torsionen aber zerfallen wiederum in zwei Gruppen:

1. Die Zwangsdrehungen, welche nach Braun eine mechanische Folge der Verwachsung sämmtlicher Blätter eines Stengelabschnittes zu einer zusammenhängenden Spirale sind und welche namentlich dann eintreten, wenn die paarige oder quirlständige Anordnung der Blätter in eine spiralige übergeht;
2. die einfachen Torsionen, denen obige Blätterklemme fehlt. Sie sind wahrscheinlich bedingt durch ein bedeutendes oder länger anhaltendes Längenwachsthum der peripherischen Gewebe in Bezug auf das Mark.

Es ist bekanntlich das Verdienst Braun's, eine vollständige und einfache Erklärung der Zwangsdrehung gegeben und die betreffenden Fälle scharf aus der Menge der übrigen Torsionen hervorgehoben zu haben[1]). Und dass seine Erklärung auf die sonstigen, von anderen Forschern gleichfalls Zwangsdrehung genannten Fälle sich nicht anwenden lässt, ist zu wiederholten Malen von Magnus betont worden[2]).

Aber die Grenzen der beiden Gruppen zu ziehen, und den einzelnen bekannten Missbildungen ihren Platz in ihnen anzuweisen, wurde bis jetzt noch nicht versucht. Es lässt sich dieses nur erreichen durch eine möglichst vollständige Liste aller, auf terato-

---

1) A. Braun in Bericht üb. d. Verhandl. d. k. preuss. Akad. d. Wiss. Berlin 1854, S. 440.

2) P. Magnus, Sitzungsber. d. bot. Vereins d. Provinz Brandenburg XIX, 1877, S. 117 und Verhandlungen d. bot. V. Brandenb. XXI, 1879, S. VI.

logischem Gebiete beschriebenen Zwangsdrehungen und einfachen
Torsionen. Ich habe daher aus der mir zugänglichen Literatur eine
solche Uebersicht zusammenzustellen versucht [1]).

§ 2. Uebersicht der möglichen Fälle.

Die Braun'schen Zwangsdrehungen sind dadurch ausgezeichnet,
dass die Blätter auf einer kürzeren oder längeren Strecke des Stengels
zu einem einzigen zusammenhängenden spiraligen Bande vereinigt
sind. Die Drehung der Achse ist auf diesen Abschnitt beschränkt;
wo die Blattstellung wiederum die normale wird, hört auch die
Drehung auf.

Da nun ein solches Band in sehr verschiedener Weise entstehen kann, so sind auch verschiedene Typen von Zwangsdrehungen
denkbar.

Zunächst kann die decussirte Blattstellung in zweierlei Weisen
in die spiralige übergehen. Erstens dadurch, dass durch sogenannte
zufällige Variation die Anordnung sprungweise durch eine rein
spiralige, nach einer der bekannten Formeln ersetzt wird. Die
Glieder der sogenannten Hauptreihe $^2/_5$, $^3/_8$, $^5/_{13}$ u. s. w. kommen
dabei zunächst in Betracht. Von Braun scheint für die decussirten
Pflanzen nur diese Möglichkeit berücksichtigt zu sein.

Dieser Fall lässt sich zweckmässig in zwei Typen zerlegen, je
nachdem das Spiralband der Blätter wenig oder bedeutend gedehnt
wird, während die Achse sich dreht. Denn je geringer die Dehnbarkeit des Bandes, um so kräftiger wird die Torsion, um so auffallender die Aufbauchung des Stengels.

Die Decussation kann aber auch in anderer Weise zur spiraligen
Anordnung leiten, wie von Delpino in seiner Teoria della Fillotassi ausführlich dargethan wurde. Es geschieht solches durch
einfache Verschiebung der Blätter parallel der Achse des sie tragenden Sprosses. Die Blattpaare werden dadurch „aufgelöst". In der
Horizontalprojection bleibt die Decussation erhalten; auf dem Stengel
stehen die Blätter aber spiralig. Diese Verschiebung ist an variiren-
den Individuen keineswegs selten, die Blätter bleiben in der genetischen Spirale und behalten ihre ursprünglichen Divergenzen. Weiteres hierüber im nächsten Paragraphen.

---

1) Vergl. die beiden letzten Haupttheile dieser Abhandlung.

Auf die Möglichkeit dieses Vorganges als Ursache von Zwangsdrehungen hat Suringar hingewiesen; Beispiele dazu scheinen aber in der Literatur nicht beschrieben zu sein [1]).

Die Arten mit normal-wirteliger Blattstellung bilden einen weiteren Typus, vielleicht sogar zwei verschiedene, je nach der Art und Weise in der die Wirtel in die Spirale übergehen. Ich hatte aber nicht die Gelegenheit, die Gattungen Equisetum, Casuarina und Hippuris zu untersuchen und muss mich auf einen einzelnen Fall, Lupinus lutens, beschränken.

Diesen Fällen schliessen sich nun noch zwei ganz andere Möglichkeiten an. Erstens kann ein einzelnes Blatt durch sogenanntes Dédoublement in ein kleines, zweiblättriges Band verändert werden. Und wenn dabei diese beiden Theile parallel der Achse des Stengels auseinandergeschoben werden, so kann das Band als eine Hemmung auf das Längenwachsthum der Achse an dieser Stelle wirken und eine locale Torsion verursachen. Ich beobachtete diesen Fall namentlich an Crepis biennis, und werde ihn als besonderen Typus beschreiben und uneigentliche Zwangsdrehung nennen.

Zweitens kann uneigentliche Zwangsdrehung durch seitliche Verwachsung zweier oder mehrerer benachbarter Blätter bei normalspiraliger Blattstellung entstehen. Die Mechanik ist dann dieselbe wie im vorigen Falle, die tordirte Strecke gleichfalls nur klein. Ich beobachtete dieses nur einmal, nämlich beim Buchweizen.

Dieser Auseinandersetzung gemäss komme ich zur Aufstellung der folgenden Typen. Jeder Nummer füge ich die von mir untersuchten Species bei:

---

1) Vergl. Suringar in seiner Abhandlung über Valeriana officinalis (Ned. Kr. Arch. Bd. I, S. 327). Zur Entscheidung zwischen den beiden im Text erwähnten Möglichkeiten führt der letztgenannte Forscher eine Beobachtung von Duchartre (Ann. Sc. nat. Bot., 3. Serie, T. I, p. 293) an, nach welcher bei Galium aus dem Verlauf der Riefen im tordirten Stengel auf eine ursprünglich decussirte Anordnung mit longitudinaler Verschiebung der Blätter, somit mit Auflösung der Blattpaare zu schliessen wäre. Eine ähnliche Angabe findet sich auch bei Masters für Dipsacus. In beiden Fällen haben die Beobachter sich auf die Wahrnehmung des ungefähren Laufes der Riefen über eine Windung beschränkt; hätten sie sie über wenigstens zwei Windungen verfolgt, so wäre ihnen der wahre Sachverhalt nicht entgangen. Dieses geht wohl aus meiner später mitzutheilenden Untersuchung der von Suringar beschriebenen Valeriana hervor (vergl. den zweiten Abschnitt dieses Theiles).

A. Eigentliche Zwangsdrehungen. An Arten, deren Blätter
   in normalen Individuen decussirt oder wirtelig gestellt sind.

  A′. Durch Aenderung der Divergenz.
    1. Typus: Dipsacus. Blattstellung $2/5$ u. s. w. Spirale
       wenig gedehnt. Valeriana officinalis, Rubia
       tinctorum.
    2. Typus: Weigelia. Blattstellung $2/5$ u. s. w. Spirale
       stark gedehnt, Achse nicht auffallend dicker
       als normal. Weigelia amabilis, Deutzia
       scabra.
    3. Typus: Lupinus. Blattwirtel in eine Spirale ver-
       ändert. Lupinus luteus.

  A″. Ohne Aenderung der Divergenz, durch longitudinale
      Verschiebung.
    4. Typus: Urtica. Spirale entstanden durch Auflösung
       der Blattpaare. Divergenzen $1/2$-$1/4$-$1/2$-$3/4$.
       Urtica urens, Lonicera tatarica, Dian-
       thus Caryophyllus.

B. Uneigentliche Zwangsdrehungen. Arten mit zerstreuten
   Blättern.

    5. Typus: Crepis. Blattklemme durch Dédoublement ent-
       standen. Crepis biennis, Genista tinctoria.
    6. Typus: Fagopyrum. Blattklemme durch Verwachsung
       normal-spiraliger Blätter entstanden. Poly-
       gonum Fagopyrum.

§ 3.   Ueber das Variiren der decussirten Blattstellung.

Eine grosse Schwierigkeit, welche viele Forscher davon zurück-
gehalten hat, die Braun'sche Erklärung der Zwangsdrehung als
richtig zu erkennen, ist die dabei nothwendige Annahme einer durch
sogenannte zufällige Variation aufgetretenen Ersetzung der decussirten
Blattstellung durch eine spiralige. Die Thatsache, dass die Blätter
am erwachsenen Object in einer Spirale angeordnet sind, schien ihnen
einer ganz anderen Erklärung zu bedürfen.

Die Annahme Brauns ruhte allerdings nicht auf directer
Beobachtung. Dafür aber stand dem grossen Morphologen eine so
reiche Kenntniss der Gesetze der Blattstellung zur Verfügung, wie

wohl wenigen der seine Theorie bezweifelnden Forscher. Auch hat
er eine Reihe von Fällen herbeigezogen, um die Möglichkeit der
von ihm angenommenen Variation und der dieser zugeschriebenen
Bedeutung für das Zustandekommen von Zwangsdrehungen zu be-
weisen.

Im ersten Theile dieser Abhandlung haben wir gesehen, dass
seine Ansicht für unseren tordirten Dipsacus thatsächlich richtig
ist. Es handelt sich also jetzt darum, ihre Berechtigung im Allgemeinen, also auch für die übrigen bekannten Fälle von Zwangsdrehung zu begründen.

Es soll somit in diesem Paragraphen meine Aufgabe sein, zu
zeigen, dass der von Braun angenommene sprungweise Uebergang
der decussirten Blattstellung in eine spiralige, im Pflanzenreich eine
ziemlich allgemeine Erscheinung ist, so allgemein, dass die Annahme
ihres Vorkommens bei irgend einer gegebenen Pflanzenart an sich
gar nichts Unwahrscheinliches hat.

Variationen der decussirten Blattstellung sind überhaupt keine
seltenen Erscheinungen. Ganz allgemein sind an solchen Pflanzen
Zweige mit dreigliedrigen, bisweilen sogar mit viergliedrigen Blattwirteln beobachtet worden, wie z. B. bei Weigelia amabilis, aber
auch spiralige Blattstellung ist nicht gerade selten.

Diese kann in zweifacher Weise erreicht werden. Entweder
kann plötzlich eine $^2/_5$ Stellung, oder irgend eine andere der gewöhnlichen spiraligen Blattstellungen auftreten, wie wir dieses auch bei
Dipsacus gesehen haben. Solches pflegt an neuen Zweigen un-
vermittelt vor sich zu gehen, kann aber auch im Laufe der Entwickelung eines und desselben Sprosses geschehen. Oder die Blattpaare werden einfach aufgelöst, indem zwischen ihre beiden Glieder
ein kürzeres oder längeres Internodium eingeschoben wird; die Blattstellung, in der vertikalen Projection betrachtet, bleibt dabei aber
ungeändert. Dieser, durch Delpino's maassgebende Untersuchungen
gründlich bekannt gewordene Fall ist im Pflanzenreich weit ver-
breitet, anscheinend allgemeiner als der andere[1]). Er tritt sowohl
normal, als teratologisch, vielfach auch subteratologisch auf.

---

1) Dieser Fall, für Dipsacus auf Taf. VII in Fig. 2 abgebildet, führte dort
nicht zur Zwangsdrehung.

Beide Fälle führen zu spiraliger Anordnung der Blätter, beide
können somit, nach Braun's Theorie, auch zur Zwangsdrehung
leiten.[1])

Als Beispiele von Arten mit decussirten Blättern, welche bisweilen auch dreigliedrige Wirtel oder in einer Spirale angeordnete
Blätter[2]) haben, nenne ich zunächst, aus Braun's Listen: Myrtus
communis ($^4/_{11}$), Helianthus tuberosus ($^2/_5$), Punica Granatum ($^2/_5$), Cornus sanguinea ($^2/_5$), Lythrum Salicaria ($^2/_7$),
Phylica buxifolia ($^2/_5$, $^2/_7$ und viergliedrige Wirtel) u. s. w.[3])

Als weitere Beispiele von Aesten mit decussirten und bisweilen
ternaten und quincuncialen Zweigen führt Delpino Olea europaea
und Coriaria myrtifolia an, bei denen namentlich die aus der
Stammesbasis hervortreibenden Sprosse vielfach diesen Aenderungen
unterliegen, und sie nicht selten an demselben Zweige tragen,
Silphium Hornemanni, Ageratum conyzoides, bei welchen
auch die $^3/_8$-Stellung gesehen wurde, Lippia, Lantana, Budleya
u. s. w.[4])

An den kräftigen Trieben, welche aus dem Stumpfe einer grossen
umgehauenen Esche (Fraxinus excelsior) unweit Hilversum her-
vorschossen, beobachtete ich gleichfalls, neben den gewöhnlichen
ternaten, auch einen mit dreigliedrigen Wirteln, und einige mit
quincuncialer Blattstellung. Ihre Internodien waren gerade, wohl
ausgebildet und ohne jegliche Torsion.

Blattpaare und Blattwirtel, welche durch einfache Verschiebung
der Blätter in einer der Achse des Sprosses parallelen Richtung in
Spirale verändert sind, sind nicht selten. Die Erscheinung wurde
von Braun bei Banksia verticillata, Veronica sibirica und
Helianthus giganteus studirt[5]), und ist an den unteren Stengeltheilen von Lysimachia vulgaris, Convallaria verticillata
und vielen anderen Arten eine ganz gewöhnliche Erscheinung. Bei

1) Vergl. S. 84 des vorigen Paragraphen.

2) In Klammern gebe ich die übliche Bezeichnung der beobachteten Spirale an.

3) Braun, Ueber die Ordnung der Schuppen am Tannenzapfen, Nov. Act.
Phys. med. Ac. C. L. Nat. Cur., T. XV, Par. I, S. 301, 304. Eine lange Liste
von Arten mit decussirter Blattstellung, welche gelegentlich dreigliedrige Wirtel
haben, vergl. l. c. S. 356 u. 357.

4) Delpino, Teoria generale della Fillotassi 1883, p. 192.

5) Braun, l. c. S. 355.

Atriplex hastata, A. patula, A. littoralis stehen die Blätter am
unteren Stengeltheile decussirt, in der Inflorescenz aber vereinzelt,
durch Zwischenschiebung von Internodien, ohne seitliche Verschiebung[1]).
Für Eucalyptus Globulus u. a. Sp. hat Delpino ausführ-
lich nachgewiesen, wie auch die zerstreuten Blätter der älteren
gestieltblättrigen Bäume genau nach demselben Schema angeordnet
sind, wie die ungestielten decussirten Blätter der jungen Pflanzen.
Diese Entdeckung bestätigt sich auch in teratologischen Fällen. Ich
untersuchte z. B. die Zweiglein, welche zahlreich aus einem Stamme
hervorbrachen, dessen Krone abgehauen war. Hier fand ich sowohl
an Zweigen mit zwei- als an solchen mit dreigliedrigen Wirteln
die Blätter der unteren Wirtel nicht selten auseinander geschoben.
Uebrigens gehörten diese Zweige sämmtlich dem Typus der jungen
Pflanze an.

Aehnliches kommt, wenn auch nicht normal, sondern subteratologisch vor bei Coriaria myrtiflora, Rhamnus, Evonymus,
Punica Granatum, Epilobium montanum, Olea europaea
und vielen anderen Arten[2]).

Leicht findet man die Erscheinung an der Basis kräftiger Triebe,
so sah ich sie z. B. bei Lythrum Salicaria nicht nur an decussaten,
sondern auch an ternaten und quaternaten Sprossen, und bei derselben Art ist sie in der Inflorescenz leicht zu beobachten. Nicht
selten ist sie auch an Zweigen, welche aus ruhenden Knospen nach
dem Beschneiden hervorbrechen; in dieser Weise fand ich sie z. B.
bei Syringa persica und Ligustrum vulgare.

§ 4. Abnormal spiralige Blattstellungen ohne Zwangsdrehung.

Eine solche spiralige Anordnung, in der einen oder der anderen
Weise verursacht, wird nun keineswegs immer auf das Wachsthum
des Stengels einen hemmenden Einfluss üben. Erstens offenbar
nicht, wenn die Blätter an ihrer Basis nicht mit einander verwachsen
sind, und also der Verschiebung keinen Widerstand leisten. Solches
ist in allen den bis jetzt mitgetheilten Beispielen eigentlich ohne
Weiteres einleuchtend, ich möchte diesen Satz aber an zwei Fällen,

---

1) Delpino, l. c. S. 242.
2) Delpino, l. c. S. 243—246.

welche in der Literatur über Torsionen mehrfach citirt worden sind[1]), etwas eingehender behandeln.

Die erste Pflanze ist Lilium Martagon. Kros erhielt dieses Individuum von N. Mulder.[2]) Der Stengel hatte vier Blattwirtel, der untere war normal, der zweite gleichfalls, mit Ausnahme von zwei Blättern, welche ein wenig hinaufgeschoben waren. Der folgende Wirtel war zu einer Schraubenwindung auseinander gezogen, das letzte Blatt stand dabei fast senkrecht oberhalb des ersteren. Der zweite Wirtel war gleichfalls in eine Spirale umgebildet, diese aber viel steiler, dazu wenigblättrig.

Im Juli 1888 beobachtete ich im botanischen Garten zu Amsterdam eine ähnliche Abweichung an einem Individuum derselben Art. Die beiden unteren Wirtel waren je in eine Schraubenwindung umgewandelt, somit an einer Stelle aufgelöst und hier in vertikaler Richtung auseinander geschoben. Auch hatte die Zahl der Blätter bedeutend zugenommen. Der Stamm flachte sich nach oben ab und war in der Inflorescenz bandförmig, breit, die Zahl der Blüthen dadurch stark vergrössert. Da die Blätter an ihrem Grunde nicht unter sich verbunden waren, so hatte die Umwandlung der Wirtel in Spiralumgänge weiter keine Folgen: die gegenseitigen Entfernungen der Blätter waren einfach etwas grösser geworden, der Stengel aber nicht tordirt.

Die zweite Pflanze ist die von G. Vrolik beschriebene und abgebildete durchwachsene Lilie, welche jetzt allgemein käuflich ist als Lilium candidum flore pleno.[3]) Statt der Blüthen trägt sie lange aufrechtwachsende Zweige, welche mit zahllosen weissen Petalen besetzt sind. Diese stehen in spiraliger Anordnung und ziemlich weit von einander entfernt. Es ist bei unseren jetzigen Kenntnissen unbegreiflich, wie dieses und ähnliche Beispiele früher mit den Torsionen zusammengeworfen werden konnten.

---

1) Z. B. von Kros, de Spira S. 75 und von Morren, Bull. Belg. XVIII, S. 31. Beide Arten sind auch in der Liste von Masters l. c. S. 325 aufgeführt.

2) Kros, l. c. S. 95.

3) Gerardus Vrolik, Over een rankvormige ontwikkeling van witte leliebloemen. Verhandl. k. Nederl. v. Instituut Wet. Amsterdam I, 1827, p. 295 bis 301, mit Tafel. Die Originalpräparate dieser Arbeit befinden sich in meiner Sammlung.

Zweitens wird die spiralige Anordnung der Blätter keine Zwangsdrehung herbeiführen können, wenn sie an einem sich nicht streckenden Stengel auftritt.

Als Beispiel für diesen Satz, und somit als eine wichtige Grundlage für seine Theorie der Zwangsdrehung, wurde von Braun die
Gattung Pycnophyllum hervorgehoben[1]). Diese südamerikanischen,
von Rohrbach bearbeiteten Gewächse boten eine bis dahin einzig
dastehende Erscheinung dar.

Rohrbach fand bei Pycnophyllum tetrastichum, P. Lech-
nerianum und P. bryoides[2]), dass die gewöhnlich decussirt
distichen am Grunde verwachsenen Blattpaare der Rosetten sich nicht
selten in $^2/_5$ Stellung auflösen, und aus dieser weiter in $^3/_8$ ja bis
in $^5/_{13}$ Stellung übergehen. Bei diesem Uebergang in die Spiralstellung sind sie mit ihren membranösen Rändern entsprechend dem
kurzen Wege der Spirale verwachsen.

Da die Achse der Rosette sich nicht zu strecken brauchte, hatte
diese abnormale Blattstellung und dieses Verwachsen der Blattbasen
zu einer ununterbrochenen Spirale weiter keinen Einfluss auf das
Wachsthum der Pflanze.

Denkt man sich aber den Fall, dass in einer Rosette von
Pycnophyllum die Achse sich zu strecken hätte, so würde sie bei
normalen Individuen einfach in einen decussirten Stengel übergehen.
Bei spiraliger Verwachsung der Blätter könnte aber die Streckung
nur dann stattfinden, wenn sie im Stande wäre, die Blätter von
einander loszureissen. Anderenfalls würde die Verlängerung noth-
wendiger Weise zu einer Entrollung der Blätterspirale und zu einer
Einrollung der einzelnen Internodien führen.

Die Heranziehung dieses Beispiels durch Braun hat nun eine
vollständige Bestätigung gefunden in meinen Beobachtungen an den
einjährigen Individuen meines Dipsacus silvestris torsus. Die
Blätter stehen in der Rosette spiralig angeordnet und zwar nach $^5/_{13}$,
ihre Basen sind nach dem kurzen Wege verbunden; die Achse der
Rosette zeigt keine Spur von Torsion. Sobald aber im zweiten

---

1) Braun, Bot. Ztg. 1873, S. 31. Rohrbach, Bot. Ztg. 1867, S. 297
und Linnaea, Vol. 36, S. 652 und Vol. 37, S. 214; aus den beiden letzteren
Stellen ist für unseren Zweck nur die Berichtigung der Artnamen in der Bot. Ztg.
zu entnehmen.

2) Nicht aber bei P. molle, vergl. Note 1.

Sommer der Stengel sich zu strecken anfängt, tritt die Zwangsdrehung ein; sie ist um so kräftiger, je bedeutender das Längenwachsthum der betreffenden Internodien ist.

§ 5. Ueber die Ermittelung der Blattstellung an Pflanzen mit Zwangsdrehung.

An dieser Stelle möchte ich einige Betrachtungen auseinander-
setzen, welche es, meiner Meinung nach, in vielen Fällen ermöglichen,
noch am ausgewachsenen, tordirten Stengel die ursprüngliche Stellung
der Blätter am Vegetationspunkt zu ermitteln. Denn Vegetationspunkte von tordirten Stengeln sind bis jetzt nur von Galium
Mollugo durch Klebahn, von Dipsacus silvestris, Rubia
tinctorum[1]) und Weigelia amabilis[2]) untersucht worden[3]), und
häufig geht ein tordirter Stengel nach oben in einen nicht tordirten
Gipfel über.

Ich setze voraus, dass an dem zu untersuchenden Object die
Blattinsertionen sich abzählen lassen und dass die Riefen oder sonstige
Linien den Lauf der Gefässbündel mit hinreichender Schärfe angeben.

Es kommt nun darauf an, zu ermitteln, welchen Lauf diese
Blattspuren nach der Hypothese Braun's haben müssen und welchen
sie aufweisen würden, im Falle die decussirte Blattstellung am
Sprossgipfel erhalten gewesen wäre.

Nehmen wir zunächst Braun's Hypothese. Aus der einfachen
Betrachtung einer schematischen Darstellung der $\frac{2}{5}$-Blattstellung
ergiebt sich, wie Jedermann weiss, dass die mittlere Blattspur des
sechsten Blattes ungefähr auf die Mitte des ersten Blattes treffen
wird, falls sie parallel mit der Achse verläuft. Sie wird dabei die
Blattspirale einmal schneiden und zwar in einer Entfernung von
$2\frac{1}{2}$ Blattbasis sowohl vom sechsten als vom ersten Blatt abgerechnet.
Nehmen wir nun an, dass in der jungen, noch wachsenden und noch

---

1) Vergl. Kruidkundig Jaarbock Dodonaea 1891, Bd. III.

2) Vergl. den folgenden Abschnitt.

3) Herr Dr. Anton Nestler in Prag hatte während des Druckes der vorliegenden Abhandlung die Freundlichkeit mir brieflich mitzutheilen, dass er einen
gedrehten Stengel von Stachys palustris untersucht habe und eine $\frac{2}{5}$-Blatt-
stellung an Stelle der decussirten Anordnung habe nachweisen können. Er wird
darüber demnächst in der Act. Ac. Caes. Leop. IV C. berichten.

nicht tordirten Spitze des Stengels die Blätter nach ²/₅ angeordnet sind und wählen wir eine Riefe des Stengels, welche genau von der Mitte eines Blattes abwärts läuft. Diese Riefe muss dann die soeben für die Blattspur entwickelten Eigenschaften haben. Denken wir uns nun, dass der Stengel während seiner Streckung, aus irgend einem Grunde, tordirt wird, so wird offenbar die Riefe diese Eigenschaften behalten müssen. Ihre Länge kann um das Hundertfache und mehr zunehmen, ihre Richtung kann um fast 90° gedreht werden, aber die morphologischen Orte, an denen sie die beiden nächstunteren Umläufe der Blätterspirale schneidet, sind offenbar einer Aenderung nicht fähig.

Jetzt kommen wir zur decussirten Blattstellung. Nach den ausführlichen Untersuchungen und musterhaften Erörterungen Delpino's lässt sich leicht der Lauf der medianen Blattspuren und Riefen ermitteln[1]). Ich wähle die Fig. 77 auf Taf XII seines Werkes. Es steht hier das fünfte Blatt oberhalb des ersteren. Denn je zwei Blattpaare bilden einen Cyclus und jeder Cyclus fängt auf derselben Seite an. Es gilt dieses sowohl, wenn die Blätter thatsächlich decussirt sind, als auch, wenn die Blattpaare, durch Einschaltung eines kürzeren oder längeren Internodiums, mehr oder weniger aufgelöst sind; im letzteren Fall sieht man die Grundspirale aber ohne Weiteres.

Die Blattspur des fünften Blattes durchsetzt offenbar das nächstuntere Blattpaar, bevor sie an das erste Blatt gelangt. Sie thut dieses zwischen zwei Blättern und an einem Punkte, welcher von ihrem einen Ende um 2¹/₂, vom anderen aber um 1¹/₂ Blattinsertionen entfernt ist. Auch hier kann sie diese Eigenschaften, während der Torsion des Stengels, offenbar nicht verlieren, und müssen sich diese, bei der Erforschung der Riefen, ermitteln lassen[2]).

Nach dieser etwas längeren Erörterung spitzt sich unsere Frage nun folgendermaassen zu. Bei ²/₅-Blattstellung trifft die mediane Riefe eines Blattes abwärts auf das sechste, bei decussirter Stellung aber auf das fünfte, wenn in beiden Fällen das Blatt, von dem man ausgeht, als erstes bezeichnet wird. In beiden Voraussetzungen

---

1) F. Delpino, Teoria generale della Fillotassi, Atti della R. Universita di Genova, Vol. IV, Pars. II, 1883.

2) Eingehender werde ich diesen Gegenstand im nächsten Abschnitt § 4 an einem bestimmten Beispiele, der Zwangsdrehung von Urtica urens, schildern.

durchschneidet die mediane Riefe dabei die Blätterspirale einmal,
bevor sie dieses Ziel erreicht.

Wir haben jetzt noch die höheren Blattstellungen aus der Reihe
zu betrachten. Zunächst $^3/_8$. Die Riefe des ersten Blattes trifft
auf das neunte, nachdem sie zweimal die Spirale geschnitten hat.
Bei der zweiten Schneidung aber geht sie zwischen dem sechsten
und siebenten Blatte durch, kann somit höchstens mit der $^2/_5$-Stellung,
nicht aber mit der decussirten verwechselt werden. Jetzt folgt $^5/_{13}$.
Die Riefe des ersten Blattes schneidet die Spirale zum zweiten Male
zwischen dem sechsten und siebenten Blatte und endet, nach vier
Schneidepunkten, am 14. Blatt. Auch sie kann also wohl mit der
$^2/_5$ und $^3/_8$-Stellung, nicht aber mit der decussirten verwechselt
werden. Aehnliches gilt von den höheren Blattstellungen der
Hauptreihe.

Wenn es sich also nicht darum handelt, genau die Blattstellung
zu ermitteln, sondern nur zu entscheiden, ob diese eine decussirte
oder eine spiralige ist, so reicht es hin, einer Riefe abwärts von
einem Blatte zu folgen, bis sie zum zweiten Male die Blätterspirale
erreicht. Trifft sie hier das fünfte Blatt, so waren die Blätter
ursprünglich decussirt, trifft sie das sechste in seiner Mitte oder ein
wenig vorbei seiner Mitte, so war die Anordnung am Vegetationspunkt eine spiralige.

Es ist offenbar jetzt die wichtigste Aufgabe, die Gattung Valeriana in dieser Richtung zu erforschen. Von den Pflanzen mit
decussirten Blättern, welche bis jetzt Zwangsdrehung zeigten, steht
Valeriana mit 15 Funden voran, ihr folgen Galium mit zehn und
Dipsacus mit sieben Funden, während die übrigen Gattungen je
nur eines bis zwei Beispiele aufweisen. Bei Galium ist die Frage
durch Klebahn, für Dipsacus durch die im ersten Theil beschriebenen Beobachtungen entschieden, es liegt somit jetzt hauptsächlich daran, das thatsächliche Verhältniss auch für Valeriana
festzustellen.

Mein hochverehrter Lehrer und Freund, Prof. W. F. R. Suringar in Leiden, hatte die Güte, mir zu diesem Zwecke das von
ihm beschriebene Exemplar[1]) zur Verfügung zu stellen. Es reichte
zur vollständigen Beantwortung der gestellten Frage völlig aus.

---

1) Vergl. den dritten Haupttheil dieser Abhandlung.

Zwar waren die Blätter verschwunden, ihre Insertionen waren aber noch deutlich zu erkennen. Leider ist solches auf der von Suringar veröffentlichten Abbildung[1]) nicht der Fall, doch da damals die Möglichkeit, auch in tordirten Stengeln die ursprüngliche Blattstellung an erwachsenen Exemplaren zu ermitteln, noch nicht erkannt war, so wurde offenbar auf eine genaue Darstellung der Einzelheiten der Blattinsertionslinie kein Werth gelegt.

Jedes Blatt ist durch die Punkte vertreten, an denen die Gefässbündel aus ihm in den Stengel treten. Der mittlere stärkere ist überdies durch ein rundes, von markartigem, vertrocknetem Gewebe erfülltes Loch bezeichnet, welches in der Richtung der Riefen auf seiner Oberseite liegt und offenbar die Insertionsstelle der Achselknospe ist. Am oberen Rande des ganzen Kegels sind etwa sieben Achselsprosse noch erhalten; sie bestätigen die gegebene Deutung. Es wechseln also auf der Blattspirale mediane Blattspuren jedesmal mit zwei seitlichen ab.

Die Blattspirale umfasst glücklicher Weise vierzehn deutliche Blätter, auf welche, am oberen Rande, noch einige weitere folgen, die aber, da der Rand (wie in der citirten Abbildung deutlich zu sehen) stark in die Höhlung hinein gedrückt ist, für meinen Zweck nicht gut brauchbar waren. · Vom obersten der vierzehn Blätter folgte ich nun die deutlich hervorspringende, mediane Riefe abwärts, bis sie gerade auf die Mitte einer Blattinsertion traf.

Von ihrem Anfangspunkte abgerechnet, durchschnitt sie die Blätterspirale, so genau solches sich ermitteln liess, in folgenden, nach Blattinsertionen gerechneten Entfernungen.

				Diff.
Zum	1.	Mal	$2^5/_8$	$2^5/_8$
„	2.	„	$5^1/_4$	$2^5/_8$
„	3.	„	$7^3/_4$	$2^4/_8$
„	4.	„	$10^3/_8$	$2^5/_8$
„	5.	„	13	$2^5/_8$

Mit anderen Worten, sie erreichte nach fünf Umläufen das dreizehnte Blatt, wenn man das Anfangsblatt nicht mitzählt. Die einzelnen von ihr getrennten Abschnitte der Spirale waren dabei, anscheinend, gleich gross.

---

1) **Ned. Kruidk. Archief, Bd. I, Taf. XVII, Fig. 1.**

Die ursprüngliche Blattstellung war somit $^5/_{13}$ gewesen. Es
entspricht dies einem der Glieder der Hauptreihe $^2/_5$ $^3/_8$ $^5/_{13}$ u. s. w.,
von welcher wir ausgegangen sind.

Es sei mir gestattet, Herrn Prof. Suringar hier meinen ver-
bindlichsten Dank für seine freundliche Mithülfe auszusprechen.

Dasselbe Resultat ergab die Untersuchung des unten zu er-
wähnenden[1]), in meiner Sammlung aufbewahrten Prachtexemplares
von Vrolik. Dieses war etwa zur Blüthezeit auf Spiritus gebracht,
die Blattbasen aber zum grössten Theile noch vorhanden, ihre
Achselknospen deutlich. Der becherförmige Stengel war im Alkohol
hinreichend durchsichtig geworden, um dem Lauf der Gefässbündel
leicht und sicher folgen zu können. Die Blattstellung ergab sich
wiederum als $^5/_{13}$. Dasselbe war der Fall mit einem dritten im
nächsten Abschnitt zu beschreibenden Stengel von Valeriana. Ich finde
somit in den drei mir zugänglichen tordirten Stengeln von Valeriana
dieselbe, der Braun'schen Annahme entsprechende spiralige Anordnung der Blätter. Es wird danach wohl gestattet sein, anzunehmen,
dass sich auch andere Objecte ähnlich verhalten werden.

.

Zweiter Abschnitt.
Specielle Untersuchungen.

§ 1. Typus Dipsacus.

Valeriana officinalis.

Im Herbst des vergangenen Jahres (1889) wurde im hiesigen
botanischen Garten (Amsterdam) ein vertrockneter, am unteren Ende
verfaulter und nahezu völlig entblätterter Stengel dieser Art gefunden. Er war 18 cm lang und stark gedreht. Im unteren Drittel
machte die Linie der Blattinsertionen etwa eine halbe Schraubenwindung, von da an stieg sie nahezu senkrecht empor bis zur Spitze.
Diese war, mit Ausnahme eines kleinen Loches, geschlossen und trug
noch ein ungedrehtes Internodium von normaler Dicke, unterhalb
der Inflorescenz. Der gedrehte, aufgeblasene Theil war konisch und
erreichte in der Nähe seines Gipfels eine maximale Breite von nur
4 cm. Das Ganze war hohl, dünnwandig und gespalten. Der Spalt

---

1) Vergl. die Literaturübersicht im dritten Theile.

lief den Stengelriefen parallel und traf an seinen beiden Enden genau auf die Insertionslinie der Blätter. Er fing in der Mitte eines Blattes an, durchschnitt die Blätterspirale in einer Entfernung von $2^5/_8$, und erreichte sie wieder in einer Entfernung von $5^1/_4$ Blattinsertion. Von hier aus liessen sich die Riefen weiter verfolgen; sie erreichten noch zweimal die Blätterspirale und zwar jedesmal in derselben Entfernung. Es kommen also auf $10^1/_2$ Blattinsertionen vier Umgänge und dieses entspricht der Blattstellung $^5/_{13}$, deren Uebereinstimmung mit den an den beiden anderen Stengeln gefundenen Werthen bereits auf voriger Seite erwähnt wurde.

Auch sonst variirt Valeriana officinalis in ihrer Blattstellung. Stengel mit dreigliedrigen Wirteln sind nichts seltenes; ich fand sie sowohl im Freien, als auch in derselben Cultur, der der beschriebene tordirte Stamm entstammt. Ich fand auch Stengel mit der Blattstellung $^1/_2$, namentlich unweit Ankeveen und Harderwyk in Holland. Diese Anordnung reichte vom Rhizom bis an oder sogar bis in die Inflorescenz. Die Stengel waren gerade, nicht gedreht, von normaler Länge und normaler Internodienzahl, trotz der einblättrigen Knoten.

Diese Stengel geben Veranlassung zu der folgenden Beobachtung. Ihre Blätter sind am Grunde stengelumfassend und zwar derart, dass die beiden Ränder über eine Höhe von einigen Millimetern miteinander verwachsen sind (Taf. XI, Fig. 1). Die Blattbasis ist hier also doppelt so breit wie beim decussirten Stande; dennoch sind die Ränder verwachsen. Man darf somit annehmen, dass jede Blattbasis sich seitlich verbreitert, bis sie eine andere Blattbasis erreicht, und dass sie dann mit dieser verwächst. Es würde sich lohnen, den Mechanismus dieses Vorganges zu erforschen. Vorläufig dürfen wir diesen Fall aber der Verwachsung der Blattbasen auf tordirten Stengeln (also bei der Blattstellung $^5/_{13}$) an die Seite stellen und zur Erklärung dieser heranziehen.

Die Verwachsung der Blattbasen findet bei Valeriana statt unter Bildung einer gürtelförmigen Gefässstrangverbindung[1]). Die beiden seitlichen Gefässbündel in der Blattscheide sah ich bei

---

1) Beschrieben und abgebildet in der klassischen Abhandlung von Hanstein, Ueber gürtelförmige Gefässstrang-Verbindungen im Stengelknoten dikotyler Gewächse, Abh. d. k. Akad. Berlin 1857, S. 84 und Taf. II.

V. officinalis sich vor ihrem Eintritt in den Stengel spalten; der eine Ast trat in diesen über, der andere bog sich seitlich, um sich mit demjenigen des benachbarten Blattes zu einem Bogen zu vereinigen. An diesen Bogen setzten sich einige feinere Bündelzweige der beiden Blattscheiden an. Ich beobachtete diese Verhältnisse im normalen Stengel, fand sie aber auch in dem tordirten Exemplare Vrolik's wieder und überzeugte mich, dass sie auch in den stengelumfassenden Blattscheiden der oben erwähnten einblättrigen Knoten (Taf. XI, Fig. 1) in derselben Weise zu Stande kommen.

Rubia tinctorum.

Im Mai 1890 erhielt ich von Herrn B. Giljam in Ouwerkerk unweit Zierikzee eine Sendung gedrehter Krappstengel. Es waren 13 Stück nebst vier fasciirten Stengeln. Die Stengel waren Stecklinge, sogenannte Keime, wie sie zum Verpflanzen verwandt werden. Sie waren 10—20 cm lang und am Rhizom abgebrochen; die unteren 3 cm waren braun, von der Erde bedeckt gewesen.

Mit Ausnahme eines einzigen, dessen untere Blätter in Quirlen standen, waren sie von oben bis unten gedreht und mit einer ununterbrochenen Blätterspirale besetzt. Letztere war im braunen Theile und ein wenig oberhalb sehr wenig steil, wurde nach oben steiler und in einem Stengel sogar zur longitudinalen Seitenlinie aufgerichtet. Die Blätterspirale stieg in acht Sprossen links, in den fünf übrigen rechts an, die stark hervorspringenden Riefen des Stengels waren in entgegengesetzter Richtung gedreht. Die Stengel waren $1/2$—1 cm dick, offenbar der Drehung zufolge geschwollen, wenn auch nicht sehr erheblich.

Wenige Tage später erhielt ich auch von Herrn J. C. van der Have in Ouwerkerk eine Sendung gedrehter Krappstengel. Es waren vier Keime, am Rhizom abgerissene, zum Pflanzen geeignete Sprosse. Sie hatten eine Länge von 15—20 cm, ihre Blätter standen von unten bis oben in ununterbrochener Spirale und zwar in allen linksansteigend. Die Spirale war am Grunde wenig steil, nach oben steiler und im jüngsten ausgewachsenen Theil zu einer Längslinie mit einseitswendigen Blättern aufgerichtet. Die stark hervortretenden Riefen stiegen in entgegengesetzter Richtung auf; die Stengel waren $1/2$ bis fast 1 cm dick. Also schöne Zwangsdrehungen in vollem Maasse ausgebildet.

Nach einer gefälligen Mittheilung des Herrn van der Have finden sich die gedrehten Stengel auf denselben Stöcken mit normalen, und werden sie auch nicht selten im Herbste beim Ausgraben der Rhizome gefunden. Beweisstücke dazu erhielt ich von demselben Herrn Ende November 1890. Es waren sieben ausgegrabene, kräftige und reich bewurzelte Pflanzen, deren jede, unter zahlreichen aus dem alten Stock, der Krone, hervorgesprossten normalen Trieben einen gedrehten Stengel trug. Die Stengel waren gestorben, bleich, die tordirten theilweise bereits verwest. Fünf hatten ihre Riefen nach rechts, zwei nach links tordirt. Es herrschte also hier dieselbe Richtung vor, wie bei der obenerwähnten Frühjahrssendung aus dem nämlichen Geschäft, wenn auch nicht so ausschliesslich. Die Sprosse waren vom Grunde aus gedreht, in den oberen Theilen war die Blätterspirale zu einer Längszeile aufgerichtet.

Die Exemplare wurden im hiesigen botanischen Garten gepflanzt, um zu erfahren, ob die Erscheinung sich auf ihnen wiederholen wird, und um womöglich Samen zur Veredelung der Rasse zu gewinnen.

Der Sendung war ein fasciirter Spross beigefügt, ähnlich wie die in der Sendung des Herrn Giljam erwähnten (vergl. den letzten Theil der vorliegenden Abhandlung).

Die im Mai 1890 von den beiden genannten Herren erhaltenen Keime sind, mit Ausnahme von zwei Individuen, welche als Muster aufbewahrt wurden, im botanischen Garten gepflanzt. Sie sind fast alle kräftig bewurzelt und gewachsen, haben aber bis zum Winter nur normale, keine gedrehten Zweige hervorgebracht. Sie sollen im nächsten Sommer weiter beobachtet werden.

Vor dem Pflanzen habe ich das seltsam reiche Material einer morphologischen Untersuchung unterworfen und zwei der schönsten Exemplare photographirt. Eine ausführliche Beschreibung und Abbildung findet man im Botanisch Jaarboek van het Kruidkundig Genootschap Dodonaea in Gent, Bd. III (1891), S. 4, Taf. IV. Einige Punkte aus dieser Beschreibung glaube ich hier noch anführen zu sollen.

Zunächst die Gürtelverbindungen der Gefässbündel, welche hier, wie bei Galium, zu einem continuirlichen Bande vereinigt sind. Dieses Band sieht man, namentlich an Alkoholpräparaten, schon mit unbewaffnetem Auge. Es läuft unterhalb der Blattinsertionen in einer Spirallinie um den Stengel. Auf ihm stehen die Hauptnerven der Blätter, sowie einige feinere Seitennerven; die ersteren steigen, das Band kreuzend, im Stengel abwärts.

Ferner ermittelte ich an zwei Sprossen die Blattstellung, indem ich die Riefen von der obersten (ersten) Achselknospe abwärts mit chinesischer Tusche markirte. Nach zwei Umgängen schnitt diese Linie die Blätterspirale zwischen der sechsten und der siebenten Achselknospe; auch weiter nach unten hatten die von ihr abgeschnittenen Stücke der Blattspirale eine Länge von etwa $2^5/_8$, wenn man die Entfernung zweier benachbarter Achselknospen $= 1$ setzt. Dieses entspricht der Blattstellung $^5/_{13}$, welche also als die ursprüngliche für diese Krappstengel betrachtet werden muss.

Die Richtigkeit dieser Folgerung habe ich controlirt durch die Untersuchung der Stellung der jüngsten Blätter in der noch wachsenden Endknospe gedrehter Stengel. Ich schnitt dazu von vier Exemplaren die Endknospe ab, indem ich die Achse dort durchschnitt, wo die Neigung der Riefen des Stengels eben angefangen hatte, doch noch sehr steil war. Die Knospen wurden durch Härtung in Alkohol, Injection in Glycerin-Gelatine und abermalige Härtung in Alkohol-Glycerin in der früher für Dipsacus ausführlich beschriebenen Weise behandelt und geschnitten.

An den so gewonnenen Mikrotomschnitten zeigte sich, dass die spiralige Anordnung der Blätter sich bis zum Vegetationspunkt erhielt. Auch die jüngsten sichtbaren Blattanlagen waren in dieser Weise gruppirt. Ich untersuchte drei Pflanzen mit rechtsaufsteigender und eine mit linksaufsteigender Blattspirale. Auf dem Vegetationskegel waren die Windungen flacher und weniger reich an Blättern als am erwachsenen Stengel, wo sie ja gerade durch die Torsion grossentheils, stellenweise auch ganz, abgewickelt sind.

In der erwähnten Abhandlung habe ich zwei Schnitte abgebildet, welche kurz unterhalb des Vegetationspunktes gewählt waren[1]). Solche Bilder sind lehrreicher wie jene, welche die äusserste Stengelspitze gerade in sich aufnehmen. Die eine Figur ist einer rechts-, die andere einer linksgedrehten Pflanze entnommen.

Die oben am erwachsenen Spross ermittelte Formel für die Blattstellung ($^5/_{13}$) weist aus, dass auf jeden Umgang ursprünglich

---

1) Dodonaea, Bd. III, 1891, Taf. IV, Fig. 4 u. 5.

5¹/₅ halbe Blattentfernungen entfallen. Und da an meinen Exemplaren die Blattscheiben in der Regel abwechselnd eine Achselknospe besitzen, so darf man, in Rücksicht auf den Bau der normalen Blattwirtel von Rubia tinctorum, die Entfernung zwischen zwei benachbarten Blattscheiben für eine halbe Blattentfernung rechnen. Wir dürfen somit auf jeder Windung ursprünglich 5¹/₅ Scheibe erwarten. So verhalten sich auch, in jeder der beiden citirten Figuren, die beiden jüngsten Umgänge, und die ursprüngliche spiralige Blattstellung ist damit ausser Frage gestellt.

In den äusseren Umgängen meiner Präparate war die Anzahl der Blätter etwas grösser und dieses weist darauf hin, dass die Entwindung der Spirale und somit die Torsion des Stengels hier bereits angefangen hatte. Dieses entspricht der directen Beobachtung über den Ort, an welchem ich die Endknospe vom Stengel abtrennte und an welchem, wie oben erwähnt, die Neigung der Riefen eben angefangen hatte.

Fassen wir diese Beobachtungen zusammen, so ergiebt sich, dass die Drehkeime bereits vor jedem Anfang der Drehung eine spiralige Blattstellung nach ⁵/₁₃ besitzen. Die Torsion kann somit nicht die Ursache dieser Blattstellung sein, nur wird diese durch sie allmählich insoweit geändert, dass die Umgänge steiler und dementsprechend blattreicher werden. Umgekehrt kann aber die Vereinigung aller Blätter zu einem spiraligen Bande sehr wohl, der Braun'schen Theorie entsprechend, bei der Streckung des Stengels dessen Torsion bewirken.

§ 2. Typus Weigelia.

Weigelia amabilis.

Zwangsdrehungen sind bis jetzt, soviel mir bekannt geworden, bei Sträuchern und Bäumen nicht beobachtet. Doch habe ich solche von der Weigelia zu verschiedenen Zeiten gesammelt oder geschenkt bekommen, und zwar 1871 in dem Garten meiner Eltern im Haag, 1886 in einem Garten unweit Hilversum in mehreren Exemplaren und aus Amsterdam im Jahre 1885. Ob die betreffenden Sträucher etwa aus derselben Baumschule entstammen, vermag ich leider nicht zu ermitteln.

Ich gebe zunächst die Beschreibung der einzelnen Zweige. Vergl. Taf. IX, Fig. 1—6.

Das erste Exemplar, aus Haag, war ein Ast von über 50 cm
Länge (Fig. 2 u. 3), an welchem sämmtliche Blätter in einer Linie
sassen, welche auf einer Seite dem Zweige entlang lief. Die Zahl
der erwachsenen Blätter in meinem Präparate ist 15; ihre mittlere
Entfernung etwa 3 cm. Die wirklichen Entfernungen wechseln
zwischen 2 und 5 cm. Die Blattinsertionen stehen longitudinal;
ihre Achselknospen somit nicht über, sondern neben ihnen. Von der
anodischen Seite jedes Blattes geht eine erhabene Leiste bis zur
kathodischen des nächstfolgenden; offenbar dieselbe Leiste, welche
auch die beiden Blattbasen eines normalen Paares bei decussirter
Blattstellung verbindet, welche aber hier bedeutend in die Länge
gezogen ist. Sie ist scharf abgesetzt und erhebt sich um etwa
$1/2$ mm aus der Oberfläche des Zweiges. Dieser ist nicht dicker
als sonst, stark verholzt und trägt seine Längsstreifen in schraubiger
Richtung und zwar rechts aufsteigend.

Die ursprüngliche Blattstellung ist nicht ganz genau mehr zu
ermitteln, da ich das Exemplar zu anderen Zwecken an verschiedenen
Stellen quer durchschnitten hatte. Auch erschwert die longitudinale
Insertion der Blätter diese Untersuchung sehr. Dagegen treten die
Längsriefen scharf und deutlich hervor. Verfolgt man aber die
mediane Spur eines Blattes, so erreicht diese die Blätterlinie
zum zweiten Male etwa in der Mitte des sechsten Blattes, wenn
der Ausgangspunkt als erstes Blatt bezeichnet wird. Dieses
schliesst also die Annahme einer Decussation mit aufgelösten Blattpaaren aus und lässt auf $2/5$ oder eine höhere spiralige Stellung
schliessen.

Im September 1886 fand ich in einem Garten unweit Hilversum vier tordirte Zweige an einigen Sträuchern, welche überdies
auch Aeste mit dreigliedrigen und solche mit viergliedrigen Quirlen
trugen. Zwei Zweige waren über 13 resp. 16 cm tordirt, ihre
10—11 Blätter sämmtlich in einer Längslinie, in Entfernungen von
8—20 mm. Die Verbindungslinie war deutlich und erhaben, die
Achselknospen gross und neben ihren Tragblättern gestellt. Die
Zweige holzig und nicht verdickt. Die Längsriefen, ihrer Schraube
nach, von einem Blatte (No. 1) abwärts verfolgt, erreichten die
Blätterspirale erst vorbei dem Blatte No. 4 und zum zweiten Male
vorbei No. 7. Es entspricht dieses also nicht den Verhältnissen des
Haager Exemplares, sondern vielmehr aufgelösten, dreigliedrigen

Blattwirteln. Jedoch reichte das Material zu einer genauen Untersuchung leider nicht aus.

Von diesen beiden Zweigen hatte der eine, unterhalb der Torsion, die Blätter in viergliedrigen Quirlen. Der andere endete nach
oben mit normalen, nicht gedrehten Internodien und dreigliedrigen
Blattwirteln. Der dritte tordirte Zweig zeigte die Erscheinung nur
über eine Länge von 5 cm; unterhalb dieser war er decussirt; die
Torsion verhielt sich wie bei der anderen. Ich habe diese Zweige
gesteckt, aber nur aus dem dreigliedrigen Gipfel des zweiten Exemplares eine gute Pflanze erhalten; diese hat aus einem Achsel eines
dreiblättrigen Wirtels einen kräftigen, zweizähligen Spross gemacht,
alle übrigen, gleichfalls zweizähligen Zweige sind weggeschnitten
worden. Bis in den Herbst 1890 erhielt sich diese Pflanze normal.

Während in den beschriebenen Beispielen der tordirte Theil
bereits ausgewachsen war, als er zur Beobachtung gelangte, verhielt
sich in dieser Beziehung der vierte Ast günstiger. Deshalb habe
ich diesen in der Fig. 1 auf Taf. IX abgebildet, und die Divergenzwinkel seiner Blätter durch einfache Projection parallel der Achse
des Zweiges auf eine flache Spirale übertragen. Man sieht diese
auf derselben Tafel in Fig. 4.

Man sieht zunächst im unteren Theile einen dreigliedrigen,
schraubig geordneten Blattwirtel; Blatt 3 steht etwa 1 cm oberhalb
No. 1. Auf Blatt 3 folgt ein Internodium von 6,5 cm, welches
eine erhabene Leiste trägt, welche von der anodischen Seite von
Blatt 3 bis zur kathodischen von Blatt 4 reicht. Jetzt folgen die
Blätter einander in einer Schraubenlinie, welche aber, soweit die
Blätter erwachsen sind, sehr steil ist und dann allmählich flacher wird.

Es bilden, wie auch in der Horizontal-Projection deutlich zu
sehen ist,

Blatt No. 4—10 den ersten Umlauf
„ No. 11—15 „ zweiten „
„ No. 16—18 „ dritten „

Und die Länge der Blätter beträgt:

No. 1—3 nnd 4—10   12 cm (ausgewachsen)
No. 11 . .   11 „
No. 12 . . . . .   9 „
No. 13 . . . . .   7 „

No. 14 . . . . . $2^1/_2$ cm, noch zusammengefalten
No. 15 u. 16 . . . $\pm$ 1,3 „   „   „
No. 17 u. 18 . . . $\pm$ 0,5 „   „   „

Somit finden wir im ersten Umlauf der Spirale sieben ausge-
wachsene Blätter, im zweiten Umlauf fünf kräftig wachsende und
im dritten Umlauf drei ganz junge Blättchen.

Die Höhe des unteren Umlaufes ist 4,5 cm; die des folgenden
1,5 cm, während die Internodien des oberen noch in der sich ent-
faltenden Knospe verborgen sind.

Es deuten diese Verhältnisse offenbar darauf hin, dass die
Blätterspirale während der Streckung der Internodien abgerollt und
somit in eine viel steilere umgewandelt wird. Wir dürfen ruhig
annehmen, dass an unserem Sprosse, wenn er nicht zur Untersuchung
abgeschnitten wäre, auch die jüngeren Strecken im erwachsenen Zustand eine sehr steile Blätterspirale getragen haben würden. Unsere
Beschreibung stimmt also völlig mit der Vorstellung Braun's und
mit meinen Befunden an Dipsacus silvestris überein.

Der abgebildete Zweig war nicht dicker als die normalen. Die
erhabene Leiste, welche die Blattbasen in der Spirale verbindet, war
sowohl zwischen Blatt 1—3, wie zwischen 3 und 4, und namentlich
zwischen allen höheren Blättern deutlich zu sehen. Sie bildete das
Schraubenband, welches die Blätter vereinigte und die äusserlich
sichtbare Ursache der Zwangsdrehung war. Dieses Band war zwischen
Blatt 3 und 4 sehr stark ausgedehnt, zwischen 4 und 5 noch
ziemlich beträchtlich verlängert, höher hinauf aber nur wenig gedehnt.
Doch ist die gegenseitige Entfernung von je zwei benachbarten
Blättern in der Spirale stets grösser als in einem normalen Knoten,
eine natürliche Folge der passiven Dehnung.

Die Längsriefen des Stengels stiegen in rechtsläufiger Schraube
an. Vom Blatte 10 abwärts verfolgt gelangte die mediane Spur,
als sie zum zweiten Mal die Blattspirale erreichte, auf die Mitte
des Blattes No. 4. Dieses entspricht also der Blattstellung $^2/_5$,
derselben, welche ich auch am Haager Exemplar beobachtete.

Ob aber die Blattstellung genau $^2/_5$, oder eher einem höheren
Werthe entspricht, lässt sich weder am ausgewachsenen Spross, noch
am sich streckenden Sprossgipfel genau entscheiden. Dazu ist die
Untersuchung der Endknospe selbst erwünscht. Ich habe deshalb
diese von meinem Präparate abgetrennt und in derselben Weise wie

für Dipsacus beschrieben, in Glycerin-Gelatine eingeschlossen und nach gehöriger Härtung geschnitten. Einen queren Schnitt durch die Knospe in kurzer Entfernung oberhalb des Vegetationspunktes (Taf. IX, Fig. 5) zeigt die ursprüngliche Blattstellung dieses Zweiges. Es ist klar, dass sie nicht $^2/_5$, sondern $^5/_{13}$ oder einem noch höheren Werthe der Reihe entspricht. Jedenfalls stehen aber die Blätter weder decussirt, noch in dreigliedrigen Wirteln.

Tiefere Schnitte (Taf. IX, Fig. 6) lassen die Verbindung der benachbarten Blätter mit einander, vor angefangener Torsion, erkennen, doch wegen der geringen Höhe des Wulstes in jedem Schnitt nur zwischen je zwei oder drei Blättern.

Gürtelförmige Gefässstrangverbindungen fand ich an den normalen Blattpaaren von Weigelia amabilis nicht. Ich untersuchte den Gefässbündelverlauf an in Alkohol gehärteten und mit Kreosot durchsichtig gemachten Präparaten: Hanstein erwähnt in seiner oben citirten klassischen Abhandlungen das Fehlen dieser Verbindungen bei manchen Caprifoliaceen [1].

Der dritte Fundort tordirter Zweige von Weigelia war ein Garten zu Amsterdam. Ich erhielt zwei tordirte Aeste durch die Freundlichkeit meines damaligen Assistenten, Herrn Dr. H. W. Heinsius. An einem Zweig bildeten fünf Blätter eine Schraubenlinie von etwa $^3/_4$ Windung und 6 cm Länge; die Linie stieg links auf, die Riefen des Stengels waren somit rechtsläufig gedreht. Der Zweig war durch Spaltung eines fasciirten Astes entstanden; der andere Spaltast hatte dreigliedrige Quirle. In dem zweiten Exemplare war an einem sonst dreizähligen Aste ein Wirtel zu einer Schraubenlinie von 2 cm Höhe auseinander gezogen. Die drei Blätter waren durch ihre Basis zu einem ziemlich stark gedehnten Bande verbunden, der Ast an dieser Stelle, und auch nur hier, tordirt. Die Torsion erreichte etwa 140°. Das untere der drei Blätter war monströs, es hatte zwei Gipfel und an seiner kathodischen Seite noch einen dritten kleineren Zipfel.

Der Strauch, dem diese beiden Zweige entnommen waren, trug im nächsten Sommer (1888) keine tordirten Zweige, wohl aber mehrere gespaltene Blätter.

---

[1] Abhandl. der Akad. Berlin 1857, S. 86.

Ich habe bereits erwähnt, dass ich von Weigelia auch drei-
und vierzählige Zweige fand; sie sind keineswegs selten. Ich fand,
unweit Hilversum, auch solche mit einblättrigen Knoten und der
Blattstellung ¹/₂.

Deutzia scabra.

An einem Strauche des hiesigen botanischen Gartens, welcher
nicht selten Zweige mit einblättrigen Knoten und der Blattstellung
¹/₂, und, oft damit verbunden, gespaltene Blätter trug, fand ich im
September 1887 den auf Taf. X, Fig. 1 theilweise abgebildeten
Zweig. Er trug fünfzehn Blattpaare oder deren Vertreter, und war
in seinem unteren und oberen Theile decussirt. Der mittlere Theil,
welcher das vierte bis siebente Blattpaar und deren Vertreter umfasst, ist in der Figur dargestellt; alles übrige war normal, nur dass
die unteren Blattpaare ihre Blätter nicht genau in gleicher Höhe
trugen. Dieses war im unteren Knoten der Figur in sehr aus-
geprägtem Maasse der Fall, das eine Blatt stand um 5 mm höher
als das andere. Ich bezeichne diese beiden Blätter als No. 1 u. 2
(vergl. Fig. 1 und den Grundriss Fig. 2).

Statt der beiden folgenden Blattpaare finde ich nun fünf Blätter
(No. 3—7), deren beiden unteren weit von einander entfernt sind,
während die drei oberen noch mit ihren Basen zusammenhangen.
Nur an dieser Stelle ist der Stengel tordirt. Auf No. 7 folgt ein
normales Blattpaar (No. 8 u. 9), und weiter hinauf bleibt der Spross
decussirt.

Die Torsion beträgt etwa 180°. Demzufolge stehen die Blätter
oberhalb dieser Stelle in denselben sich kreuzenden Ebenen, wie
unterhalb jener. Aber das untere Blatt jedes Knotens steht jetzt
auf derjenigen Seite, auf welchen im unteren Theile das obere steht.

Die Torsion erstreckt sich über etwa 2,5 cm. Die mediane
Blattspur von Blatt No. 7 endet ziemlich genau oberhalb der Mitte
des Blattes No. 2. Es deutet dieses für die Blätter 3—7 auf die
Blattstellung ²/₅. Das Blatt 7 liegt aber, wie die Figur zeigt,
genau auf der entgegengesetzten Seite wie No. 2, dieses ergiebt die
soeben genannte Torsion von etwa 180°, welche sich auch unmittelbar aus dem Laufe der Längsriefen in der Höhe der Blätter 5—7
feststellen lässt.

In Fig. 2 habe ich die Blattstellung des betreffenden Theiles dieses Zweiges in horizontaler Projection abgebildet. Die Zeichnung ist für den detordirten Zustand entworfen, zeigt die Blattstellung somit so, wie sie sein würde, wenn keine Torsion stattgefunden hätte. Die ausgezogenen Linien beziehen sich auf gestauchte, die punktirten auf gestreckte Internodien.

Das Blatt No. 5, das untere des festen Spiralbandes, war abnormal. Es trug an seiner kathodischen Seite einen kleinen Zipfel.

Es leuchtet ein, dass die Verbindung der drei Blätter No. 5—7 zu einer auch ausserhalb des Stengels zusammenhängenden Schraubenlinie, ihre Stellung nach $^2/_5$ und die Streckung der zwischen ihnen liegenden Internodien, die Ursachen der Torsion waren. Diese war also, obgleich nur schwach entwickelt, dennoch eine echte Zwangsdrehung im Sinne Braun's.

Gürtelförmige Gefässstrangverbindungen der Blattstielbasen fand ich bei Deutzia scabra nicht.

§ 3. Typus Lupinus.

Lupinus luteus.

In einem Garten in Ermelo, unweit Harderwyk, beobachtete ich ein kleines Feld Lupinen, welches für die Samenernte angebaut worden war. Es war Ende Juli in voller Blüthe und zeigte auf etwa zweitausend Pflanzen eine verhältnissmässig grosse Anzahl von Blüthentrauben mit spiraliger Anordnung der Blüthen und entsprechender Zwangsdrehung der Achse. Allerdings war die Drehung stets nur schwach ausgebildet. Nach einer rohen Schätzung war diese Erscheinung wenigstens in 3—5 % der Trauben zu finden. Ich untersuchte an dreissig Trauben die Richtung der Blüthenspirale, und fand sie in 13 Fällen rechtsansteigend, in 17 linksläufig, es scheint somit, dass beide Richtungen annähernd gleich stark vertreten waren.

Die normalen Trauben dieses Beetes tragen ihre Blüthen meist in 10—12 Quirlen, jeder Quirl ist gewöhnlich fünfblüthig. Die spiraligen Trauben haben annähernd dieselbe Anzahl von Blüthen und annähernd dieselbe Länge, wie die normalen. Nur selten sind sie in ihrer ganzen Länge spiralig, meist bilden sie zunächst einen bis vier Wirtel und erst auf diesen folgt die Spirale, welche sich dann bis zum Gipfel erstreckt.

Ich zählte an einigen bis zum Gipfel blühenden Trauben die
Zahl der Wirtel und der Schraubenwindungen und fand

Traube	Wirtel	Windungen	Blüthenzahl berechnet
No. 1 . .	1	7	75
No. 2 . . .	2	6	70
No. 3 . . .	3	4	55
No. 4 . . .	4	4	60
No. 5 . . .	4	4	60
No. 6 . . .	4	5	70
No. 7 . . .	5	3	55

Je grösser die Zahl der Wirtel, um so geringer ist somit die
Zahl der Windungen. Rechnet man für diese letzteren im Mittel
zehn Blüthen pro Windung (gegen fünf pro Wirtel), so erhält man
die in der letzten Spalte angegebenen Zahlen, welche mit der Blüthen-
zahl einer normalen Traube $5 \times (10-12) = 50 - 60$ genügend
übereinstimmen, um den Schluss zu gestatten, dass die Variation
nur in der geänderten Anordnung der Blumen, nicht etwa in einer
Vermehrung oder Verminderung von diesen bestehe.

An einer weiteren Traube fand ich zwei Wirtel mit je fünf
Blüthen und fünf Schraubenwindungen mit 44 Blüthen. Also im
Ganzen 54 Blüthen, was wiederum hinreichend genau mit der Zahl
der Blüthen an normalen Trauben übereinstimmt.

Die bis zum Gipfel blühenden spiraligen Trauben sind, nach
einiger Uebung, schon in ziemlicher Entfernung kenntlich, da die
Blüthen in der Spirale dichter aneinander anschliessen wie in den
Wirteln, und die Windungen zwischen sich einen weiten leeren
Raum von der Höhe einer Blüthe lassen. Die Blüthen bilden zusammen eine schöne, sanft ansteigende Wendeltreppe, wie auch aus
unserer Fig. 7 auf Taf. IX ersichtlich ist.

Die Zahl der Blüthen auf einer Windung der Spirale wechselt
in den meisten untersuchten Trauben zwischen acht und elf. Als
ich nun spiralige Trauben untersuchte, deren höchste Blüthen noch
junge Knospen waren, fand ich zuerst, dass die Spirale sich auch
hier stets bis zum Gipfel fortsetzte, zweitens aber, dass die jüngste
Windung stets nur sechs Knospen umfasste. Die Länge dieser
Knospen war 5—10 mm, die eine Blüthe unmittelbar vor dem
Oeffnen meist etwa 18 mm. Es gelang mir aber auch Trauben zu

finden, welche noch jüngere Blüthenknospen enthielten und an denen
ich dennoch auf dem Felde schon die spiralige Anordnung erkennen
konnte.

Von diesen habe ich die Spitzen, nach Härtung in Alkohol
und Injection, in Glycerin-Gelatine in der früher beschriebenen Weise
behandelt und geschnitten. Aus zwei Trauben habe ich je einen
der höchsten Schnitte unterhalb des Vegetationspunktes auf Taf. XI
in Fig. 7 u. 8 bei geringer Vergrösserung gezeichnet. Die Bracteen,
in deren Achsel die Blüthen stehen, sind hier wegen der Kleinheit
der Blüthenknospen relativ gross und ragen weit über diese hinaus.
Man erkennt ihre spiralige Anordnung bis in den jüngsten im Schnitt
sichtbaren Anlagen. Beide Blüthenspiralen sind linksläufig. Die
Zahl der Bracteen auf einer Windung ist auch hier stets sechs. Es
darf diese Zahl somit als die ursprüngliche, vor Anfang der Torsion
der Achse vorhandene, betrachtet werden.

Wir wollen jetzt untersuchen, was sich aus den mitgetheilten
Verhältnissen, in Bezug auf die Torsion des Stengels, ableiten lässt.
Kurz zusammengefasst, lautet das festgestellte Ergebniss folgendermaassen. Die jüngsten untersuchten Schraubenwindungen enthalten
je sechs Knospen, die erwachsenen meist 8—11 Blüthen. Es kann
dieses im gegebenen Falle offenbar nur auf einer Torsion der Achse
beruhen. Die ursprüngliche Spirale muss dabei theilweise entwunden
werden; ihre Windungen werden dadurch steiler, blüthenreicher, aber
weniger zahlreich. Da die Zahl der Blüthen pro Windung fast um
das Doppelte zunimmt, muss selbstverständlich die Zahl der Umgänge fast auf die Hälfte abnehmen. Für jede Windung, welche
verloren geht, wird aber die Achse um eine Windung tordirt werden
müssen.

Die Torsion der Achse ist nun leicht zu beobachten und zwar
an den erhabenen Rippen, welche von jeder Blüthe abwärts bis zum
nächsten Umgang der Schraube laufen. Diese sind als mediane
äussere Blattspuren der Bracteen zu betrachten. Sie laufen an normalen, quirligen Trauben gerade abwärts. An den spiraligen aber
in steiler Schraubenrichtung, welche selbstverständlich der der Blüthenspirale entgegengesetzt ist. Ihre Neigung ist keine einheitliche, meist
in ihrer oberen Hälfte grösser als in der unteren, am grössten in
der unmittelbaren Nähe der Blüthen, von der sie herablaufen. Sie
bilden eine Schraube, deren Windungszahl demselben Werthe für

die Blüthenspirale complementär sein muss. Ich fand z. B. auf
zwei Umgängen mit 18 Blüthen eine Torsion der Achse von etwa
360°. Denkt man sich die Achse entwunden, so würde die Blüthenspirale drei Umgänge bilden und es kämen auf jeder sechs Blüthen,
was mit den jüngsten von mir beobachteten Theilen der Blüthenspirale, vor Anfang der Torsion, übereinstimmt. An einer anderen
Traube zählte ich auf $1\frac{1}{4}$ Umgang der Blüthenspirale bei $\frac{3}{4} \times 360°$
Torsion der Achse zwölf Blüthen. Es ergiebt sich also, nach De-
torsion, zwölf Blüthen auf zwei, oder wiederum sechs Blüthen auf
einer Windung u. s. w.

Eine wichtige Frage ist die, wann die Torsion anfängt. Ich
konnte mehrere Trauben untersuchen, deren Mitte tordirt war,
während der Gipfel noch Knospen von bis 5 mm Länge trug. Es
zeigte sich, wie bereits erwähnt, dass die Blüthen auch in diesem
Jugendstadium in einer Spirale angeordnet waren. Die Torsion
aber fing erst viel später an. Dieser Anfang ist einerseits zu sehen
an der Neigung der Rippen, andererseits an der Zunahme der Zahl
der Knospen pro Windung. Ich fand an drei Trauben

Zahl der Knospen	No. 1	No. 2	No. 3
in der jüngsten Windung .	6	6	6
in der zweiten Windung . .	9	7	7
in der dritten Windung . .	9	7	7
Blüthen in der vierten Windung	9	7	—

Es muss somit die Torsion bereits beim Anfang der zweiten
Windung angefangen haben. Die Länge der Blüthenknospen ist hier
etwa 1 cm, die Entfernung der zweiten von der dritten Windung
gleichfalls etwa 1 cm. Beim weiteren Wachsthum steigt diese Entfernung auf etwa 3—4 cm.

Die Neigung der Rippen lässt sich aus der Torsion der Achsen
berechnen. Am unteren Ende der zweiten Windung wird sie in den
drei genannten Beispielen bedingt durch die Vermehrung der Zahl
der Blüthen pro Windung um drei resp. eine, also durch die Verschiebung der unteren Blüthe dieser Windung von $\frac{3}{6} \times 360°$,
resp. $\frac{1}{6} \times 360°$ um die Achse herum. Also um 180 resp. 60°.
Die Beobachtung entspricht, wie zu erwarten, der Rechnung, und
bestätigt, durch die deutliche Neigung der Rippe, das Ergebniss
unserer Ermittelung des Ortes, wo die Torsion anfängt. Es dürfte

sogar der geringeren Neigung der Rippen der benachbarten jüngeren Knospen entsprechend, die Torsion noch etwas früher anfangen.

Die Lupinentraube wird schon lange vor der Blüthe nicht mehr von umhüllenden Blättern eingeschlossen. Ihre Knospen schliessen nur lose aneinander. Die Annahme, dass auf die Achse während oder auch nur beim Anfang der Drehung ein Druck durch umhüllende Theile ausgeübt würde, ist hier somit ausgeschlossen.

Nach der Theorie Braun's muss auch hier die Ursache der Torsion in der Umschnürung der Achse mit der Blätterspirale gesucht werden. Als Blätter sind hier die Bracteen zu betrachten, in deren Achsel die Blüthen sitzen. Diese Bracteen sind klein (5—6 mm lang), mit schmaler Basis der Achse eingepflanzt; sie vertrocknen kurz vor der Blüthe und fallen bald nachher ab. Sie sind unter sich nicht verwachsen und haben keine Bedeutung als mögliche Ursache der Torsion.

Anders aber ihre Basen, welche nach ihrem Abfallen erhalten bleiben. Diese sind unter sich durch eine äusserlich als erhabene Leiste wahrnehmbare Linie verbunden. In den Quirlen schliessen sie dicht an ihre Nachbaren an, in der Spirale sind sie ein wenig von einander entfernt, die Leiste meist nicht zerrissen, sondern nur gedehnt. Offenbar ist der Verband dieser Basen kein so fester, wie bei Dipsacus. Dementsprechend wird die Spirale der Blüthen bei geringer Entwindung bereits bedeutend gedehnt. In einer Traube mass ich in der fast ausgewachsenen Partie eine Windung mit neun Blüthen. Die Windung hatte eine Länge von 40 mm, der Stiel einen Umfang von 12 mm. Es kamen somit auf sechs Blüthen etwa 27 mm. Hätten diese einen Quirl um den Stiel gebildet, so wäre ihre Entfernung somit etwas kleiner als die Hälfte der jetzigen gewesen.

Bisweilen ist die Spirale stärker auseinander gerissen. Solches beobachtete ich namentlich auf der Grenze der Quirle und der Spirale. Hier fand ich nicht selten Wirtel, welche durch eine geringe longitudinale Verschiebung schraubig geworden waren, welche sich aber noch nicht aneinander angeschlossen hatten. Auch andere Uebergangsformen finden sich vor.

Die Pflanzen des Feldes waren stark verzweigt und trieben namentlich aus dem Wurzelhalse kräftige, aufsteigende Aeste, welche fast dieselbe Höhe erreichten wie der Stamm und fast gleichzeitig

mit diesem blühten. Aus dem Bau der Haupttraube war nun ein
Schluss auf diese Nebentrauben nicht gestattet. War erstere spiralig,
so konnten letztere rein quirlig sein; war erstere normal, so fand
ich unter der letzteren nicht selten spiralige Anordnung der Blüthen.

Ich hatte nicht die Gelegenheit, Versuche über die Ursache der
Torsion anzustellen. Ich habe aber später Samen von vier der
gedrehten Trauben erhalten, und hoffe durch diese zu einer Fixirung
der Erscheinung zu gelangen.

Die spiralige Anordnung der Blüthen bei Lupinus luteus
scheint übrigens keineswegs selten zu sein. Ich fand sie gleichfalls
auf einem Beete, welches ich im Jahre 1890 im hiesigen botanischen
Garten bestellt hatte mit Samen, welche von Herrn Vilmorin-
Andrieux et Co. in Paris bezogen waren. Auf mehreren hundert
Individuen beobachtete ich hier etwa ein Dutzend Exemplare mit
spiraliger Traube. Auch Wittmack hat dasselbe beschrieben[1]),
und in der später zu beschreibenden Sammlung von Magnus finden
sich Beispiele dazu (vergl. den folgenden Theil).

Zur weiteren Beurtheilung der beschriebenen Zwangsdrehung
von L. luteus mag hier das Verhalten von L. polyphyllus beschrieben werden, wie ich es im Juni 1890 an den Exemplaren des
hiesigen botanischen Gartens beobachtete. Die in voller Blüthe
prangenden Trauben waren nicht tordirt; ihre Blüthen waren aber
theils in Quirlen, theils in einer ziemlich unregelmässigen Schraubenlinie angeordnet. Das letztere war der häufigere Fall. Einzelne
Trauben trugen nur Quirle von meist 6—8 Blüthen; die Quirle
weit von einander entfernt und also auffällig, aber jede entweder zu
einer kleinen Schraubenwindung oder zu einer schiefen Ellipse gedehnt.
Andere Trauben trugen nur an der Basis solche Quirle, höher hinauf eine Schraube, deren Windungen nicht auffällig scharf geschieden
waren. In vielen Trauben war endlich nur eine solche Schraubenlinie vorhanden. Die Richtung der Schraube war eine wechselnde,
bisweilen in derselben Inflorescenz.

Die Zahl der Blüthen war für eine Schraubenwindung stets annähernd dieselbe wie für einen Quirl, meist 6—8, dieses entspricht
dem Fehlen jeglicher Torsion.

---

1) Sitzb. d. Bot. Ver. d. Prov. Brandenburg XXVII, 1885, p. XX.

Die Blüthenstiele sind auf kleinen erhabenen, von ihren Nachbarn scharf getrennten Polstern eingepflanzt; dieser Umstand mag der Verwachsung bei der vorliegenden Art ungünstig sein.

Spiralige Anordnung der Blüthen findet sich nach der Zusammenstellung in Penzig's Pflanzenteratologie bisweilen gleichfalls bei Lup. arboreus und L. varius.[1])

§ 4. Typus Urtica.

Urtica urens.

Ende Juli 1890 fand ich bei Ermelo, unweit Harderwyk, eine Gruppe von Pflanzen, unter denen ein Hauptstengel an seinem Gipfel eine kleine Abweichung aufwies. Sonst waren die Exemplare, so viel wie ich sehen konnte, normal. Die Abweichung beschränkte sich auf die Blattstellung.

Die unteren Blätter waren in gewöhnlicher Weise decussirt, ebenso die oberen noch wachsenden. Auf der Grenze des wachsenden Theiles des Stengels, innerhalb der Inflorescenz, fand ich aber vier Blätter, welche nicht decussirt standen, sondern in einer Spirale. Die theils blühenden, zum Theil bereits verblühten Partialinflorescenzen in ihren Achseln habe ich vorsichtig entfernt und darauf den betreffenden Theil des Stengels photographirt. Vergl. Taf. X, Fig. 5. Um die Blattstellungsverhältnisse völlig klar zu legen, habe ich in Fig. 6 auf derselben Tafel einen Grundriss des Stengels im tordirten Zustand entworfen. Die Zahlen weisen in beiden Figuren dieselben Blätter an und zwar

a1, a2 — a3, a4 zwei decussirte Blattpaare,
b1, b2 — b3, b4 die darauf folgende Spirale,
c1, c2 — c3, c4 die hierauf folgenden Blattpaare,
d1, d2 — d3, d4 noch zwei weitere Blattpaare.

Dieser Bezeichnung, sowie der jetzt folgenden Beschreibung lege ich die Theorie Delpino's über die normale Decussation zu Grunde. Nach dieser bilden bekanntlich je zwei aufeinander folgende Blattpaare einen Cyclus; alle Cyclen einer Achse sind einander gleich und fangen auf derselben Seite an. Es sind somit *a, b, c, d* die einzelnen hier in Betracht kommenden Cyclen, und bei normaler

---

Decussation würden die Blätter $b1$, $c1$, $d1$ auf demselben Radius des Diagramms liegen wie $a1$ u. s. w. Die einzelnen Cyclen sind von einander um $^3/_4$ des Stengelumfanges entfernt, m. a. W. in der hier linksansteigenden genetischen Blätterspirale $a1$, $a2$, $a3$, $a4$, $b1$ u. s. w. ist der Winkel zwischen $a4$ und $b1 = ^3/_4 \times 360^0$. Ebenso zwischen $b4$ und $c1$, zwischen $c4$ und $d1$. In dieser Beziehung bietet mein Stengel nichts Abweichendes.

In den einzelnen Cyclen sind die Entfernungen bekanntlich

$$a1 - a2 = ^1/_2 \times 360^0$$
$$a2 - a3 = ^1/_4 \times 360^0$$
$$a3 - a4 = ^1/_2 \times 360^0$$

und dieses trifft selbstverständlich hier für die normalen Cyclen a, c und d zu.

Nur der Cyclus b ist abweichend gebaut. Statt in zwei Blattpaaren stehen seine vier Blätter in einer linksansteigenden Spirale. Diese macht vom ersten bis zum vierten Blatt ($b1$ bis $b4$) nur $^3/_4$-Windung; sie hat dabei eine Höhe von 7 mm. Das Internodium unterhalb $b1$ misst 10 mm, dasjenige oberhalb $b4$ nur 5 mm, doch haben diese Zahlen nur geringen Werth, da dieser ganze Theil noch im Längenwachsthum begriffen ist. Das Anfangsblatt ($b1$) der Spirale steht decussirt mit dem vorhergehenden Blattpaare, das Schlussblatt ($b4$) decussirt mit den nächstjüngeren Blättern; die Anschlüsse sind normale, und die Abweichung beschränkt sich auf den inneren Bau des Cyclus b.

Zwischen den Blättern der Spirale ist der Stengel tordirt und zwar in entgegengesetzter Richtung, also rechts ansteigend. Von jedem Blatte pflegt eine deutliche Rippe bis zum nächsten Knoten herunterzulaufen. Folgte ich der Rippe von $c2$, so drehte sie sich, bis sie genau auf $b2$ traf, sie schnitt dabei die Delpino'sche Spirale zwischen den Blättern $b4$ und $c1$, wie sich auch in unserem Diagramm, wo diese Rippe als ausgezogene Linie eingetragen wurde, erkennen lässt. Von $b2$ heruntergehend, drehte sie sich nochmals um etwa $^1/_4$ des Stengelumfanges und erreichte den Knoten $a3$, $a4$ genau zwischen diesen beiden Blättern und oberhalb $a2$. Die zweite Hälfte der ausgezogenen Linie giebt diesen Sachverhalt an. Die übrigen Rippen verhielten sich entsprechend.

Aus diesen Daten lässt sich nun die ursprüngliche Blattstellung berechnen.

Die Torsion des Stengels betrug   . . . $\frac{1}{2} \times 360^0$

Die Entfernung von $b1$ bis $b4$ . . . . $\frac{3}{4} \times 360^0$

Der Anschlusswinkel $b4$ bis $c1$ . . . . $\underline{\frac{3}{4} \times 360^0}$

Summa: 2×360^0

Ein normaler Cyclus fordert $(\frac{1}{2} + \frac{1}{4} + \frac{1}{2} + \frac{3}{4}) \times 360^0 =$ 2×360^0. Denkt man sich somit den Stengel detordirt, so würde der abnormale Cyclus genau denselben Theil der ganzen Blätter-spirale einnehmen wie ein normaler, die Cyclen oberhalb und unter-halb von ihm würden also in ihrer gegenseitigen Stellung nicht ge-stört sein.

Nachdem der Stengel durch Abwelkenlassen hinreichend er-schlafft war, habe ich ihn versuchsweise detordirt. Das Ergebniss stimmte mit der Rechnung überein, abgesehen von der zu geringen Entfernung der Blätter $b2$ und $b3$, welche sich in so einfacher Weise nicht verändern liess.

Denkt man sich die Detorsion im Diagramm Fig. 6 ausgeführt, so erhält man dasselbe Resultat. Die ausgezogene Linie $c2$, $b2$, $a2$ soll dabei eine Gerade werden, und zwar mit dem Radius durch $a2$ zusammenfallen. Man hat also die Scheibe innerhalb des Kreises $c1$, $c2$ um 180^0 zu drehen und die Kreise $b1$, $b2$ und $b3$, $b4$ ent-sprechend zu verzerren. Die beiden äusseren Kreise bleiben unver-ändert; $b1$ behält seine Lage in Bezug auf diese, $b4$ seine Lage in Bezug auf den mittleren Theil. $b2$ gelangt bei dieser Operation an den Punkt x, $c2$ an den Ort, wo jetzt $c1$ liegt u. s. w. Es ist leicht sich zu überzeugen, dass durch diese Operation die Decussation im ganzen Diagramm eine normale wird.

Mit anderen Worten: Nach Aufhebung der Torsion stehen sämmtliche Blätter, auch die der Spirale, decussirt. Allerdings muss man dabei absehen von der longitudinalen Entfernung der Blätter $b1$ bis $b4$ und von der etwas zu grossen horizontalen Annäherung von $b2$ und $b3$.

Nach Analogie der Verhältnisse bei Dipsacus, Rubia, Wei-gelia und Lupinus ist es erlaubt anzunehmen, dass die Torsion erst nach der Anlage der Blätter am Vegetationskegel angefangen hat. Daraus ergiebt sich aber die weitere Folgerung, dass die An-lage auch der spiraligen Blätter in decussirter Anordnung statt-gefunden haben muss.

Die Insertionen der vier Blätter des spiraligen Cyclus stehen schief, der Richtung der Schraube folgend. Dieses ist bei *b1, b2* und *b3* deutlich ausgeprägt, bei *b4,* welches etwas weiter entfernt ist, aber nur schwach. Die Verbindungslinie der Blätter wird namentlich deutlich durch die Stipeln, welche noch erhalten und auf derselben Linie inserirt sind. Ohne Zweifel ist eine hinreichend feste Verbindung der Blattbasen in der Spirale vorhanden, um als Ursache der Torsion gelten zu können, welche demnach eine wahre Zwangsdrehung im Sinne Braun's ist.

Eine sehr merkwürdige Bestätigung erfahren die theoretischen Erörterungen, welche erforderlich waren, um meine Beschreibung deutlich zu machen durch die folgende kleine Missbildung. Die vier Blätter der Spirale haben jede ihre beiden Stipeln, die benachbarten Stipeln von *b2* und *b3* sind aber unter sich verwachsen und bilden eine Stipel von doppelter Breite mit ungetheilter Spitze. Es ist diese Thatsache deshalb merkwürdig, weil *b2* und *b3* zu zwei verschiedenen Blattpaaren gehören, aber nach Delpino's Theorie nur um $1/4$ des Stengelumfanges von einander entfernt sind. Die übrigen Entfernungen sind $1/2$ und $3/4$. Somit hat nur bei der geringsten theoretischen Entfernung eine Verwachsung der Stipeln stattgefunden.

Lonicera tatarica.

Ein Strauch des hiesigen botanischen Gartens, der alljährlich bedeutend in seiner Blattstellung variirt, trug im Juli 1889 den auf Taf. X in Fig. 3 u. 4 abgebildeten Zweig. In seinem unteren Theile trug er vierblättrige, alternirende Wirtel, doch war hier sonst normal. Der obere dieser Wirtel ist in der Figur dargestellt, er war ein wenig auseinandergeschoben (Blatt 1—4). Darauf folgt ein Knoten mit drei Blättern (5—7) in fast gleicher Höhe, darauf einer mit gleichfalls drei Blättern in schwach ansteigender Schraube (8—10), während die höheren Blätter zerstreut sind. Die auf verschiedenen Knoten sitzenden Blätter sind unter einander nicht durch eine erhabene Leiste verbunden, wohl sind dieses die Blätter eines und desselben Knotens. Die Längsriefen des Zweiges sind sehr deutlich; sie laufen vom anodischen Rande von No. 4 am kathodischen von No. 5 entlang; in der Horizontalprojection würde also No. 5 unmittelbar neben No. 4 sitzen. Dasselbe gilt von No. 7 u. 8, von No. 10 u. 11 und gleichfalls von den höheren Blättern. Alle bilden somit in jener Projection (Fig. 4) eine ununterbrochene Spirale.

Tordirt ist der Stengel nur in der Höhe von No. 8—10 und zwar um etwa 180°, wie in der Figur deutlich zu sehen ist. Die Riefen steigen rechts auf, der Richtung der Blattspirale entgegengesetzt. Es ist deutlich, dass die Torsion in derselben Weise wie bei Deutzia durch die Anordnung der Blätter in aufsteigender Spirale, die Verbindung ihrer Basis und die Streckung der Internodien verursacht wurde und somit eine echte Zwangsdrehung ist. Zwischen Blatt 5—7 trat keine Torsion ein; diese Blätter stehen in derselben Höhe. Zwischen den übrigen Blättern tordirt sich der Stengel gleichfalls nicht, offenbar weil er hier keinen Widerstand von zusammengewachsenen Blattbasen erfuhr; er konnte sich dementsprechend strecken.

Auch dieser Art fehlen die gürtelförmigen Gefässstrangverbindungen, wie ich an Kreosotpräparaten fand, und wie übrigens Hanstein (l. c. S. 83) bereits für die Gattung Lonicera angiebt.

Auffallender Weise finde ich an diesem Zweige nicht eine spiralige Ordnung der Blätter nach der Hauptreihe, sondern eine spiralige Stellung durch einfache Verzerrung der Wirtel zu Schrauben. In der Horizontalprojection Fig. 4 erkennt man drei und einen halben alternirenden, vierblättrigen Wirtel (1—4, 5—8, 9—12, 13—14), sie sind hier für den torsionslosen Zustand meines Zweiges gezeichnet. Durch gezogene Linien sind die Blätter verbunden, welche in annähernd gleicher Höhe stehen, durch unterbrochene Linien sind die gestreckten Internodien angedeutet.

Durch künstliche Detorsion würde man hier also wie bei Urtica die wirtelige Blattstellung zurückerlangen. Leider war der Zweig, als ich ihn auffand, bereits verholzt und der Versuch somit nicht ausführbar.

Dianthus Caryohpyllus.

Im Juli 1890 fand ich auf den Gütern des Herrn Dr. jur. J. H. Schober, in der Nähe von Putten, die beiden auf Taf. X in Fig. 7 u. 8 theilweise abgebildeten Zweige. Sie zeigen zwischen sonst völlig normalen, decussirten Blattpaaren an einer kleinen Stelle, auf der vier. Blätter, offenbar zu zwei Blattpaaren gehörig, stehen,

eine Zwangsdrehung. Diese ist in dem einen Sprosse (Fig. 7) stark,
in dem andern (Fig. 8) nur wenig aufgeblasen.

Von den Blättern eines normalen Paares trägt in den beiden
Zweigen stets nur ein Blatt einen Achseltrieb, der entweder eine
Blüthenknospe oder eine kleine Gruppe von solchen trägt. Diese
Regel erhält sich in der ganzen Inflorescenz bis zur Endblüthe. Die
Laubblätter unterhalb der Inflorescenz haben aber keine Achseltriebe.

Im Zweige Fig. 8 fällt die Zwangsdrehung in der vegetativen
Region, im Zweige Fig. 7 in der Inflorescenz. Hier führt dementsprechend auch jedes der beiden Blattpaare nur einen Achseltrieb, und zwar ist es hier in der linksansteigenden Zwangsspirale
jedesmal das untere Blatt des Paares, dessen Achsel bevorzugt ist.
In meinen Figuren habe ich die zum selben Paar gehörigen Blätter
und Achseltriebe mit denselben Buchstaben belegt. So ist z. B. $b1$
das untere Blatt des Blattpaares $b1$ $b2$, während der Trieb b' in
der Achsel von b1 steht. Ebenso für c1 mit c' und c2, d1 mit
d' und d2.

Durch diese Stellung der Achseltriebe ist es ganz ausser Zweifel,
dass die Gruppen $b1$ $b2$ und $c1$ $c2$ als Blattpaare mit ursprünglich
decussirter Blattstellung betrachtet werden müssen, und nicht als
zu einer Blattspirale nach einer der Formeln der Hauptreihe gehörig. Mit andern Worten, dass diese Zwangsdrehungen zum Typus
Urtica gehören.

Doch weichen sie in untergeordneten Punkten von den bei
Urtica urens beschriebenen Verhältnissen ab. Erstens durch die
auffallende Aufbauchung in Fig. 7. Dann aber dadurch, dass die
beiden Blätter $b1$ und $b2$ in gleicher Höhe auf einem normalen
Knoten eingepflanzt sind. Sie sind beiderseits mit ihren Rändern
verwachsen, ihr Quirl ist ein geschlossener. Nur der Quirl $c1$, $c2$
ist geöffnet, der kathodische Rand von $c1$ läuft am tordirten Stengel
abwärts bis zum anodischen Rand von $b2$, der anodische von $c2$
läuft eine kleine Strecke aufwärts. Nur die Missbildung dieses
Blattpaares bedingt somit die Stauchung des tragenden Internodiums
und die Torsion des Stengels an dieser Stelle. Die Riefen des
Stengels steigen, entsprechend der linksgedrehten Blätterspirale, rechts
auf; sie sind leicht und deutlich zu erkennen.

Im Zweige Fig. 8 sind die beiden Blattpaare $b1$ $b2$ und $c1$ $c2$
geöffnet und zu einer in der Mitte gedehnten Spirale verbunden.

Das gestauchte Internodium zwischen ihnen ist stark gekrümmt und tordirt (*o, p, q*).

§ 5. Uneigentliche Zwangsdrehungen.

A. Typus Crepis.

Crepis biennis.

Seit mehreren Jahren cultivire ich eine Rasse dieser Species mit prachtvollen Fasciationen. Sie zeigt gelegentlich und nicht gerade selten die üblichen Nebenerscheinungen dieser Missbildung und namentlich auch mehr oder weniger tiefgespaltene Blätter. Bisweilen schreitet die Spaltung bis zum völligen Dédoublement. Solches kommt wie bei andern Arten so auch hier sowohl bei verbänderten als bei atavistischen Zweigen vor. In den letzteren führt er bisweilen zu kleinen örtlichen Zwangsdrehungen. Von diesen werde ich hier das klarste, bis jetzt vorgefundene Beispiel beschreiben.

Ich habe diesen Zweig von zwei entgegengesetzten Seiten photographirt und die Zwangsdrehung mit ihrer nächsten Umgebung aus den Photographien auf Taf. XI in Fig. 9 u. 10 wiedergegeben. Zwischen zwei langen, gestreckten Internodien, von denen das obere 11 cm maass, lag eine Gruppe von vier Blättern, welche zu einer deutlichen rechtsaufsteigenden Spirale verbunden war. In Fig. 9 sieht man diese Spirale von der Aussenseite, in Fig. 10 von der Vorder- oder Innenseite. Die Blätter 1 u. 4 hangen nur mit ihrem Grunde mit 2 und 3 zusammen; diese beiden aber sind offenbar durch fast vollständiges Dédoublement aus einem Blatte hervorgegangen. Denn erstens sind ihre Mittelnerven bis zu einer Höhe von etwa 1 cm mit einander verwachsen, zweitens aber führen sie zusammen nur einen Achseltrieb. Dieses ist der merkwürdige, noch jugendliche Spross o. Er ist der Insertionslinie der Blätter parallel abgeflacht, unten fast 2 cm breit und bis zu seiner aus zahlreichen Köpfchen gebildeten Inflorescenz auch nur etwa 2 cm lang. Wäre er nicht der Längsachse parallel rinnenförmig eingerollt, so würde sein oberer Theil sich in der Fig. 10 viel breiter ausnehmen. Seine Insertion erstreckt sich etwa von der Mitte der Insertion des Blattes 1 bis zum anodischen Rand der Insertion 3. Das Blatt 1 hat sonst keine Achselknospe, das Blatt 4 hat seinen eigenen normalen, in der Figur nicht dargestellten Achselspross.

Es ist somit wohl erlaubt zu vermuthen, dass auch Blatt 1 ein Product des Dédoublement desselben (theoretischen) ursprünglichen Blattes ist wie 2 u. 3 und vielleicht gilt sogar dasselbe vom Blatte 4. Doch fehlt es mir an einem Principe, um solches in diesem sehr schwierigen Fall zu entscheiden.

Auch der Knoten am oberen Ende des Internodiums p (Fig. 9) trug ein gespaltenes Blatt.

Soweit sich der Einfluss der Blätterspirale 1—4 erstreckte, war der Stengel tordirt. Es ist dieses auch in den Figuren am schiefen Lauf der Riefen zu erkennen. Die Riefen stiegen links an, sie stehen in unmittelbarer Nähe der Spirale sehr schief auf diese, mit einer Neigung von fast 45° zur Achse des Stengels. Mit zunehmender Entfernung verliert sich ihre Neigung allmählich, sowohl aufwärts als abwärts, um am unteren und am oberen Ende der Insertionslinie unserer Blättergruppe sich fast gänzlich zu verlieren.

Da die beiden angrenzenden Internodien nicht tordirt sind, so ist es klar, dass zwischen der Torsion und der vierblättrigen Spirale eine ursächliche Beziehung obwalten muss. Und da nun die Torsion schwerlich das Dédoublement bedingen kann, so bleibt nichts anderes über als anzunehmen, dass hier eine der Braun'schen Zwangsdrehung analoge Erscheinung vorliegt.

Hoffentlich wird meine Rasse in späteren Generationen Material zur experimentellen Beweisführung in dieser Frage liefern.

Genista tinctoria.

Einen ganz ähnlichen Fall wie der oben beschriebene bot mir im Sommer 1890 ein Ast von Genista tinctoria. Der Ast erhob sich 40 cm über den Boden, war in der unteren Hälfte stielrund, flachte sich von der Mitte an allmählg ab und spaltete sich 10 cm unter seinem Gipfel in zwei Gabelzweige. Sowohl der stielrunde als der verbreiterte Theil trugen hier und dort gespaltene Blätter und völlig dédoublirte Blätter mit einziger Achselknospe; die beiden Gabelzweige waren aber normal. Es lag hier also offenbar ein Fall von Fasciation vor.

In einer Höhe von 5 cm über dem Boden zeigte der Spross eine kleine örtliche Zwangsdrehung von ähnlichem Bau wie bei Crepis. Die gedrehte Stelle war 1,5 cm lang, die Torsion betrug etwa 90°. Die Riefen des Stengels waren links gedreht, die zweiblättrige, offenbar durch Dédoublement entstandene Spirale rechts aufsteigend[1]).

B. Typus Fagopyrum.

Polygonum Fagopyrum.

Im Juli 1890 fand ich unweit Ermelo auf einem Buchweizenfelde eine Pflanze, an der dicht unterhalb des Gipfels zwei aufeinander folgende Blätter mit ihren Ochreae auf einer Seite des Stengels verwachsen waren. Demzufolge waren die Stipelbildungen geöffnet, statt in sich geschlossen, und war das zwischenliegende Internodium gestaucht und tordirt.

Diesen Zweig habe ich auf Taf. XI in Fig. 4 abgebildet. Von den beiden verwachsenen Blättern, 1 und 2, sieht man nur die Blattstiele und die Achseltriebe 1a und 2a (eine Partial-Inflorescenz wie 3a). In der Region der höheren Blätter 3, 4 u. s. w. war der Spross normal. Zwischen o p q liegt die Zwangsdrehung. Vom Knoten o läuft die Achse horizontal, im Knoten p biegt sie sich aufwärts und über, wodurch sie sich weiter hinauf in die Verlängerung des untersten Internodiums stellt.

Die Ochreastipel des Blattes 1 ist hinter dem Sprosse mit jener des Blattes 2 zu einem einheitlichen Gebilde verwachsen; vorne (in der Figur) erhebt sich die andere Stipel des Blattes 2 (*p*) am tordirten Stengeltheile ein wenig aufwärts. Die beiden Blätter bilden somit eine kleine rechtsansteigende Spirale, das gestauchte Internodium ist dementsprechend schwach, aber deutlich mit links aufsteigenden Riefen bedeckt.

Verkürzte Internodien sind auch sonst beim Buchweizen keineswegs selten. Aber gewöhnlich ist die Verkürzung nicht von einer Verwachsung der Blätter und einer Torsion begleitet.

Dritter Abschnitt.

Braun's Theorie der Zwangsdrehungen.

§ 1. Die Theorie Braun's.

Es soll jetzt meine Aufgabe sein, zu zeigen, in wie weit die in diesem und dem vorigen Haupttheile meiner Abhandlungen

---

1) Während des Druckes beobachtete ich eine ähnliche uneigentliche Torsion in einer stellenweise fasciirten Inflorescenz von Rheum Emodi.

mitgetheilten neuen Thatsachen mit dem bereits vorhandenen Er-
fahrungsmaterial zu einer Beweisführung für die von Braun auf-
gestellte Erklärung ausreichen.

Ich beschränke mich dabei auf die eigentlichen Braun'schen
Zwangsdrehungen, und schliesse die uneigentlichen (Crepis, Fagopyrum) aus, da diese von Braun nicht berücksichtigt worden sind.
Ebenso schliesse ich selbstverständlich diejenigen Fälle aus, welche
zwar von Schimper, Magnus und Anderen, nicht aber von Braun
selbst zu den Zwangsdrehungen gerechnet worden sind. Von diesen
handelt der letzte Haupttheil meiner Arbeit.

Endlich bemerke ich noch, dass ich den Erklärungsversuch
Braun's nicht als eine vollendete mechanische Theorie der eigentlichen Zwangsdrehungen betrachte und dass ich mir klar bewusst
bin, dass auch meine eigenen Experimente eine solche aufzustellen
nicht erlauben. Vieles bleibt auf diesem Gebiete noch zu erforschen übrig.

Es fragt sich nur, in wie weit Braun's Ansicht von den jetzt
bekannten Thatsachen gestützt wird.

Es sei mir gestattet, die ganze Erörterung, mit welcher der
grosse Morphologe in seinem berühmten Aufsatz über den schiefen
Verlauf der Holzfaser und die dadurch bedingte Drehung
der Bäume[1]) den Begriff der Zwangsdrehung in die Wissenschaft
eingeführt hat, hier wörtlich anzuführen.

„Zu den abnormen Drehungen, welche dem kurzen
Weg der Blattstellung folgen, gehört die Zwangsdrehung,
welche bei vielen Pflanzen eintritt, wenn die normal
paarige oder quirlständige Anordnung der Blätter in
eine spiralige übergeht. Wenn nämlich in solchen Ueber-
gangsfällen die in spiraliger Ordnung sich folgenden
Blätter an der Basis einseitig, der Spirale folgend, zusammenhängen, so muss der Stengel, in seiner allseitigen
Streckung behindert, durch ungleiche Dehnung eine spiralige Drehung annehmen, die so weit gehen kann, dass die
Blätter mit senkrecht gestellter Basis eine einzige Reihe
bilden. Der im Längenwuchs behinderte Stengel dehnt

---

1) Berichte üb. d. Verhandl. d. k. preuss. Acad. d. Wiss. Berlin
1854, S. 432.

sich dabei oft stark in die Dicke und erscheint dann
monströs aufgeblasen. Viele derartige Fälle sind von den
Autoren beschrieben worden, jedoch ohne Einsicht in den
Grund dieser Missbildung[1]).«

Versuchen wir jetzt, zu zeigen, wie weit das jetzt vorhandene
Beobachtungsmaterial zum Beweise dieses vor fast vierzig Jahren
aufgestellten Satzes reicht. Ich werde dazu die einzelnen Theile
des Satzes nach einander den Thatsachen gegenüber zu stellen
haben.

1. Zwangsdrehung kommt nur bei Arten mit quirl-
ständigen oder decussirten Blättern vor. Von ersteren
kannte Braun Equisetum, Casuarina, Hippuris und einige
andere Gattungen. Von letzteren nennt Braun Dipsacus, Galium, Valeriana, Mentha; diesen sind Rubia, Weigelia,
Deutzia, Urtica und die ganze Reihe der im nächsten Haupttheil
zusammengestellten Arten beizufügen, welche sämmtlich decussirte
Blätter haben. Die kritische Prüfung der Angaben über Arten mit
zerstreuten Blättern wird uns im letzten Haupttheil zeigen, dass diese
nicht die Zwangsdrehung im Sinne Braun's besitzen[2]).

Die uneigentliche Braun'sche Zwangsdrehung von Crepis und
Fagopyrum scheint äusserst selten zu sein und erfordert ganz bestimmte teratologische Abweichungen (Spaltung oder Verwachsung
von Blättern).

2. Die normal paarige oder quirlständige Anordnung
der Blätter ist in den Zwangsdrehungen in eine spiralige
übergegangen. Directe Beweise für diesen Satz lieferte die Untersuchung des Vegetationspunktes von Galium Mollugo durch
Klebahn, die zahlreichen von mir geschnittenen Vegetationspunkte
tordirender Stengel von Dipsacus silvestris, sowie das Studium
von Rubia tinctorum, Lupinus luteus und Weigelia amabilis. Bei Dipsacus ist die Spirale der Blätter, vor dem Anfang
der Torsion, sowohl in den Rosetten des ersten Jahres, als während
des Emporschiessens der tordirenden Stengel ohne Weiteres sichtbar.

---

1) l. c. S. 440. Dieselbe Erörterung, nur wenig erweitert, findet sich in
den Sitzber. d. Ges. naturf. Freunde, Berlin 1872; vergl. Bot. Zeitung 1873, S. 31.

2) Vergl. § 4—8.

Aber auch an den erwachsenen Stengeln lässt sich, in tordirten
Exemplaren, eben so gut wie an normalen Stengeln die ursprüngliche
Blattstellung ermitteln, wie im ersten Abschnitt dieses Theiles § 4
auseinandergesetzt wurde. Ich konnte in dieser Weise die ursprüngliche Blattstellung bei Valeriana officinalis in drei tordirten
Stengeln, bei Weigelia amabilis in mehreren, bei Rubia tinctorum in einigen, und bei Deutzia scabra an einem tordirten
Zweige untersuchen. Sie ergab sich jedesmal als eine spiralige,
gewöhnlich nach der Hauptreihe (meist $^5/_{13}$), bisweilen nach schraubenförmig aufgelösten Wirteln (Lonicera) oder Blattpaaren (Urtica
urens, Dianthus Caryophyllus).

In Bezug auf die übrigen Arten ist erstens hervorzuheben, dass
Variationen der decussirten und wirteligen Blattstellung keineswegs
seltene Erscheinungen sind und dass namentlich bei Deutzia scabra
und Lonicera tatarica die Zwangsdrehungen gerade an Individuen
beobachtet wurden, deren Blattstellung fast in jeder Richtung variirte.
Solches ist auch bei Dipsacus, Valeriana und Weigelia der Fall,
und bei Galium beobachtete schon Kros der Stengelachse parallele
Verschiebungen der Glieder in den Blattwirteln[1]).

Der Uebergang der decussirten Blattstellung in eine spiralige
ist also für eine Reihe der wichtigsten Fälle der Zwangsdrehung bewiesen und darf für die übrigen, aus Analogie, jedenfalls so lange
angenommen werden, bis auch bei ihnen sich die Gelegenheit zur
directen Entscheidung bietet.

3. Die in spiraliger Ordnung sich folgenden Blätter
hängen an der Basis einseitig, der Spirale folgend, zusammen. Diese Thatsache leuchtet bei Dipsacus silvestris ohne
Weiteres ein[2]). Doch es kommt hier offenbar nicht auf die Verwachsung der breiten aber dünnen Blattflügel an, welche selbstverständlich einem Zuge keinen Widerstand leisten würden. Ebenso
wenig auf die Gefässbündelverbindungen der Blattbasis, deren mögliche
Bedeutung in dieser Beziehung zuerst Klebahn betont hat. Seine
Figuren lassen diese Verbindungen sowohl im normalen als im gedrehten Stengel erkennen[3]) und genau dasselbe ergab die anatomische
Untersuchung für Dipsacus und Rubia.

1) S. Kros, De Spira l. c. S. 95.
2) Vergl. unsere Tafel V, Fig. 5.
3) Ber. d. d. bot. Ges., Bd. VI, Taf. XVIII, Fig. 9—11.

Doch auch ohne gürtelförmige Gefässbündelverbindung kann der Zusammenhang der Blattbasen hinreichend gross sein, um die Zwangsdrehung zu veranlassen. Solches ist sogar bei den meisten Gattungen, welche diese Erscheinung gelegentlich zeigen, der Fall.

Auch das schraubenförmige Diaphragma im Innern hohler, zwangsgedrehter Stengel bildet an sich die Klemme nicht. Ebenso verhält es sich nach meinen im ersten Theil, Abschnitt V, § 2 beschriebenen Versuchen an Dipsacus silvestris mit der ganzen Insertionslinie der Blätterspirale. Denn zur vollen Aufhebung der Zwangsdrehung gelangte ich erst, als ich die einzelnen Blätter mit sammt dem ihnen zugehörigen Theil des Stengels (ihre Blattspuren bis zum nächstunteren Umgang der Blätterspirale umfassend) von einander isolirte.

4. Durch die Blattspirale ist der Stengel in seiner allseitigen Streckung behindert.

Findet keine Streckung statt, so führt die Spirale trotz der Verwachsung der Blattbasen nicht zur Torsion. Als Beweis führte Braun Pycnophyllum an; ebenso überzeugend und in unmittelbarer Beziehung zu der Hauptfrage sind die einjährigen Exemplare von Dipsacus silvestris torsus, deren spiralige Blattstellung gleichfalls ohne Einfluss auf die Achse ist.

Noch wichtiger aber ist die Thatsache, dass bei unserem Dipsacus, im zweiten Vegetationsjahre, die Torsion gleichzeitig mit der Streckung der Internodien anfängt. Die jugendliche Stengelspitze, soweit ihre Internodien noch nicht die Länge von etwa 5 mm überschritten haben, ist ganz gerade und ungedreht, trotz der spiraligen Verwachsung ihrer Blätter.

5. Der Stengel muss, durch dieses Hinderniss zu ungleicher Dehnung gezwungen, eine spiralige Drehung annehmen, die so weit gehen kann, dass die Blätter mit senkrecht gestellter Basis eine einzige Längsreihe bilden. Auf die geometrische Richtigkeit dieser Folgerung brauche ich wohl nicht einzugehen. Sie ist ohne Weiteres klar. Nur dadurch, dass die Blattspirale möglichst entrollt wird, erhalten die zwischen ihren Windungen befindlichen Abschnitte des Stengels den erforderlichen Raum zu ihrer Streckung.

Die Entrollung der Blattspirale habe ich bei Dipsacus silvestris direct beobachtet. Sie fängt an, sobald die Streckung der

Internodien anhebt und dauert, bis diese ausgewachsen sind. Sie
ist um so erheblicher, je grösser dieses Längenwachsthum. Bei
maximaler Streckung werden die Blätter in eine gerade Längsreihe
gestellt, bei geringerer Streckung wird die Spirale nur zum Theil
entrollt. Jedes einzelne Blatt wird dabei in tangentialer Richtung verschoben, diese Bewegung nimmt Anfangs zu, erreicht aber etwa gleichzeitig mit dem Maximum des Längenwachsthums im entsprechenden
Internodium ihren grössten Werth, um von da an wieder abzunehmen.
Als grösste Geschwindigkeit beobachtete ich eine Drehung des Blattes
um 180⁰ in vier Tagen[1]).

Eine eingehende Betrachtung der Blattstellung an einem tordirten Aste von Weigelia amabilis, in dessen jüngsten Internodien
die Torsion eben anfing, führte zu ganz ähnlichen Schlüssen[2]).
Ebenso bei Rubia und Lupinus.

6. Der Widerstand der Blätterspirale gegen die
Streckung des Stengels ist die einzige Ursache der Zwangsdrehung. Die Richtigkeit dieses Satzes, der wohl den eigentlichen
Kern der Braun'schen Theorie bildet, ist offenbar nur auf experi-
mentellem Wege darzuthun. Es muss der Beweis geliefert werden,
dass nach Aufhebung jenes Widerstandes der Stengel sich nicht
dreht, sondern gerade aus wächst. Es gelang mir dieses bei Dipsacus silvestris, indem ich die Blätterspirale, gerade in dem
Momente, wo die Torsion anfangen wurde, durchschnitt. Es müssen
dabei nicht nur die Blätter, sondern auch die zugehörigen Internodialstücke des Stengels von einander isolirt werden. Die so operirten
Stengeltheile blieben gerade, während unterhalb und oberhalb die
nicht operirten Internodien sich in üblicher Weise drehten[3]).

Die Pflanzen machen gar oft dasselbe Experiment. Sie durch-
reissen die Spirale und das betreffende Internodium wächst, oft zu
bedeutender Länge, ohne Torsion, aus. Es trägt dann auf einer
Seite eine Wundlinie, welche die Blattspirale der oberen und unteren
Theile verbindet. Eine auffallende Form dieser Erscheinung sei hier
erwähnt, in der die Spirale mitten in dem Fusse eines Blattes auf-

---

1) Vergl. auch Ber. d. d. bot. Ges., Bd. VII, 1889, S. 291—298 und
Taf. XI, Fig. 2.
2) Vergl. oben II, § 2, S. 101 ft.
3) Ber. d. bot. Ges. l. c. Taf. XI, Fig. 6 und unsere Taf. VII, Fig. 1 u. 7.

gerissen wird, und dieses dann, wie mit zwei weit abstehenden
Beinen, den beiden Enden des gestreckten Internodiums aufsitzt[1]).

7. Der im Längenwuchs behinderte Stengel dehnt sich
dabei oft stark in die Dicke und erscheint dann monströs
aufgeblasen. Jeder Stengelabschnitt sucht im gedrehten Sprosse
dieselbe Länge zu erreichen, welche er am normalen Individuum
angenommen haben würde. Arten mit kurzen Internodien haben daher nur in geringem Grade verdickte Zwangsdrehungen, wie z. B.
Mentha, solche mit sehr langen Gliedern aber werden bei der
Zwangsdrehung monströs aufgeblasen, becherförmig, tympanitisch.
Beispiele dazu sind Rubia, Dipsacus und im höchsten Grade
Valeriana. Saftige Stengel scheinen in der Ausdehnung ihrer
Internodien weniger behindert zu werden als fester gebaute; dies
erklärt wohl den Unterschied in der Form der gedrehten Stengel
der beiden letztgenannten Gattungen. Auch das Fehlen einer An-
schwellung bei Weigelia und Deutzia wird zum Theil dem Holz-
reichthum ihrer Stengel zuzuschreiben sein. Doch scheint auch die
Dehnbarkeit der Blattbasen, in der Richtung der Spirale hier ins
Gewicht zu fallen, da meine tordirten Zweige von Weigelia ganz
auffallend verbreiterte Blattinsertionen besitzen. Ebenso verhält sich
Lupinus.

An jedem einzelnen Sprosse wechselt die Dicke des aufgeblasenen,
tordirten Theiles offenbar im Zusammenhang mit dem Grade der
Streckung der betreffenden Stengelabschnitte in normalen Individuen.

Durch die angeführten Thatsachen glaube ich für Dipsacus
silvestris einen lückenlosen Beweis für die Braun'sche Theorie
geliefert zu haben. Aber auch in Bezug auf die übrigen Arten ist
das vorhandene Beobachtungsmaterial bereits ein solches, dass an
der Richtigkeit der Erklärung wohl kein redlicher Zweifel mehr obwalten kann. Vollständig wird der Beweis selbstverständlich erst
dann werden, wenn so viele Arten wie möglich einer experimentellen
Forschung unterworfen sein werden. Dazu muss aber erst die
Zwangsdrehung in jedem einzelnen Falle in ähnlicher Weise fixirt
werden, wie in unserem Dipsacus silvestris torsus[2]).

----

1) Vergl. Taf. VI, Fig. 1 u. 7.
2) Versuche in dieser Richtung habe ich u. A. mit Valeriana officinalis
und Rubia tinctorum angefangen.

§ 2. Einwände gegen die Theorie Braun's.

Es ist nicht leicht, eine klare Einsicht zu erlangen in die Einwände, welche von verschiedenen Forschern gegen die Theorie Braun's hervorgehoben worden sind. Es rührt dieses von der wechselnden Bedeutung des Namens Zwangsdrehung her. Denn mehrere Schriftsteller haben, bei dem Studium von Verdrehungen, welche gar nicht zu den Braun'schen Zwangsdrehungen gehören, ihre Ergebnisse als Einwände gegen diese Theorie betrachtet. Es hat in dieser Weise die Benutzung des Wortes in einem anderen Sinne als von Braun geschehen ist, vielfach zu Verwirrungen und Missverständnissen geführt.

Wenn man das im Anfang des vorigen Paragraphen abgeschriebene Citat Braun's genau liest, so ist es klar, dass er den Namen auf eine ganz bestimmte, eng umschriebene Gruppe beschränkt. Ihr Merkmal ist die abnormal spiralige Anordnung der Blätter. Torsionen an nackten Stengeln oder einzelnen Internodien sind somit keine Braun'sche Zwangsdrehungen. Verkürzung und Aufbauchung des Stengels kommen oft vor, sind aber kein sicheres Merkmal. Sie kommen, wie wir sahen, bei Weigelia, Lupinus u. s. w. nicht vor und fehlen gleichfalls in mehreren von Braun in seiner Sammlung eigenhändig als Zwangsdrehung bezeichneten Fällen [1]).

Es ist nun offenbar äusserst zweckmässig, die verschiedenen Erscheinungen mit verschiedenen Namen zu belegen. Und da weder die Mechanik der Braun'schen, noch die Art und Weise, wie die übrigen sogenannten Zwangsdrehungen zu Stande kommen, hinreichend genau erforscht worden ist, so muss man sich bei der Trennung der Gruppen nach äusseren, leicht kenntlichen Merkmalen umsehen. Es soll damit überhaupt nichts über ihre später zu entdeckenden Ursachen ausgesagt werden.

Nach ·dieser Erörterung beschränke ich mich in diesem Paragraphen auf die echten Braun'schen Zwangsdrehungen; die einfachen Torsionen werde ich im letzten Haupttheil dieser Abhandlung besprechen.

---

1) Vergl. hierüber den folgenden Theil, Abschnitt II.

Die zu behandelnden Einwände zerfallen in drei Gruppen: 1. das Einrollungsschema, 2. die Erklärung der typischen Zwangsdrehungen, 3. die Ermittelung der Grenzfälle.

Eine Reihe von kleineren, von verschiedenen Autoren gemachten Einwänden sind durch die seitdem gefundenen Thatsachen von selbst widerlegt und brauchen daher nicht besonders besprochen zu werden.

Ich komme jetzt zu der Besprechung des wohl nur aus historischen Rücksichten bemerkenswerthen Einrollungsschema.

Mehrfach wurde folgende Vorstellung von der Zwangsdrehung gegeben[1]). Wenn man einen normalen Stengel der Länge nach aufschneidet und zu einem flachen Bande abplattet, so kann man ihn nachher in schiefer Richtung aufrollen und dabei sorgen, dass jedes Blattpaar genau an das vorhergehende angepasst wird. Denkt man sich nun die einzelnen Windungen dieses spiraligen Bandes mit ihren Rändern verwachsen, so entsteht das Bild einer wirklichen Zwangsdrehung. Umgekehrt könnte man einen tordirten Stengel zu einem solchen spiraligen Bande aufschneiden und dieses in querer Richtung in der Form eines normalen Stengels aufrollen.

Offenbar kann diese Vorstellung nur als Mittel zur geometrischen Orientirung betrachtet werden und nicht den Anspruch einer entwickelungsgeschichtlichen Hypothese machen. Sie würde aber nur für jene Fälle zutreffen, in denen die spiralige Anordnung der Blätter durch Auflösung der Blattpaare mittelst longitudinaler Verschiebung erreicht worden wäre, wie Suringar annahm[2]). Dieses ist nun, wie wir gesehen haben, zwar bei einzelnen Arten, nicht aber bei den wichtigsten Gattungen wie Dipsacus, Galium und Valeriana der Fall.

Würde man das Auf- und Einrollungsexperiment mit solchem Stengel durchführen, so würde man offenbar bei $^2/_5$ abwechselnd zwei- und dreiblättrige Knoten erhalten, bei $^5/_{13}$ Knoten mit 3, 2, 3, 3, 2 u. s. w. Blättern. Man würde somit niemals zu einem normalen Stengel kommen, wie die Autoren vermutheten, sondern zu Widersprüchen, welche nur mit Hilfe sehr complicirter Hypothesen

---

1) z. B. De Candolle, Monstruosités végetales, p. 17; Masters, l. c. S. 321; Suringar, Kruidk. Archief I, S. 328.

2) Vergl. Haupttheil II, Abschnitt I.

zu lösen wären[1]). Thatsächlich hat bis jetzt keiner sein Object
einem solchen Versuche geopfert; der auf Taf. V, Fig. 10 abgebildete, aufgeschnittene und flach gelegte Stengel von Dipsacus
silvestris torsus zeigt aber deutlich, was man in solchen Fällen
gefunden haben würde.

In Bezug auf den zweiten Einwand, den Zweifel der Richtigkeit der von Braun für die Zwangsdrehung gegebenen Erklärung,
ist folgendes zu bemerken. Die Torsion des Stengels kann
nicht wohl als die mechanische Ursache der spiraligen
Anordnung und Verwachsung der Blätter betrachtet werden.
Denn überall, wo die Entwickelungsgeschichte untersucht wurde
(Galium, Dipsacus, Rubia, Weigelia, Lupinus), ergab sich,
dass letztere bereits vor Anfang der Torsion vorhanden ist. Die
Annahme, dass die Torsion in allen den zahlreichen echten Braun'-
schen Zwangsdrehungen zufällig von spiraliger Blattstellung begleitet
sei, ist gleichfalls keine sehr befriedigende. Dagegen kann die
spiralige Anordnung und die Verwachsung der Blätter (und ihrer
Internodialstücke) wohl die Torsion bedingen.

Solange somit nicht das Gegentheil bewiesen ist, bleibt die
Erklärung Braun's die einfachste und natürlichste. Nur soll man
sie nicht auf andere Fälle (Schimper'sche und Magnus'sche Zwangsdrehungen) anwenden wollen.

Magnus sucht die Ursache der Braun'schen Zwangsdrehungen
in „der Hemmung des Längenwachsthums, welche der Stengel in
der Jugend in Folge des Druckes der umgebenden Blätter erfährt."
Er meint, dass in meinen Versuchen, in denen ich „die am Grunde
verwachsenen Blätter durch Einschnitte trennte und dadurch die
Zwangsdrehung aufhob, dabei zugleich mit den Verbindungslinien
auch die umhüllenden Blätter durchschnitten und dadurch der Druck
aufgehoben sei"[2]). Ich habe demgegenüber im ersten Theil, Abschn. V,
§ 1 u. 2 gezeigt, erstens, dass die Torsion grossentheils stattfindet,
nachdem die betreffenden Internodien und Blätter bereits aus dem
Verband der Knospe herausgetreten sind und zweitens, dass meine

---

1) Die Unrichtigkeit jener Hypothese ist auch schon von Magnus betont
worden, Sitzb. Brandenburg XIX, S. 122.

2) Citirt nach einem Zeitungsberichte über die Frühlingsversammlung des
botanischen Vereins der Prov. Brandenburg am 31. Mai 1890.

Einschnitte nicht innerhalb der Knospe, sondern erst beim Austritt der Theile aus dieser gemacht wurden.

Der von Magnus vermuthete Druck ist somit experimentell nicht nachweisbar.

Nochmals möchte ich betonen, dass gar kein Grund vorliegt, weshalb die Ursache der Zwangsdrehung von Dipsacus dieselbe sein sollte, wie die der von Magnus am Schafte von Taraxacum beschriebenen Drehung[1]).

Gehen wir jetzt zu dem dritten zu behandelnden Einwande über.

Dieser findet seinen Ursprung in der grossen Bedeutung, welche der Spiralrichtung in früheren Zeiten in der botanischen Morphologie zugeschrieben wurde. Hat man doch bisweilen die Spiraltendenz als eine ganz besondere Kraft in den Vordergrund stellen zu müssen geglaubt! Schauer äussert sich, nach Aufzählung der Zwangsdrehungen und anderen Torsionen, folgendermaassen: „Alle Verdrehung aber entspringt aus einem Uebermächtigwerden des Bildungstriebes nach einer Richtung hin, in Folge dessen die allen Fasern ursprünglich innewohnende spiralige Richtung nun übermässig stark und somit in regelwidrigen Bildungen hervortritt"[2]).

Diese Betrachtungsweise kann seit langer Zeit als überwundener Standpunkt angesehen werden, sie mag aber wohl am meisten dazu beigetragen haben, dass die rein mechanische Erklärung Braun's so wenig Eingang gefunden hat. Ihre Schuld mag es hauptsächlich sein, dass so viele Forscher eine scharfe Trennung der Zwangsdrehung von den übrigen Torsionen nicht haben anerkennen wollen.

Unter Denjenigen, welche bei der Zwangsdrehung wie bei den einfachen Torsionen die Drehung des Stengels als das Primäre ansehen, ist Magnus wohl der Einzige, der seine Meinung in neuester Zeit ausführlich erörtert und begründet hat[3]). Ich habe schon zu wiederholten Malen darauf hingewiesen, wie er mit vollem Rechte

---

1) Eine Abbildung dieses Schaftes verdanke ich der Freundlichkeit des Herrn Prof. Magnus.

2) Uebersetzung von Moquin-Tandon's Pflanzenteratologie, S. 167. Aehnliches bei Kros, de Spira, l. c. und bei Morren, „Spiralisme tératologique", l. c.

3) Sitzungsber. d. bot. Ver. d. Prov. Brandenburg XIX, 1877, S. 118 (Dipsacus silvestris) und Verhandl. desselben Vereins XXI, 1879, S. VI (Phyteuma).

eine Anwendung der Braun'schen Theorie auf die Drehungen von
Stengeln mit zerstreuten Blättern, wie Phyteuma und Campanula,
zurückwies, dass aber die Grenze zwischen den Fällen, auf welche
seine Erklärung passt, und derjenigen, welche im Sinne Braun's
zu deuten sind, meiner Ansicht nach anderswo zu ziehen ist, als er
behauptet.

Es erübrigt mir also nur den Grenzfall näher zu besprechen.
Dieser wird, nach ihm, von denjenigen Zweigen von Dipsacus
silvestris gebildet, welche die Torsion nur in geringem Grade der
Ausbildung besitzen. „In solchen Fällen erkennt man, schreibt er,
dass die Drehung der Längsriefen des Stengels auch ohne Verwachsung der Blätter auftritt." An einem Exemplar fand er diese
Riefen an dem letzten Blattpaare unter dem abschliessenden Blüthen-
knopfe stark links gedreht und den Stengel etwas aufgebauscht. Die
Blätter standen nach der minder gewölbten Seite des Stengels
einander genähert, während sie der Höhe nach auseinandergerückt
waren. Magnus betrachtet diese Stellung der beiden Blätter als
die Folge der Torsion des Stengels, aber wenigstens mit gleichem
Rechte kann man sie als deren Ursache betrachten. Meiner Ansicht
nach bildeten die Blätter einfach einen kleinen Theil einer Spirale,
nach $5/13$ oder einem andern Werthe der üblichen Reihe; daher
wären sie nur auf einer Seite verbunden, wenn hier auch nicht
sichtbar verwachsen; daher stünde das eine höher als das andere,
und daher verhinderten sie die Streckung des Stengels auf der Seite
ihrer Verbindung, und führte das Längenwachsthum somit zur Torsion und Auftreibung auf der gegenüberliegenden Seite. Ich habe
solche Fälle in grosser Anzahl in meinen Händen gehabt[1]) und sie
häufig in dieser Richtung geprüft, stets ergab sich mir aber die
Braun'sche Erklärung als die einzig richtige.

Selbstverständlich ist eine endgültige Entscheidung nur von der
Entwickelungsgeschichte zu erwarten. Da aber an den Seitenzweigen
der tordirten Dipsaci decussate, ternate und spiralige Blattstellungen
in bunter Mannigfaltigkeit abwechseln, so dürfte es schwer sein, in
einem bestimmten Falle zu einem gegebenen fertigen Zustande den
Jugendzustand derart zu finden, dass Zweifel an beider Identität

---

1) Abgebildet habe ich sie in dem Ber. d. d. bot. Ges., Taf. XI, Fig. 5 und
in dieser Abhandlung z. B. auf Taf. VI, Fig. 3.

unmöglich sind. Da aber die verschiedenen Blattstellungen sowohl an Vegetationspunkten wie an erwachsenen Zweigen zu finden sind, ist es offenbar das Einfachste für jede im erwachsenen Zustand sich darbietende Stellung die entsprechende Anordnung am Vegetationspunkt als Jugendform zu wählen. Wenigstens bis in einem Falle das Gegentheil direct erwiesen ist.

Betrachtet man die Torsion des Stengels als das Primäre, so ist nicht einzusehen, weshalb diese an einblättrigen Knoten nicht vorkommen sollte; ist die Verbindung der Blätter die Ursache der Torsion, so dürfen einblättrige Knoten nie tordirt sein, vorausgesetzt dass sie nicht durch Zerreissung der Blattspirale einblättrig geworden sind. An Zweigen zweiter und dritter Ordnung stehen nun, bei meinem Dipsacus silvestris torsus die obersten Blätter häufig alternirend, die Knoten sind dann stets ohne Torsion.

Gestreckte Stengeltheile mit localen Torsionen sind gar nicht selten. Wären diese von den Blättern unabhängig, so müssten sie über Knoten und Internodien gleichmässig vertheilt sein. Dem ist aber nicht so; die Torsionen sind stets am Grunde der Blätter am stärksten, um so kräftiger, je länger die ununterbrochene Reihe der Blätter ist. Gestreckte Internodien sind, auch mitten im tordirten Stengel, gerade.

Allerdings erstrecken sich die Torsionslinien auf den gestreckten Internodien vom oberen und unteren Blatte aufwärts und abwärts eine Strecke weit. Doch stets mit abnehmender Neigung. Offenbar sind dieses nur Uebergangsstellen, an denen vielleicht häufig äussere Ursachen die Drehungen sich weiter hinziehen lassen, als der directe Einfluss der hemmenden Blattspirale dies erwarten lassen würde[1]).

Magnus hebt hervor, dass seine Ansicht nicht anzugeben vermag, warum die Drehung nie einen stärkeren Grad erreicht, sodass sie das jüngere Blatt an dem älteren vorbeiführen würde. Nach Braun's Vorstellung ist die gerade Längszeile selbstverständlich die äusserste Grenze der Entrollung der Spirale.

Ein letztes Argument führt Magnus in der Thatsache an, dass die Blätter über der Zwangsdrehung stets wieder in der normalen Stellung sich kreuzender Paare stehen. In meinem Material herrscht in dieser Hinsicht grössere Abwechselung. Dreigliedrige Quirle sind

---

1) Vergl. hierüber Sachs, Lehrb. d. Bot., 4. Aufl., S. 833, Alin. 2.

an den Hauptstämmen oberhalb der tordirten Strecke viel gewöhnlicher als decussirte; an den Seitenzweigen sind beide häufig, auch
viergliedrige Wirtel und alternirende Blätter nach $^1/_2$ sind nicht
selten. Dass die Blattstellung variabel ist, wenn Zwangsdrehungen
auftreten, habe ich auch für Valeriana, Weigelia und andere Arten
nachgewiesen. Und dass die echte spiralige Anordnung ausserhalb
der tordirten Theile nicht gefunden wird, liegt einfach daran, dass
sie die Torsion mit Nothwendigkeit bedingt. Dies lehren ja auch
die Fälle, in denen die Blätterspirale von den sich streckenden Internodien zerrissen wurde.

Ich habe die Ansichten meiner Gegner möglichst ausführlich
besprochen, da ich hoffe die obwaltenden Meinungsverschiedenheiten
dadurch ausgleichen zu können, und für die Theorie Braun's auch
bei ihnen volle Anerkennung zu gewinnen. Noch mehr lag mir
aber daran zu zeigen, wie reichhaltig und belehrend das von ihnen
angehäufte Beobachtungsmaterial ist, und wie viel ich ihnen in dieser
Hinsicht verdanke.

III. Theil.
Uebersicht der bis jetzt bekannten Fälle von
Braun'scher Zwangsdrehung.

Erster Abschnitt.
Literatur.

Zwangsdrehungen sind so auffallende Erscheinungen, dass sie
wohl selten von Botanikern gesehen sein werden, ohne ihre Aufmerksamkeit auf sich zu lenken. Namentlich wird dies der Fall
sein, seitdem Braun's Erklärungsversuch ein allgemeines wissen-
schaftliches Interesse in sie wachgerufen hat. Und wenn die folgende
Liste auf Vollständigkeit in diesem Umfange wohl keinen Anspruch
machen kann, so muss es doch auffallen, dass die Reihe der bis
jetzt beschriebenen Beispiele eine so sehr kleine ist.

Aus diesem Grunde stelle ich zunächst die mir bekannt ge-
wordenen Fälle zusammen. Die in Klammern beigefügten Zahlen
geben die Anzahl der Einzelfunde an.

Arten mit wirteliger Blattstellung:

> Equisetum Telmateja (7), E. palustre (1), E. limo-
> sum (5).
> Casuarina stricta (1).
> Hippuris vulgaris (2).

Arten mit decussirten Blättern[1]):

> A. Mit gürtelförmigen Gefässstrangverbindungen:
>
> > Dipsacus silvestris (2), D. fullonum (4), D. Gme-
> > lini (1).
> > Valeriana officinalis (10 $+$ 1 neuer), V. dioica (2),
> > V. montana (1).
> > Galium Mollugo (2), G. verum (3), G. palustre (1),
> > G. Aparine (1), G. sp. (3), Aparine laevis (1).
> > Rubia tinctorum (2).
>
> B. Ohne gürtelförmige Gefässstrangverbindungen.
>
> > Crassula ramuliflora (1).
> > Dianthus barbatus (1).
> > Dracocephalum speciosum (1).
> > Mentha aquatica (1), M. viridis (1)[2]).
> > Thymus Serpyllum (1).
> > Hyssopus officinalis (1).

Aus dieser Liste geht hervor, was schon von verschiedenen
Autoren betont wurde: 1. dass die Zwangsdrehung nur bei Arten
mit wirteliger oder decussirter Blattstellung bekannt ist; 2. dass
einzelne Gattungen und in diesen wiederum einzelne Arten in dieser

---

1) Braun nennt als Arten, bei denen Zwangsdrehung „von den Autoren
beschrieben worden" ist, noch Zinnia verticillata und Gentiana, jedoch ohne
nähere Angaben (Ber. Verhandl. k. preuss. Akad. d. Wiss. Berlin 1854,
S. 440). Vergl. hierüber den folgenden Abschnitt. Ebenso nennt Reinsch Ela-
tine Alsinastrum und Phylica-Arten (Flora 1858, p. 76 und 1860, p. 740;
über die Blattstellung von Phylica vergl. Braun, Nov. Act. Ac. C. L. Nat.
Cur., T. 15, 1831, S. 340). Aus welchen Quellen er diese Angaben geschöpft
hat, konnte ich leider nicht ermitteln. Clos sagt, an einer von Penzig (Pflanzen-
Teratologie I, S. 351) citirten Stelle, von Phylica nur „disposition spiralée
s'accusant aux feuilles" (Mém. Acad. Toulouse, 7. Serie, T. III, 1871, S. 94).

2) Mentha micrantha und Galeopsis Ladanum, von Magnus beschrieben, werde ich nicht in diesem, sondern im dritten Abschnitt besprechen.

Beziehung auffallend bevorzugt sind. Morren formulirt diesen letzteren Satz in der Weise, dass er den bevorzugten Arten eine „prédisposition à ce spiralisme" zuschreibt. Er lässt darauf aber folgen „Quelle est la cause de cette prédisposition?"[1]) Und es scheint mir, dass eine Antwort auf diese Frage jetzt noch ebensowenig gegeben werden kann als zu seiner Zeit.

Ich schreite jetzt zu einer möglichst vollständigen Uebersicht der fraglichen Missbildungen und werde darin einerseits die Fundorte und die Art des Vorkommens und andererseits jene Angaben zusammenstellen, welche eine Einsicht in den Bau und die Entwickelung dieser Gebilde geben.

Equisetum Telmateja, von älteren Verfassern unter dem Namen *E. fluviatile* aufgeführt[2]).

1. Vaucher in seiner Monographie des Prêles nennt unter den von ihm beobachteten Missbildungen dieser Art einen Stengel, in welchem „les verticilles sont contournés en spirale depuis le bas de la plante jusqu'à son sommet" und bildet den oberen Theil dieses Stengels auf Taf. III A ab[3]). Man sieht sechs Schraubenwindungen, links aufsteigend, die einzelnen Blätter stehen einander ebenso nahe, wie in den Wirteln der normalen Pflanze. Die Längsriefen des Stengels, in einem Internodium gezeichnet, weisen eine Neigung von etwa 45° gegen die Achse auf. Dieses Exemplar wurde von Herrn Trog in der Nähe von Thun gefunden und Herrn De Candolle geschenkt, welcher es in seiner Organographie végétale erwähnt[4]).

2. Dieselbe Missbildung beobachtete van Hall in den Niederlanden bei Vreeswyk im Jahre 1832[5]).

3. Von A. de Jussieu wurde sie bei Meudon gefunden[6]), auch hier waren sämmtliche Blattwirtel in eine Spirale umgewandelt.

---

1) Bull. Acad. Roy. Belg., T. XVIII, 1. Part., p. 29 (1851).
2) Milde in Nov. Act. Ac. C. L. Nat. Cur., Vol. 26, S. 430.
3) Mémoires d. l. Soc. d. phys. de Genève I, 1. Partie, 1821, S. 364.
4) De Candolle, Organographie végétale I, 1827, S. 155.
5) Het Instituut, of Verslagen en Mededeelingen v. h. Kon. Nederl. Instituut 1841, S. 85 und S. Kros, De spira in plantis conspicua, Diss. Groningen 1845, S. 73.
6) Moquin-Tandon, Tératologie végétale 1841, S. 181.

4. **Milde** sammelte bei **Neisse** in Schlesien ein Exemplar, welches an einem normalen Hauptstengel einen drei Zoll langen Nebenstengel trug. Um letzteren gingen die zu einem continuir- lichen Rande verwachsenen Blattscheiden in einer weitläufigen Spirale von links nach rechts viermal herum. Oberhalb dieser Spirale folgen mehrere normale Wirtel. Soweit die Scheiden spiralig verwachsen sind, ist der Stengel in entgegengesetzter Richtung tordirt, wo die Spirale aufhört, hört auch die Torsion auf. Die Neigung der Längs- riefen erreicht auch hier etwa 45|°. Der Ast ist auf Taf. 56 in Fig. 40 abgebildet[1]. Dieses Exemplar soll nach einer Angabe von **Reinsch** im Berliner königl. Herbar. aufbewahrt werden[2].

5. An demselben Orte sammelte **Milde** später noch zwei kleinere Beispiele von Zwangsdrehung (l. c. Taf. 56, Fig. 41 u. 42). Das eine war ein Seitenast, dessen Spitze durch eine Blätterspirale zur Torsion gezwungen war (Fig. 42), das andere ein Stengel, dessen Spitze eine zweimal in einer Spirale um sie herumgehende, band- förmige Scheide und oberhalb dieser zwei Aeste trug, an denen sich dieselbe Erscheinung in geringerem Grade wiederholte.

6. An einem quelligen Jurakalkabhang bei **Erlangen** fand **Reinsch** einen gedrehten Stengel von **Equisetum Telmateja**[3]. Dieser war in seinem unteren und oberen Theile normal, trug aber in seiner Mitte eine Spirallinie von 203 seitlich mit einander ver- wachsenen Blättern, welche nahezu drei Umläufe um den Stengel herum machte und beiderseits an die normalen, etwa 30 blättrigen Wirtel ansetzte. Soweit die Spirale reichte, war der Stengel tordirt und sogar ein wenig angeschwollen. Die Blätterspirale steigt von links nach rechts auf. Der gedrehte Theil ist auf Taf. III in Fig. 3 abgebildet.

7. Derselbe Verfasser fand später am Berge Hetzles bei **Er- langen** im mittleren Lias ein anderes tordirtes Exemplar derselben Art[4]. Auch hier trug der untere Theil des Stengels mehrere nor- male Scheidenwirtel. Darauf folgte aber ein ununterbrochenes, sechs

---

1) J. **Milde**, Beiträge zur Kenntniss der Equiseten. Nov. Act. Ac. C. L. Nat. Cur., Vol. XXIII, Pars 2, 1852, S. 585, 594 und ibid., Vol. XXVI, S. 429.

2) **Flora** 1858, S. 76, Note.

3) **Flora** 1858, S. 75.

4) **Flora** 1860, S. 739.

Umgänge machendes spiraliges Band von 269 verwachsenen Blättern. Dieser Fall ist nicht abgebildet.

Alle diese Beispiele von Zwangsdrehung von Equisetum Telmateja wurden an sterilen Stengeln beobachtet. Sie zeigen, dass Stengel und Aeste über Strecken von sehr verschiedener Ausdehnung der Zwangsdrehung unterworfen sein können.

Equisetum palustre.

Milde beschreibt einen, von ihm im königl. Berliner Herbar. gesehenen Fall von Zwangsdrehung[1]). Dieser Stengel trug unten und oben normale Wirtel, in kurzer Entfernung von seiner Spitze aber, über die Länge eines Zolles, eine spiralige Scheide. An derselben Stelle hatte auch der Stengel selbst eine Drehung erlitten; diese fehlte dort, wo er normale Blattwirtel trug. Abgebildet auf Taf. 56, Fig. 44.

Equisetum limosum.

1. Vor Auras fand derselbe Monograph der Equiseten eine eigenthümliche Abänderung der fraglichen Monstrosität bei dieser Art[2]). Ein über der Aehre befindlicher kurzer Stengeltheil war nämlich spiralig gewunden und von den zu einem continuirlichen Bande verwachsenen Scheiden bis über seine Spitze ganz umhüllt (l. c. Taf. 56, Fig. 45).

2. Einen zweiten ähnlichen Fall beobachtete Milde an einem sterilen Stengel derselben Art[3]).

3. An demselben Fundorte (Auras) fand Milde später noch mehrere, theilweise gedrehte Stengel von E. limosum[4]). Bei einem Exemplar befand sich ein spiraliges, den Stengel umwindendes Scheidenband 7″ unterhalb der Spitze des sterilen Stengels; bei einem anderen dicht unter dieser Spitze. Vergl. Taf. 36, Fig. 55, welche Figur eine auffallende Aehnlichkeit mit Braun's bald zu erwähnender Abbildung von Casuarina hat. Bei beiden ging die Spirale von rechts nach links; bei einem dritten Individuum sass

---

1) Nova Acta Ac. C. L. Nat. Cur., Vol. XXIII. Pars 2, 1852, S. 600.
2) Ibidem S. 601. Vergl. auch S. 606, IX.
3) Ibidem, S. 603.
4) Ibidem, Vol. XXVI, Pars 2, S. 450.

das Spiralband an der Spitze des Stengels auf einer Aehre und ging von links nach rechts.

4. **Rohrbach** sah im Herbar. des Herrn Prof. A. Braun E. limosum mit Zwangsdrehung und sagt darüber „bald rechts, bald links gewunden, bald nur stellenweis spiralig und im übrigen normal"[1]).

5. van Hall fand einen ähnlichen Fall in Holland[2]).

Hippuris vulgaris.

1. Braun erwähnt einen Fall von spiraliger Stellung der Blätter mit Drehung des Stengels aus der Sammlung des Dr. Schimper[3]).

2. Hegelmaier zeigte in der Generalversammlung des Vereins für vaterländische Naturkunde in Württemberg im Juni 1877 einen Spross des Tannenwedels vor, in welchem die Wirtelstellung der Blätter von einer gewissen Höhe an durch fortlaufende Schraubendrehung ersetzt wurde[4]) und sandte einige derartige Exemplare an Braun[5]). Der Stengel war in ähnlicher Weise gebaut wie in den entsprechenden Fällen bei Equisetum und Casuarina.

Casuarina stricta.

In der bereits citirten berühmten Abhandlung über die Ordnung der Schuppen an den Tannenzapfen erwähnt Braun einige Zweige dieser Pflanze, welche von Dr. Bischoff von einem im Heidelberger botan. Garten befindlichen Baum in verschiedenen Jahren gepflückt waren[6]). Er bildet einen solchen Ast auf Taf. XXXV, Fig. 5, 6 und 7 ab.

---

1) **Botan. Zeitung** 1867, S. 299.

2) S. Kros, De spira in plantis conspicua, Diss. Groningen 1845, S. 74.

3) A. Braun, Ordnung der Schuppen am Tannenzapfen. Nova Act. Ac. C. L. Nat. Cur., Tom. XV, Pars 1, S. 351 (1831).

4) Württembergische naturw. Jahreshefte XXXIV I, 1878, S. 95.

5) Verhandlungen d. bot. Ver. d. Prov. Brandenburg XVII, 1875, S. 65. Auch citirt von Magnus, Sitzungsber. des bot. Vereins d. Prov. Brandenburg 1876, S. 92. Vergl. auch E. Lankester Brit. Association 1848 Transactions p. 85 „Hippuris vulgaris, in which the leaves were arranged alternately in a spiral upon the stem" (ohne weitere Andeutungen).

6) Nova Acta, Tom. XV, Pars 1, S. 351 (1831). Was über diesen Fall von Bischoff selbst (Lehrbuch I, S. 200, Fig. IV) mitgetheilt wird, konnte ich leider nicht nachschlagen.

Das Aestchen trägt unten einige normale Wirtel, in seiner oberen Hälfte ein spiraliges Band von verwachsenen Blättern, welches sieben Umläufe macht. Diese steigen von links nach rechts empor. In dieser Gegend ist der Stengel stark gedreht und merklich angeschwollen. Seine Riefen sind um etwa 45° gegen die Achse geneigt.

Ich komme jetzt zu den Arten mit decussirter Blattstellung und fange mit der im ersten Theile dieses Aufsatzes ausführlich studirten Species an.

Dipsacus silvestris.

In der Sitzung des botanischen Vereins der Provinz Brandenburg vom 31. August 1877 legte Magnus eine Reihe von Exemplaren dieser Art vor, welche er von Herrn E. Ule erhalten hatte und welche die von Braun als Zwangsdrehung bezeichnete Missbildung in verschiedenen Graden der Ausbildung zeigten[1]). In den ausgebildeten Fällen waren die Blätter zu einer längeren Spirale verwachsen und die betreffenden Stengeltheile stark gedreht und bauchig angeschwollen. In dreien dieser Exemplare war die Blattspirale rechts aufsteigend, während sie in zwei anderen links aufstieg. In weniger ausgebildeten Beispielen erkannte man, „dass die Drehung der Längsriefen des Stengels auch ohne Verwachsung der Blätter auftritt." Die Einwände, welche Magnus aus diesem Material gegen Braun's Erklärung der Zwangsdrehung ableitete, habe ich im letzten Abschnitt des zweiten Theiles besprochen.

Zwangsdrehung bei Dipsacus silvestris wird auch von C. Schimper erwähnt, aber ohne nähere Angaben[2]).

Merkwürdigerweise sind dieses die einzigen Angaben, welche ich in der Literatur über die Zwangsdrehung von Dipsacus silvestris finden konnte. Viel häufiger wurde sie bei der folgenden Art gesehen.

Dipsacus fullonum.

1. Schlechtendahl erhielt aus der Gegend von Halle, wo die Weberkarde häufig cultivirt wird, einen einzigen, vertrockneten

---

1) Sitzungsber. d. bot. Ver. d. Prov. Brandenb. XIX, S. 118, August 1877.
2) Bot. Zeitung 1847, S. 67; vergl. auch Bot. Ztg. 1856, S. 73.

blätter- und zweiglosen Stengel mit Zwangsdrehung und suchte später auf den Aeckern vergeblich nach einem zweiten Exemplare[1]).

2. Masters erhielt einen ähnlichen auf einem Acker gefundenen Stengel und bildete ihn in seiner Vegetable Teratology ab. Die Abbildung, sowie die ausführliche Beschreibung in den Sitzungsberichten der Linnean Society zeigt zur Genüge die völlige Uebereinstimmung dieses Gebildes mit den im ersten Theile beschriebenen Stengeln von D. silvestris. Diese Beschreibung zeichnet sich vor den meisten übrigen Darstellungen von Zwangsdrehungen dadurch aus, dass der Lauf der Längsriefen des Stengels in Bezug auf die Insertion der Blätter angegeben worden ist. Leider ist diese Angabe aber nicht hinreichend ausführlich, um zu entscheiden, ob die Blattstellung des tordirten Zweiges ursprünglich zum Typus $^2/_5$ gehörte, oder decussirt war[2]).

3. Fleischer beschreibt zwei sehr ausgezeichnete Fälle von „Tympanitis" der Weberkarde, welche aus der Gegend von Metzingen stammen und in der Sammlung der land- und forstwirthschaftlichen Akademie zu Hohenheim aufbewahrt sind. Beide sind Stücke von Stengeln; der eine ist nach links, der andere nach rechts gedreht. Das eine Exemplar ist 15 Zoll lang, stark aufgeblasen und trägt eine ununterbrochene Spirale von 47 Blättern. Im unteren Dritttheil des Präparates, der Stengelbasis, liegen zwei wenig steil aufsteigende Spiralumläufe, in den beiden oberen Dritteln zusammen nur ein Umgang mit 36 Blättern. Im zweiten Exemplar erreicht die Zwangsdrehung nur eine Länge von sieben Zoll. Beide zeigen die merkwürdigen Einbuchtungen, welche auch in unserer Fig. 4 auf Taf. VII abgebildet worden sind.

4. A. Wiegand erwähnt in seinen Beiträgen zur Pflanzenteratologie einen tordirten Stengel von Dipsacus fullonum, deren

---

1) Schimper in Flora 1854, S. 75.

2) Proceedings Linnean Society, Vol. II, 1855, S. 370. Hier heisst es: „When the course of the fibres is traced from the base of any of the branches, the spiral will be found to terminate about the base of the second branch above that from which the line is started". In der Vegetable Teratology steht statt about: at the base of the second stalk (S. 321). Doch glaube ich weder hierin, noch in der von Masters gegebenen Erklärung einen Widerspruch mit Braun's Ansicht finden zu können.

3) Fleischer, Ueber Missbildungen verschiedener Culturpflanzen, Programm d. Akad. Hohenheim, August 1862, S. 61—64.

beide oberste Glieder verdickt und nach links gedreht sind; Blätter
in einer Längszeile zu einem breiten Flügel verwachsen[1]).

Dipsacus Gmelini.

Ein im botan. Garten zu Halle gezogenes, von Schlechtendahl
beschriebenes Exemplar hatte an seinem Hauptstengel, nicht weit
unter dem Endkopfe, eine aufgeschwollene, spiralig gedrehte Stelle,
welche ein in einer Schraubenlinie aufsteigendes Band von sieben
zum Theil am Grunde mit einander verwachsenen Blättern trug.
Oberhalb dieser Strecke stand ein normales Blattpaar. Die Riefen
des Stengels liefen im gedrehten Theile fast horizontal[2]).

Valeriana officinalis.

Diese Art ist am häufigsten mit Zwangsdrehung beobachtet
worden; von ihr existiren die meisten Abbildungen. Sie zeichnet
sich durch die auffallende, umgekehrt kegelförmige Gestalt ihrer gedrehten Stengel und den fast horizontalen Verlauf der Längsriefen
aus, eine Eigenthümlichkeit, welche sie der grossen Länge und
Weichheit ihrer Internodien verdankt.

In den Sitzungsberichten der Gesellschaft naturforschender Freunde
zu Berlin hat Braun 1872 die ihm bekannten Funde gedrehter
Valeriana-Stengel zusammengestellt[3]). Es sind die folgende:

1. Ein als V. maxima bezeichnetes, von S. Reisel in den
Ephem. Acad. Caes. Leop. nat. cur. Dec. III Ann. 3, Obs. XXII,
S. 24 beschriebenes und in Fig. II abgebildetes Exemplar. Die
Abbildung stimmt mit der unten zu beschreibenden Vrolik'schen
Pflanze in meiner Sammlung sehr gut überein; die Zwangsdrehung
umfasst wie in dieser den ganzen Stengel von seiner Basis an.
Gefunden bei Stuttgart im Juli 1695.

2. Ein von Gilbert beobachtetes, in Moquin-Tandon's
Tératologie végétale (S. 181) erwähntes, wahrscheinlich derselben
Species angehöriges Exemplar.

---

1) Botan. Hefte II, 1887, S. 98. Citirt nach dem Botan. Jahresber.
XV I, S. 601.
2) Botan. Zeitung 1847, S. 67.
3) Ibidem 1873, S. 11.

3. Aehnliche Missbildungen aus dem Département de l'Allier et de la Loire von Lapierre de Roane beschrieben (Mém. Soc. Linn. de Paris. Vol. III, S. 39).

4. Ein Exemplar von Prof. Nolte bei der Versammlung Deutscher Naturforscher in Kiel 1847 (Amtl. Bericht S. 197) vorgezeigt.

5. Eine bei Tilft von Ed. Morren gefundene und in dem Bull. de l'Acad. r. d. Sc. de Belgique, T. XVIII, S. 35 beschriebene und daselbst auf der Tafel bei Fig. 1 abgebildete Pflanze. Die Drehung umfasst nur den oberen Theil des Stengels.

6. Ein von Braun in Dr. Lessert's Sammlung zu Paris gesehenes Individuum.

7. Ein von Hartweg im Bois de Vincennes 1832 gefundenes und in Braun's Sammlung aufbewahrtes Exemplar. Die Zwangsdrehung grenzt nach oben und unten an geraden Stengeltheilen, deren ersterer decussirte Blätter führt, während der obere zwei dreigliedrige Wirtel trägt.

8. Ein im Jahre 1863 im Berliner Universitätsgarten gefundenes Exemplar.

9. Ein von Herrn Müller in Bitterfeld 1872 Herrn Braun geschenktes Individuum.

Seit dieser Mittheilung Braun's scheint dieselbe Missbildung nur noch einmal beschrieben worden zu sein. Auch ist eine Abhandlung über diesen Gegenstand dem Berliner Forscher entgangen. Ich habe somit seiner Liste zwei bereits veröffentlichte Fälle anzureihen.

10. Im Juli 1845 erhielt der hiesige Professor der Botanik, der berühmte Mediziner Gerardus Vrolik, ein becherförmig aufgetriebenes Exemplar von Valeriana officinalis, welches von Herrn Drost, Züchter medicinaler Gewächse in Surhuisterveen, gefunden worden war. Es wurde von Vrolik der Akademie der Wissenschaft vorgelegt und in deren Sitzungsberichten beschrieben und abgebildet[1]). Die Tafel zeigt die in vollem Blätterreichthum eingesammelte Pflanze von zwei Seiten, wodurch der Lauf der Blätter-

---

1) G. Vrolik, Aanmerkingen over een bekervormige ontwikkeling by Valeriana officinalis. Tydschrift voor Wis. en Natuurk. Wetensch. v. h. kon. Ned. Instituut v. Wetensch., Deel I, 1848, S. 185—196, Plaat III.

spirale vollständig zu erkennen ist. Das Original ist in Spiritus
aufbewahrt und bildet jetzt eine Zierde der Sammlung von Bildungsabweichungen in meinem Laboratorium.

Die Uebereinstimmung mit dem von Reisel gesammelten und
abgebildeten Falle von Zwangsdrehung bei derselben Art springt in
die Augen und wurde auch vom Verfasser hervorgehoben.

Der Stengel ist bewurzelt und zeigt an seiner Basis bei normaler
Dicke drei nach oben zu immer steiler werdende, nach rechts aufsteigende Umgänge der Blattspirale. Seine Form ist die eines um-
gekehrten Kegels von 20 cm Höhe und oben etwa 8 cm breit und
offen. Auf den drei erwähnten folgt noch ein ganzer Umgang,
welcher bis zu 6 cm Höhe reicht, von hier aus geht das ununterbrochene Band der Blattbasen zunächst senkrecht, dann aber in vor-
übergeneigter, somit linksläufiger Richtung bis zum Rande des hohlen
Kegels. Zweiglein finden sich nur in den Achseln der oberen Blätter,
wie dieses auch sonst beobachtet wurde und wie es auch der Ver-
zweigung des normalen Stengels entspricht.

Die Längsriefen des Stengels laufen in der Nähe der Blätterspirale ziemlich schief empor, auf der gegenüberliegenden Seite des
Stengels aber nahezu horizontal.

Aus demselben Rhizome entspringt in diesem Präparate auch
ein normaler Stengel.

Ich habe die Blattstellung dieses Exemplares im vorigen Theile,
Abschnitt I § 4 besprochen.

11. In der Versammlung des Niederländischen botanischen
Vereins, im Juli 1873, zeigte Suringar einen tordirten Stengel von
Valeriana officinalis vor, den Dr. Treub bei Voorschoten, unweit Leiden, im trockenen und entblätterten Zustande aufgefunden
hatte[1]). Der Gegenstand wurde im Sitzungsberichte auf Taf. XVIII
von zwei Seiten und von oben abgebildet. Er war kurz kegelförmig,
oben offen und völlig hohl. Die Blattinsertionen bildeten eine ununterbrochene Linie, welche im unteren, schmalen Theile zwei
Schraubengänge beschrieb und nach oben in eine fast senkrechte
Linie überging. Im Innern des hohlen Stengels sah man die Querwände, welche die Höhlung des Stengels sonst in den Knoten unter-
brechen, zu einer einzigen Spirale verbunden, welche der Linie der

äusseren Blattinsertionen genau folgte und nur wenig in die Höhlung
hervorsprang.

Auch über dieses Exemplar habe ich bereits oben Näheres
mitgetheilt.

Valeriana dioica.

1. Ein tordirtes Exemplar, im botanischen Garten zu Pavia
erwachsen, wurde von Viviani abgebildet; die Blätter standen auf
einer Seite in einer senkrechten Linie[1]).

2. Vivian-Morel erwähnt eine „Torsion vésiculeuse" bei derselben Pflanze[2]).

Valeriana montana.

A. P. und Alph. De Candolle geben eine Beschreibung und
Abbildung eines bewurzelten Exemplares dieser Art, das im Jahre
1835 auf dem Berge Salève unweit Genève gefunden war[3]). Der
Stengel hat an seiner Basis zwei normale Internodien mit normalen
Blattwirteln, darauf folgt eine Blätterspirale, welche von rechts nach
links aufsteigt, $1\frac{1}{2}$ Umläufe macht und dann in eine senkrechte
Linie übergeht. Die Form des kegelförmig aufgeblasenen Stengels
ist im Wesentlichen dieselbe wie bei Valeriana officinalis. Oben
ist er geschlossen und trägt hier mehrere kleine Partialinflorescenzen.

Galium Mollugo.

1. Duchartre erhielt im Sommer 1843 aus Sérignac (Lot)
einen gedrehten Sprossgipfel dieser Art[4]). Er war aufgeblasen und
trug seine Blätter in einer Längsreihe, aus deren Achseln sechszehn
Zweiglein senkrecht aufwärts wuchsen. Die Riefen des Stengels
beschrieben um ihn herum eine Spirale. Duchartre's Erklärung
dieses Falles haben wir bereits früher erwähnt. (Vergl. S. 85 Note.)

2. Klebahn untersuchte einen ähnlichen, im Neuenlander
Felde bei Bremen im Juni 1888 gesammelten Stengel, dessen unterster

---

1) Moquin-Tandon, Tératologie végétale, p. 182.

2) Ann. Soc. bot. Lyon 5, Année 1876/77, p. VI, citirt von Klebahn,
Ber. d. d. bot. Ges. 1888, Bd. VI, S. 349.

3) Aug. Pyr. et Alph. de Candolle, Monstruosités végétales,
p. 16, Pl. 6.

4) Ann. Sc. nat. Bot., 3. Serie, T. I, 1844, p. 292.

Theil nur schwach gedreht war, der aber im oberen Theile stark
aufgeblasen und tordirt war und seine Blätter und Seitensprosse auf
einer Längslinie trug[1]). Klebahn untersuchte die Anordnung der
Blätter am Vegetationspunkt und constatirte zum ersten Male ihre
spiralige Stellung daselbst. Er beschreibt auch die gürtelförmigen
Gefässbündelverbindungen der Blätter[2]).

Galium verum.

1. E. von Freyhold legte in der Sitzung des Botanischen
Vereins der Provinz Brandenburg im Juni 1876 ein in der Nähe
von Sakrow bei Potsdam gesammeltes Exemplar vor, an welchem
zwei Sprosse die Zwangsdrehung zeigten[3]). Beide waren an ihrem
Gipfel über eine Länge von 5—6 cm bis zu 1 cm Dicke aufgeblasen und trugen ihre Blätter in einer Längsreihe. Die spiralige
Drehung des Stengels selbst war sehr deutlich und entsprach völlig
den von Braun beschriebenen Fällen und der von ihm gegebenen
Erklärung.

2. Massalongo beschreibt einen ähnlichen, in Italien gefundenen Spross, mit spiraliger Torsion des Stengels und einseitiger
Stellung der Blätter und der Achselzweige, wie solches von Masters
abgebildet wurde[4]).

3. C. Schimper nennt unter den Beispielen von Zwangsdrehung: „Galium verum, zwei Exemplare von 1848, übereinstimmend mit einem Exemplare Galium Mollugo, das einst Herr
von Leonhardi bei München fand[5]).“

Galium palustre.

A. Treichel hat von dieser Art einen Fall von Zwangsdrehung
bei Vetschau beobachtet[6]).

---

1) Berichte d. d. bot. Gesellsch., Bd. VI, 1888, S. 346 und Taf. XVIII.

2) Diese sind für Galium und verschiedene andere Rubiaceen auch bereits
beschrieben und abgebildet von Hanstein in Abh. d. k. Akad. Berlin 1857,
S. 77, Taf. I.

3) Sitzungsber. 30. Juni 1876, Bot. Zeitung 1877, S. 227.

4) C. Massalongo, Contribuzione alla teratologia vegetale, Nuovo Gior-
nale botanico italiano, Vol. XX, 1888, No. 2, p. 289.

5) Flora 1854, S. 75.

6) Sitzungsber. Brandenburg, Juni 1876, Bot. Zeitung 1877, S. 230.

Galium Aparine.

1. Drehung des Stengels, von Schlechtendahl gesehen, ohne Beschreibung [1]).

2. Hierher gehört auch wohl die Aparine laevis fasciata von Georg Frank, die älteste bekannte Zwangsdrehung [2]). Er fand sie im März 1677 in einem Garten unweit Heidelberg [3]). Er nennt die Pflanze sowohl Aparine laevis als A. vulgaris. (Aparine laevis Park = Galium spurium L. = Galium Aparine var. spurium Koch.) Der Abbildung nach ist die Pflanze wohl eine einjährige. Von der Wurzel bis zur Spitze ist der Stengel gedreht und stehen die Blätter und Achselzweige in einer Längsreihe. Die Abbildung lässt keinen Zweifel darüber, dass wir hier einen Fall echter Zwangsdrehung vor uns haben.

Galium spec.

Ohne Angabe des Artnamens sind noch folgende Zwangsdrehungen von Galium in der Literatur erwähnt:

1. Das bekannte in Masters Vegetable Teratology auf S. 323, Fig. 173 abgebildete Exemplar, welches er von Darwin erhalten hatte.

2. Einige ausgezeichnete Beispiele in der Sammlung A. Braun's [4]).

3. Eine Pflanze von Vivian-Morel erwähnt [5]).

Rubia tinctorum.

Beim Auspflanzen des Krapps im Frühling wurden früher in der Niederländischen Provinz Zeeland nicht gerade selten gedrehte Stengel gefunden [6]). Ein solches Exemplar wurde nach dem botanischen Garten von Francken übergepflanzt und später im Herbar des Prof. Nic. Mulder aufbewahrt [7]).

---

1) Botan. Zeitung 1856, S. 73.

2) Misc. Cur. s. Ephem. Med. Phys. Germ. Ac. Nat. Cur. Decuriae II, Ann. I, 1682, Obs. 28, p. 68, Fig. 14.

3) Ibid., Fol. 3, No. 11.

4) Bot. Ztg. 1873, S. 31.

5) Ann. Soc. Bot. Lyon 1874/75 No. 2, cit. nach Bot. Jahresb. IV, p. 617.

6) Zeeuwsche Volksalmanak 1843, S. 106.

7) S. Kros, De spira, l. c. S. 72.

Crassula ramuliflora.

Ascherson legte in der Hauptversammlung des Botanischen Vereins der Provinz Brandenburg am 26. October 1878 einen frischen Zweig dieser Pflanze vor, welchen er aus dem botanischen Garten in Greifswald erhalten hatte[1]). Der Stengel war in der ganzen blüthentragenden Region spiralig nach links gewunden, die Blätter waren nicht, wie bei normalen Exemplaren dieser Art, decussirt, sondern bildeten eine einzige Zeile, welche in einer steilen, fast senkrechten Spirale den Stengel umzog. Die Insertionsebene der Blätter und die Lage ihrer Achselproducte war in die Richtung dieser Spirale verschoben. Der Stengel war aber weder blasig aufgetrieben, noch verdickt, stimmt sonst aber mit den von Braun beschriebenen Fällen von Zwangsdrehung überein.

Offenbar gehört dieser Fall zu dem im vorigen Theile beschriebenen Typus-Weigelia. Es ist dieses um so bemerkenswerther, weil nur wenige Beispiele von Zwangsdrehungen aus der Literatur diesem Typus angehören.

Nach einer Mittheilung Goeze's waren alle Inflorescenzen der Exemplare des botanischen Gartens zu Greifswald ebenso umgebildet. Herr C. Bouché hatte früher im Berliner botanischen Garten dieselbe Missbildung beobachtet.

Dracocephalum speciosum.

Ch. Morren giebt eine Beschreibung und Abbildung einer Zwangsdrehung dieser Pflanze, welche er bei Herrn Haquin, Kunstgärtner in Lüttich, gesehen hat[2]). Am normalen Stengel sind die Blätter decussirt; am tordirten Exemplare stehen die Blätter in einer Zeile, welche als steile rechtsläufige Spirale um den Stengel emporsteigt; dieser war vom Grunde bis in die Nähe seiner Spitze gewunden; die Richtung der Drehung war an den Riefen deutlich zu erkennen.

---

1) Verhandl. d. Bot. Vereins d. Provinz Brandenburg XX, 1878, S. LIII.

2) Ch. Morren, Bull. d. l'Acad. Roy. Belg., T. XVIII, 1. Part., p. 37 und Fig. 3.

Mentha aquatica.

De Candolle bildet einen Zweig mit Zwangsdrehung in seiner Organographie végétale ab, ohne darüber nähere Angaben zu machen[1]). Die Blätter stehen bis zur Spitze in einer Längszeile.

Mentha viridis.

Eine von van Hall im Jahre 1839 gefundene und in den botanischen Garten in Groningen versetzte Pflanze[2]). · Der Stengel war am Grunde viereckig, etwas höher, sechskantig und mit dreigliedrigen Blattwirteln, im oberen Theil spiralig gedreht und mit den Blättern nahezu in einer Längsreihe.

Thymus Serpyllum.

Von Meisner beobachtet[3]). Der Stengel war zweimal so dick wie gewöhnlich und sah aus, als hätten sich seine Seitenzweige um die Mittelachse herumgewunden; die Blätter nicht mehr decussirt, sondern zerstreut. Bei der Inflorescenz hörte die Abnormität auf.

Hyssopus officinalis.

Eine Zwangsdrehung, nur den oberen Theil des Stengels mit der Inflorescenz umfassend, beobachtete Schlechtendahl[4]).

Dianthus barbatus.

„Zwangsdrehung (Briastrepsis) bei seitlich verketteter Cohärenz der Blätter — eine fusslange, höchst elegante Schraube, gefunden 1853," wird von C. Schimper erwähnt[5]). Ob eine von Gaj beobachtete Pflanze Zwangsdrehung aufwies, blieb mir unbekannt[6]).

----

1) Aug. Pyr. de Candolle, Organographie végétale, T. I, p. 155 und Taf. 36.

2) van Hall, Het Instituut, l. c. 1841, p. 84. S. Kros, De spira, l. c. p. 73.

3) In seiner Uebersetzung von De Candolle's Organographie végétale, Bd. II, p. 241; citirt in Schauer's Uebersetzung von Moquin-Tandon's Tératologie, S. 166.

4) Bot. Zeitung 1856, S. 73.

5) Flora 1854, S. 75.

6) Bull. Soc. Bot. France, T. III, 1856, p. 406.

Ich schliesse hiermit mein Verzeichniss ab. Ohne Zweifel werden mir einzelne Angaben über Zwangsdrehung in der Literatur entgangen sein. Auch werden manche Beispiele, welche in Sammlungen aufbewahrt werden, noch unveröffentlicht sein. Ich möchte aber an dieser Stelle um die Veröffentlichung solcher Fälle bitten oder um gefällige persönliche Mittheilung, am liebsten unter Angabe des Fundortes und des Datums, sowie einer kurzen, die von Braun hervorgehobenen Momente enthaltenden Beschreibung. Samen von tordirten Individuen (mit Ausnahme von Bäumen und Sträuchern) sind mir gleichfalls, zu Culturversuchen, sehr erwünscht.

Zweiter Abschnitt.
Die Zwangsdrehungen aus der Sammlung Alexander Braun's.

Durch die Liberalität der Direction des königlichen botanischen Museums in Berlin erhielt ich von April bis Juni 1890 die Sammlung Braun's zur Ansicht, mit der Erlaubniss, sie an dieser Stelle zu beschreiben. Die Mappe enthielt 26 Arten, auf 38 Bogen aufgeklebt.

Aus Braun's Aufsatz in der Bot. Zeitung 1873 geht hervor, dass er die Absicht hatte, selbst eine Beschreibung und Bearbeitung dieser Sammlung zu veröffentlichen. Leider ist ihm dieses unmöglich geworden, da er kurze Zeit nachher der Wissenschaft entfallen ist. Ich beabsichtige nicht, die Aufgabe des grossen Morphologen zu übernehmen, sondern werde einfach eine Liste mit kurzen Diagnosen geben, um zu zeigen, wie reichhaltig dieses Material ist, und an welchen Arten Braun die Zwangsdrehung beobachtet hatte. Viele dieser Arten sind entweder nicht oder nur dem Namen nach veröffentlicht worden.

Es sei mir gestattet, an dieser Stelle dem Director des königl. botanischen Museums, Herrn Professor Dr. Engler, meinen tiefgefühlten Dank abzustatten.

Leider ist die Blattstellung an gepressten Stengeln im zwangsgedrehten Theile in vielen Fällen nicht mit hinreichender Sicherheit zu ermitteln. Auch wird diese Operation durch das Aufkleben der Exemplare nicht erleichtert. An Zwangsdrehungen, wie die von Valeriana und Galium, stösst die Untersuchung meist nicht auf unüberwindliche Schwierigkeiten, doch ist gerade hier die Frage

bereits hinreichend entschieden. In kritischen Fällen bietet das getrocknete Material meist keinen hinreichend sichern Anhalt zur Entscheidung der aufgeworfenen Frage und ist man auf grössere oder
geringere Wahrscheinlichkeit beschränkt.

Ich fange meine Liste mit denjenigen Gattungen an, welche
sich den bekanntesten Fällen am nächsten anreihen.

Valeriana officinalis. Die Sammlung enthält die drei von Braun
in der Botan. Zeitung 1873 S. 11, 13 u. 30 beschriebenen, aus
Bitterfeld, dem Bois de Vincennes und dem Berliner Universitätsgarten stammenden Exemplare, für deren Beschreibung auf Braun's
Mittheilung und den S. 142 gegebenen Auszug zu verweisen ist.

Galium Mollugo. „Zwangsdrehung, Marsfeld bei München 1830,
C. Schimper communicavit 1848." Ein 9 cm langer, über die
ganze Länge als typische Zwangsdrehung ausgebildeter Spross. Blätter
einseitswendig, in ununterbrochener Reihe. Stengel geschwollen,
1 cm dick; Riefen linksläufig. Der Stengel ist in spiraliger Richtung, parallel den Riefen gespalten. An einer Stelle geht der Spalt
zweimal um den Stengel herum und schneidet somit zwei Blättergruppen aus der Blattspirale heraus. Die eine Gruppe trägt drei,
die andere zwei Achselsprosse. Wir haben somit, soweit die Entscheidung möglich ist, fünf Blätter auf zwei Umgängen, was der
Blattstellung $^2/_5$ (oder einem höheren Werthe derselben Reihe) entspricht.

Galium silvestre. „Zwangsdrehung", gesammelt von Braun selbst.
Ein sehr hübsches Zweiglein von 7 cm; der untere, 4 cm lange Theil
bildet ein gestrecktes, ungedrehtes Internodium. Darauf folgt eine
wurmförmig gewundene, 3 cm lange und bis zur Stengelspitze
reichende Strecke, welche ihre Blätter in einer Längszeile trägt.
Die Riefen des Stengels rechtsläufig gewunden. Die Blattbasen
einander unmittelbar berührend. Die Zahl der einzelnen Blattscheiben in der Spirale beträgt weit über 50.

Rubia tinctorum. „Monstros., Berliner Universitätsgarten 1870."
Ein Spross von 15 cm Länge, dessen Gipfel über einer Länge von
etwas über 3 cm wurmförmig gedreht ist und seine Blätter in einer
einzigen ununterbrochenen Längszeile trägt. Zahl der einzelnen
Blättchen etwa 20. Riefen des Stengels linksläufig. ·Eine echte
Zwangsdrehung von demselben Baue wie bei Galium.

Ich habe dieses Zweiglein beschrieben und abgebildet in Kruidkundig Jaarboek Dodonaea 1890, Bd. III, S. 74, Taf. IV, Fig. 3.

Crucianella stylosa. „Prager Garten 1863, keine Fasciation,
sondern Zwangsdrehung." Zwei Sprosse, auf einem Blatte auf-
geklebt. Beide sind im unteren Theile normal, im oberen über 2
resp. 2½ cm tordirt. Der tordirte Theil, wie bei Galium, aufgeblasen, mit den Blättern in ununterbrochener Längszeile, fast einseitswendig; die Riefen in beiden links aufsteigend.

Urtica urens. „Schöneberg bei Berlin, Aug. 1852, mit spiraliger Blattstellung und Zwangsdrehung." Eine ganze, bewurzelte
Pflanze von etwa 25 cm Höhe. An den unteren Knoten standen
die Blätter decussirt, in der oberen Hälfte spiralig, grossentheils
einseitswendig, während die Riefen des Stengels linksläufig gedreht
sind. Die Blätter stehen in der Spirale nicht genähert, sondern in
gegenseitigen Entfernungen von meist etwa 1 cm; dementsprechend
ist die Zwangsdrehung nicht aufgeblasen. Vermuthlich nach dem
im vorigen Theile für Urtica urens beschriebenen Typus gebaut.

Dianthus Caryophyllus. „Zwangsdrehung, Berlin 1863." Ein
30 cm langer, blüthentragender Spross. Auf zwei Knoten mit normaler decussirter Blattstellung folgt noch ein normales Internodium,
darauf die 1½ cm lange gedrehte Strecke und dann ein gerader,
in einer Blüthe endigender Gipfel mit zwei kleinen decussirten
Blattpaaren.

Der gedrehte Theil trägt fünf Blätter, welche in einer Längszeile stehen und ohne Zwischenräume an einander grenzen. Ihre
Länge nimmt vom untersten bis zum obersten stetig ab (6—5,5—
4—3,5 und 2 cm). Mit Ausnahme des zweiten trägt jedes in seiner
Achsel einen Blüthenspross. Der gedrehte Theil ist in seiner Basis
senkrecht zur Stengelachse seitwärts gebogen, seine Längsriefen laufen
schief um ihn herum, wie in anderen Zwangsdrehungen. Auch ist
er merklich angeschwollen und etwa doppelt so dick wie das nächst
ältere, gestreckte Internodium.

Die Stengelriefen machen im gedrehten Theile zwei rechtsläufige Spiralumgänge um die Achse. Dieses und die Fünfzahl der
Blätter deutet auf eine Blattstellung von ⅖ als Ursache der Zwangsdrehung. ·Das Internodium unterhalb der Zwangsdrehung (6 cm
lang) trägt am oberen und am unteren Ende je eine Wunde; beide

Wunden laufen in der Richtung der Mitte spitz zu und scheinen darauf hinzudeuten, dass das erste Blatt der Spirale mit dem höchsten des decussirten Paares am Grunde des Internodiums ursprünglich verbunden war, dass die Verbindung aber durch die Streckung dieses Internodiums zerrissen worden ist.

Man vergleiche die anscheinend nach anderem Typus gebauten Zwangsdrehungen derselben Art im vorigen Theile S. 117 und auf Taf. X, Fig. 7 u. 8.

Viscaria purpurea. „Zwangsdrehung, Tegel 9: Mai 1856." Ein bewurzeltes, blühendes, völlig normales Exemplar, welches aber auf demselben Rhizom einen tordirten Spross trägt. Dieser ist in eine 2 cm lange, 1 cm breite, hohle Blase umgewandelt, welche auf kurzem Stiele dem Rhizome aufsitzt und an ihrem Gipfel die gestielte, etwas reducirte Inflorescenz trägt. Die Blätter auf der Blase in einer Längszeile mit breit verwachsenen Basen zusammenhängend, im stark gedunsenen Theile fünf an der Zahl; die Riefen der Blase fast quer, rechts aufsteigend. Blase am oberen Ende mit weiter Oeffnung, wie solches bei Valeriana so oft vorkommt.

Cerastium perfoliatum. „Drehung durch Verwachsung aufeinanderfolgender Blätter veranlasst." Zwei Sprosse, auf einem Blatte aufgeklebt, im gleichen Entwickelungsstadium, mit reifen Früchten und offenbar von demselben Funde. Beide etwa 25 bis 30 cm unterhalb der Endblüthe abgebrochen, im unteren Theile mit gestreckten Internodien und zwei decussirten Blattpaaren, dann mit kleiner gedunsener Zwangsdrehung, dessen Gipfel das nackte, 12 bis 14 cm lange ungedrehte Internodium unterhalb der eigentlichen Inflorescenz trägt. Die gedrehte Strecke ist in beiden Objecten 2 cm lang, ½ resp. 1 cm dick und somit stark aufgeblasen und von einer Spirallinie verwachsener Blätter umzogen. Die Anzahl dieser Blätter ist 5 resp. 7; im ersteren Falle ist die Spirale linksläufig, im zweiten rechtsläufig, in beiden macht sie etwa eine Windung. Die Riefen des Stengels sind in entgegengesetzter Richtung gedreht und laufen stellenweise quer um die Achse herum. Die kleinste der beiden Zwangsdrehungen ist beim Wachsthum stellenweise zerrissen und verzerrt.

Gentiana germanica. „Strophomanie, München, C. Schimper", „Zwangsdrehung". Ein reich blühendes 25 cm langes Exemplar.

Die unteren 6 cm bilden eine schöne, bis zu einer Dicke von ¼ cm aufgeblasene Zwangsdrehung mit rechts aufsteigenden Riefen und einseitswendigen Blättern und von demselben Bau, wie dieser für Galium und andere Arten so oft beschrieben wurde. Namentlich ist die, seitlich von der Blätterlinie verlaufende Reihe von Achselsprossen schön ausgebildet. Leider ist das Exemplar in der Zwangsdrehung abgebrochen und fehlt deren unteres Ende. Auf zwei Windungen der Riefen zählte ich je 3½ Blattinsertion, was einer ²/₇-Stellung entsprechen würde, doch liess sich, ohne Aufweichung, Weiteres nicht feststellen. Am geraden Stamm oberhalb der Zwangsdrehung stehen die Blätter in dreigliedrigen Quirlen.

Dieses Exemplar zeigt die merkwürdige Erscheinung secundärer Torsionen und zwar im gestreckten Internodium des Stammes oberhalb der Zwangsdrehung und in dem unteren Internodium fast jeden auf der Zwangsdrehung stehenden Achselsprosses. Alle übrigen Internodien des Stammes und der Zweige sind ungedreht. Im Stamminternodium, welches 1 cm lang ist, ist die obere Hälfte um 360⁰ tordirt, und zwar in entgegengesetzter Richtung wie die Zwangsdrehung, in der unteren Hälfte liegt der stark in die Länge gezogene Wendepunkt. In den Achselsprossen ist gleichfalls die Richtung der Torsion eine wechselnde; sie sind am Grunde in entgegengesetzter Richtung tordirt wie etwas weiter hinauf. In den einzelnen Fällen ist die Torsion in sehr verschiedenem Grade ausgebildet. Am Grunde ist die Richtung meist linksläufig, bisweilen rechtsläufig. Diese tordirten Internodien haben eine Länge von 2—8 cm.

Mesembryanthemum emarginatum. „Zwangsdrehung, Hortus Berolinensis, 1860." Ein reich verzweigtes, 11 cm langes, auf allen Zweigen blühendes, wohl nur den oberen Theil der Inflorescenz umfassendes Object. Die Hauptachse in der unteren Hälfte normal, mit decussirten Achselsprossen, in der oberen Hälfte über einer Länge von 2 cm als Zwangsdrehung ausgebildet. Diese trägt neun Blätter in ununterbrochener, einseitswendiger Längsreihe; die Blattbasen verwachsen. Der Stengel nur wenig aufgeblasen, die Riefen unter einem Winkel von 30⁰—40⁰ links aufsteigend.

Achyranthes. „Hortus Berolinensis, 1871." Ein kleines Zweiglein einer stark behaarten Art mit weit von einander entfernten spiralig gestellten Blättern. Die Blattinsertionen theils fast longitudinal gestellt, mit ihren Achselknospen neben ihnen, theils fast quer.

Der Stengel nicht geschwollen, seine Riefen spiralig rechts aufsteigend.

Gomphrena globosa. „Zwangsdrehung." Ein blühender Spross,
offenbar dicht am Boden abgebrochen, etwa 23 cm lang, mit sieben
Blüthenköpfchen. Am Grunde zwei decussirte Blattpaare, begrenzt
von drei gestreckten Internodien. Dann über einer Länge von 8 cm
vier vereinzelte Blätter, alle vier auf derselben Seite des Stengels
und von gestreckten Internodien (von etwa 1, 4 und 3 cm Länge)
getrennt, jedes mit blüthentragendem Achselspross. Jedes der drei
von diesen Blättern begrenzten Internodien ist tordirt und zwar linksläufig, mit nicht ganz einem halben Umgange. Die Detorsion der
$^2/_5$-Spirale in eine gerade Zeile würde 144^0 entsprechen; dieses stimmt
also, soweit die Beobachung am getrockneten und gepressten Object
zu entscheiden zulässt.

Die tordirten Internodien sind nicht aufgeblasen, sogar nicht
dicker als die normalen. Die Blattinsertionen sind, wie bei Weigelia (vergl. S. 101) durch eine ebenso erhabene, jedoch nicht sehr
scharf markirte Linie verbunden. Auf die Zwangsdrehung folgt der
nackte, nicht tordirte Blüthenstiel des Endköpfchens.

Sambucus nigra. „Zwangsdrehung, Pseudo $^2/_7$, eigentlich
$$\frac{1 + \,^1/_2}{2}.$$" Ein 33 cm langer Spross, dessen Blätter zumeist einige
cm über ihrem Grunde abgeschnitten sind. Die Blätter in steiler,
rechtsläufiger Spirallinie, welche etwa drei Umläufe macht, zwölf an
der Zahl, mit Ausnahme der jüngsten, noch in der Knospe zusammen-
schliessenden. Ihre Insertionen schief, bisweilen longitudinal gestellt,
ihre Entfernungen von 1—7 cm wechselnd; die Basen zweier benachbarter Blätter, ähnlich wie bei Weigelia, durch eine erhabene
Leiste über die ganze Länge des Internodiums verbunden. Der
Stengel mit linksläufigen Riefen, von normaler Dicke.

Somit eine echte Zwangsdrehung mit gestreckten Internodien.

Auf einem anderen Blatte in demselben Umschlag findet sich
ein Ast mit einer Inflorescenz mit reifer Beere und höchst unregel-
mässiger spiraliger Blattstellung „von einem Baume mit Fasciationen
und mehrblättrigen Quirlen, 1832." Die Riefen in der Rinde deuten
aber keine Torsion an.

Knautia (Scabiosa) arvensis. „Meudon bei Paris, 8. Juli 1832
von Le Plaie gefunden. Die Halbquirle sind sehr räthselhaft."

Spross über 25 cm lang, am Rhizom abgerissen, im unteren Theile
normal, in der Mitte mit einer gedrehten Stelle, welche auf dem
ersten Blick wie eine doppelte Knickung aussieht. Am unteren und
am oberen Ende dieser Knickung je ein Halbquirl, aus je vier
Blättern gebildet; im oberen Halbquirl eins dieser Blätter bis nahe
am Grunde gespalten. Die Entfernung der Halbquirle ist 2 cm,
der zwischenliegende Stengeltheil gedunsen und mit schiefen, linksansteigenden Riefen. Auf diese Knickung folgt ein 11 cm langes
Internodium, welches die Inflorescenz trägt. In dieser ist der unterste
Blattquirl wiederum ein Halbquirl, aus vier Blättern gebildet.

Ich glaube die. folgende Erklärung vorstellen zu dürfen. Die
Blätter der verschiedenen Halbquirle seien am Vegetationspunkt in
einer Spirale angelegt worden und in dieser mit einander verwachsen.
An einzelnen Stellen fehle diese Verwachsung der Basen zweier
benachbarter Blätter, oder würde sie nachträglich zerrissen; hier
könnten sich die Internodien theilweise oder ganz strecken, wie ähnliches auch bei Dipsacus vorkommt. Wir hätten somit eine unterbrochene Zwangsdrehung vor uns.

Zinnia grandiflora (elegans). „Zwangsdrehung". Ein 35 cm
langer, fast unverzweigter blühender Spross mit zwei decussirten
Blattpaaren an der normalen unteren Hälfte und darauf folgender
Spirale von zehn Blättern, in etwa zwei Windungen. Das untere
Blatt der Spirale frei, die übrigen mit ihren Basen verwachsen,
zwischen den Spreiten eine erhabene Leiste bildend. Spirale rechtsläufig, Riefen des Stengels in entgegengesetzter Richtung gewunden.
Der gedrehte Theil nur wenig verdickt. Die Windung des Stengels
erstreckt sich, wie stets, nur soweit, als die Blätter verwachsen sind,
die obere Strecke unterhalb des Blüthenkopfes ist ungedreht und
trägt zwei vereinzelte, einander fast gegenüberstehende Blättchen.

Zinnia verticillata. „Jardin des plantes, Ende August 1832."
In diesem Umschlage sechs blühende Sprosse, wahrscheinlich demselben Funde entstammend. Ausserdem ein Exemplar aus „Hortus
Carlsruhe", mit jungem Endköpfchen. Ueber letzteres Exemplar
sagt die beigefügte Notiz „Spirale mit kleinen Divergenzen durch
Zwangsdrehung aufgerichtet." Der Spross ist etwa 27 cm lang und
trägt drei von einander entfernte Blättergruppen, die untere von
zwölf, die mittlere von sieben, die obere von etwa sechzehn Blättern,
an das Involucrum der Inflorescenz anschliessend. Die Blätterspirale

ist linksläufig und macht nur etwa zwei Umläufe, stellenweise ist
sie so steil aufgerichtet, dass sie der Achse des Stengels parallel
läuft. Im unteren Theile sind zwei benachbarte Blätter etwa bis
zur Mitte mit einander verwachsen. Die Blattbasen wie üblich schief
oder longitudinal inserirt, unter einander durch eine erhabene Leiste
verbunden.

Die übrigen Exemplare zeigen ganz ähnlichen Bau. Blätterspirale in vier Sprossen links ansteigend, in den beiden anderen rechts
ansteigend. Riefen entgegengesetzt gedreht. Spirale meist stellenweise unterbrochen, in verschiedener Neigung, oft über eine längere
Strecke der Achse parallel. Eine Notiz sagt „mit spiraliger Blattstellung und Zwangsdrehung." Die Stengel sind gerade, nicht verdickt, gestreckt, die Blätter mehr oder weniger entfernt. Also
Zwangsdrehung nach dem Typus von Lupinus.

Siegesbeckia orientalis. „Zwangsdrehung durch Loxophyllose."
Ein etwa 30 cm langer samentragender Spross mit spiraliger Blattstellung und schiefem Verlauf der Riefen. Die Blätter von einander
weit entfernt, mit etwas schiefer Insertion, der Stengel nicht angeschwollen. Riefen rechtsläufig angeschwollen.

Die Zwangsdrehung nach dem für Weigelia beschriebenen
Typus ausgebildet, jedoch ziemlich unregelmässig.

Eupatorium maculatum. „Jardin des plantes, Aug. 1832."
Ein 35 cm langes Stück aus einem Sprosse, oben und unten abgeschnitten, etwa $^1/_2$ cm dick. Die Blätter sämmtlich (etwa 22)
in einer rechts aufsteigenden Spirale, in wechselnden Entfernungen
von einander. Ihre Basen durch eine erhabene Leiste verbunden,
wie bei Weigelia; ihre Insertionen in der Richtung der Spirale
gestellt und mit dieser von fast longitudinal bis zu einer Neigung
von etwa 45° wechselnd. Im ersteren Falle ihre Achselknospen
neben ihnen. Die Blätterspirale macht im Ganzen etwa drei Umläufe, von denen zwei wenig steil sind und auf das untere Drittel
kommen, während der obere Umgang sehr steil ist und sich über
zwei Drittel des Objectes erstreckt. Die Riefen des Stengels in
entgegengesetzter Richtung gewunden.

Somit eine typische, gestreckte Zwangsdrehung.

In normalen Exemplaren dieser Art stehen die Blätter verticillirt.

Scrophularia nodosa. Eine Sammlung von acht, theils zusammen-
gehörigen Stengelstücken, welche bei Berlin in 1855 und 1865

gesammelt worden sind. Sie sind sämmtlich von Braun als „Zwangsdrehung" bezeichnet. Das auffallende an diesen Sprossen ist die bedeutende Streckung der Internodien zwischen den einzelnen, einblättrigen Knoten. Es sieht ganz aus, als ob die Torsion des Stengels das Primäre, die Spiralstellung der Blätter das Secundäre wäre. Wer aber diese Vermuthung hegen wollte, würde sich sofort wiederlegt finden durch die deutlich hervortretende, wenn auch stark gedehnte Verbindungslinie der Blattbasen, welche genau in derselben Weise ausgebildet ist, wie ich solches für Weigelia (vergl. S. 101 ff.) beschrieben habe.

Die Riefen laufen an einigen Sprossen in links-, an anderen in rechtsaufsteigender Spirale, aber meist sehr steil. Die Zwangsdrehung erstreckt sich nahezu über die ganzen Stengel, vom Rhizom aufwärts bis zur Inflorescenz; die Spirale der Blätter ist so steil, dass sie auf dieser ganzen Länge nur einige wenige Umläufe macht.

Veronica latifolia. „Mit Spiralstellung und Zwangsdrehung." Ein fast 40 cm langer Spross. Im unteren Drittel stehen die Blätter in Paaren, jedoch unregelmässig; vier unter ihnen tragen in ihren Achseln lange, blühende Trauben. Der mittlere Theil bildet die Zwangsdrehung, seine Blätter tragen keine Achselsprosse. Im Gipfel ist der Spross wieder normal, decussat.

Die Zwangsdrehung hat 14 Blätter, in stellenweise unterbrochener Spirale, welche über 13 cm etwa zwei rechts aufsteigende Umläufe bildet. Die Blätter von einander entfernt, in sehr ungleichen Abständen, ihre Basen aber durch eine deutliche, erhabene Linie verbunden. Der Stengel nicht dicker wie die normalen Strecken, seine Riefen undeutlich schief gestellt.

Ausser echten Zwangsdrehungen enthielt die Mappe noch:

1. *Phlox.* „Knickung, C. Schimper 1835." Ein 8 cm langer, in der Mitte geknickter Sprossgipfel.

2. *Brassica oleracea.* „Sonderbare Verwachsung der Blätter mit Stengelknickung." Junger Seitenzweig mit Blüthenknospen, in 7 cm Entfernung von seiner Spitze abwärts geknickt, in Folge einer longitudinalen Verwachsung eines Blattes mit dem Stengel.

3. *Orchis maculata L.* „In der Mitte des Stengels in der Länge eine Blattscheide(?) gedreht, bei Engelsbach in Thüringen, leg. Alb. Linz, comm. Dr. Thomas, 9. Juni 1872."

4. *Orchis maculata L.* „Der mittlere Theil des Stengels stark gedreht (rechts). Aus welcher Ursache? Scheurershütte bei Ohrdruf, 10. Juni 1872, Dr. Thomas."

5. *Plathanthera bifolia.* „Heringsdorf." Ein Exemplar mit reifen Früchten, welches oberhalb der beiden grossen Blätter auf einer tordirten Strecke des Stengels zwei kleinere trägt.

6. *Saxifraga mutata.* „Solothurn, Zwangsdrehung? legit C. Schimper, Juni 1837." Eine Inflorescenz, etwa 10 cm unterhalb der Endblüthe abgebrochen und mit tordirter Hauptachse.

Dritter Abschnitt.
Die Sammlung des Herrn Prof. P. Magnus.

Herr Prof. Magnus hatte im Frühjahr 1890 die Freundlichkeit, mir seine Sammlung von tordirten Pflanzentheilen auf einige Zeit zum Studium zu übersenden. Sie bestand hauptsächlich aus getrocknetem, zum Theil aber auch aus in Alkohol conservirtem Material (Lupinus luteus).

Das Studium dieser Sammlung war für mich von grösster Bedeutung, weil sie die von Magnus beschriebenen oder doch gelegentlich erwähnten Objecte enthält, auf welche dieser Forscher seine Einwände gegen Braun's Theorie der Zwangsdrehung stützt. Nur die tordirten Stämme und Zweige von Dipsacus waren mir, aus leicht ersichtlichen Gründen, nicht geschickt worden.

Ich hoffe durch das Studium dieses wichtigen Materiales etwas zur Entscheidung der schwebenden Fragen beigetragen zu haben und sage meinem verehrten Collegen für seine grosse Gefälligkeit besten Dank.

Mit wenigen Ausnahmen lassen sich sämmtliche Objecte in die Gruppen der Zwangsdrehungen im Sinne Braun's und der einfachen Torsionen unterbringen. Die Ausnahmen aber sind Gegenstände, welche für ein eingehendes Studium nicht ausreichten [1]).

Ich spalte somit meine Liste in zwei Theile:
1. Zwangsdrehungen,
2. Einfache Torsionen.

An dieser Stelle habe ich nur die ersteren zu besprechen. Für

---

1) z. B. Hydrangea arborescens.

die Behandlung der übrigen verweise ich auf den letzten Theil dieser
Abhandlung, für die Begründung der Unterscheidung aber auf den
letzten Abschnitt des zweiten Theiles.

Valeriana officinalis. „Monströs, Gegend von Bern (Aardamm
am Belpmoos?) 13. Juni 1885 comm. Ed. Fischer." Ein Spross,
welcher am Gipfel eines normalen, gestreckten und im Objecte nur
theilweise (etwa 10 cm) erhaltenen Internodiums eine Zwangsdrehung
trägt. Kurz vor der Blüthe abgeschnitten. Die gedrehte Stelle
8 cm lang, 2 cm breit, stark gedunsen; die Blätter in einer steilen,
links ansteigenden Spirale, die oberen mit Achselzweiglein, welche
die Partialinflorescenzen tragen. Der Gipfel des Stengels geschlossen,
dünn, mit Endinflorescenz von normaler Ausbildung. Die Riefen
des Stengels rechts ansteigend, stellenweise fast quer zur Achse
liegend.

Das merkwürdigste an diesem Objecte ist der Umstand, dass
die Blätterspiralen im oberen Theile vorübergebogen ist. M. a. W.
sie ist nicht nur gerade aufgerichtet, sondern noch weiter gedreht.
Dasselbe ist der Fall an dem S. 142 beschriebenen, in meiner Sammlung
befindlichen Exemplare von Vrolik. Die Vorüberbiegung beträgt
etwa eine halbe Windung.

Ich ermittelte den Lauf einer Riefe über zwei Windungen und
fand die Entfernungen, in denen sie die Blätterspirale durchschnitt,
zu $2^5/_8$, was einer Blattstellung von $^5/_{13}$ entspricht. Es ist dieses
dieselbe Blattstellung, wie in den übrigen von mir untersuchten gedrehten Stengeln von Valeriana officinalis.

Valeriana sambucifolia. „Zwangsdrehung, cult. bei Haage
und Schmidt in Erfurt, legit Reinerke, 28. Aug. 1881, comm.
Fr. Thomas." Ein ganzer, wohl dicht am Boden abgeschnittener,
13 cm hoher, blühender Stamm, der namentlich in seiner oberen
Hälfte stark aufgeblasen war. Am Gipfel trug er die Inflorescenz
und war hier durch einen kleinen Riss geöffnet. Die Blätter unten
in steiler, linksansteigender Spirale, oben zu einer Seitenlinie aufgerichtet, die Achse hier etwa 3,5 cm dick. Ich ermittelte den
Lauf einer Riefe über drei Windungen und fand dieselbe Blattstellung
($^5/_{13}$), welche ich in den gedrehten Stengeln von Valeriana officinalis beobachtete.

Dieses Object war nicht gepresst und eins der schönsten Beispiele von Zwangsdrehung, welche mir vorgekommen sind.

Galium Mollugo L. Beim Mähen von Gerste auf Aeckern bei Kowalomks, unweit Nemirow in Podolien, gefunden und von Herrn F. Bartel's eingesandt, Juli 1882. Eine prachtvolle, leider unten im gedrehten Theil abgebrochene Zwangsdrehung mit den Blättern und Achselzweigen auf einer Seite, bis in den Gipfel gedreht. Riefen des Stengels rechts ansteigend. Das Exemplar entspricht genau dem Bilde in Masters' Vegetable Teratology.

Casuarina sp. „Spiralige Verwachsung der Blattwirtel an der Hauptachse. Die Wirtel sind unter eigenthümlicher monströser Drehung zur Spirale umgebildet. Berlin, im botanischen Garten, legit A. Rehder, Sommer 1885." Diese 3 cm lange Zwangsdrehung zeigt die Blätter in linksansteigender Spirale. Die Spirale ist im unteren Theil so steil, dass sie in eine Längslinie umgebildet ist, darauf folgen deutliche Windungen, welche nach dem Gipfel stetig weniger steil werden. Die Achse ist gedunsen, im unteren Theile liegen ihre Riefen fast quer; zwischen den Windungen der Blätterspirale sind sie entsprechend steiler gerichtet. Der gedrehte Spross ist der Gipfel eines stark verzweigten Astes, trägt aber selbst keine Seitenzweige. Das Object entspricht genau den vor vielen Jahren (vergl. S. 139) von Braun gegebenen Abbildungen. Es ist merkwürdig, dass die Erscheinung sich nach so vielen Jahren (1831 bis 1885) wiederholt ·hat. Vielleicht ist sie an bestimmten Individuen nicht eben selten.

· *Lupinus luteus.* „Blüthen durch Drehung des Stengels in eine Spirale geordnet, ohne unter einander verwachsen zu sein." Zwei in Alkohol aufbewahrte Trauben; die meisten Blüthen sind abgefallen; die Achsen etwa 15 cm unterhalb des Gipfels abgeschnitten. Die eine trägt unten einen Quirl von Blüthen; der folgende Quirl ist aber zu einer Schraubenlinie auseinander gezogen, welche etwa 1½ cm oberhalb des unteren, vollständigen Wirtels anfängt. An diese Schraubenwindung schliessen sich die folgenden in ununterbrochener Linie an, im Ganzen fünf Umgänge bildend, welche nach oben immer steiler werden. Die Insertionslinien der Bracteen, in deren Achsel die Blüthen standen, sind deutlich zu erkennen und fliessen zu einer continuirlichen Schraubenlinie zusammen. Diese Schraube steigt nach rechts an, die Riefen des Stengels sind dementsprechend, wenn auch nur wenig, nach links geneigt.

Der untere, vollständige Quirl trug fünf Blüthen, die beiden untersten Umgänge der Schraube aber zusammen 14. Nimmt man an, dass ursprünglich jeder Umgang sechs[1]) Blüthen umfasst hat, so würde zu folgern sein, dass die Schraube durch Detorsion während des Längenwachsthums etwas steiler geworden ist, und zwar um etwa $^2/_6 \times 360^0 = 120^0$ pro Windung. Diesem Vorgange entspricht die linksgerichtete Neigung der Längsriefen des Stengels, welche bereits genannt worden ist. Der vierte Umgang der Schraube umfasst neun Blüthen und ist dementsprechend viel steiler.

Die zweite Inflorescenz trägt unten zunächst drei Wirtel, von denen der obere ein wenig aufgelöst ist. Dann folgen die Blüthen in einer Schraube, welche hier aber nach links ansteigt. Die Insertionen der Bracteen sind wiederum zu einer ununterbrochenen, aber stellenweise etwas ausgedehnten Schraubenlinie vereinigt. Im Ganzen sind zwei Windungen mit 19 Blüthen vorhanden; sie erstrecken sich über 7 cm; die Riefen des Stengels sind hier entsprechend schwach, doch deutlich nach rechts geneigt.

Wir haben hier den Fall einer Zwangsdrehung bei wirteliger Blattstellung, genau so wie ich ihn oben für die nämliche Art ausführlich beschrieben habe. Dass hier die schraubige Stellung der Blüthen das Primäre ist, geht aus der a. a. O. erwähnten Untersuchung der jüngsten Zustände ohne Weiteres hervor. Nur die steile Aufrichtung der Spirale muss als eine Folge der Torsion betrachtet werden.

Mentha micrantha. „Stengel mit Zwangsdrehung, Weissenburg an Wiesengräben, August 1868 legit F. Schulz; Riefen des Stengels in rechtsläufiger Spirale ansteigend." Ein 13 cm langer Spross, wohl dicht am Boden abgebrochen. Die Blätter stehen nicht paarig, sondern in einer Spirale, welche linksläufig um den Stengel heransteigt. Diese Spirale ist ziemlich steil, die einzelnen Blattinsertionen dementsprechend schief oder fast longitudinal gestellt, ihre Achselzweige somit neben ihnen. Die Blattbasen durch eine erhabene Leiste verbunden, aber von einander entfernt, nicht selten um fast 1 cm. Der Stengel, dessen rechtsläufige Riefen scharf hervortreten, dementsprechend nicht geschwollen.

---

1) Vergl. S. 107 ff. und Taf. IX, Fig. 7, Taf. XI, Fig. 7 u. 8.

Die beiden unteren Windungen umfassen etwa 7 cm, die beiden folgenden zusammen nur 3 cm; im jüngeren, nicht ausgewachsenen Theil sind die Riefen nicht sicher zu verfolgen.

Eine schöne Zwangsdrehung wohl nach dem früher (vergl. S. 101) für Weigelia beschriebenen Typus.

Magnus führt in den Sitzungsberichten des botanischen Vereins der Provinz Brandenburg (Bd. XIX, S. 120, 31. Aug. 1877) dieses Exemplar sowie Galeopsis Ladanum (vergl. unten) als einen Beweis dafür an, dass „die Drehung der Längsriefen des Stengels nicht aus der Verwachsung der Blätter resultirt, sondern im Gegentheil durch die Drehung der Längsriefen des Stengels die Blätter nach einer Seite genähert werden." „Dieses tritt am jungen Stengel mit noch kurzen ungestreckten Internodien ein; die jungen Blätter, die nach einer Seite verschoben werden und nur durch noch ganz kurze Internodien getrennt sind, oder vielmehr mit ganz kurzen Internodien nahe beisammenstehen, verwachsen in Folge dessen mit einander." „Die Verwachsung stellt sich also als eine Folge der durch die spiralige Drehung der Längsriefen des Stengels bewirkten Annäherung der Blätter heraus."

Dieser Annahme steht jedoch im Wege, dass an den betreffenden Exemplaren von Mentha und Galeopsis das thatsächliche Verhältniss sich nicht ermitteln lässt, während in meinen Culturen von Dipsacus die Verwachsung der Blätter schon längst beendet ist, bevor die Torsion der Internodien anfängt.

Auch fehlt in diesen Individuen von Mentha und Galeopsis, soweit sich nach dem getrockneten und gepressten, grossentheils erwachsenen Material urtheilen lässt, die Verwachsung der Blätter keineswegs. Allerdings sind die Blätter viel weiter von einander entfernt, wie in den Zwangsdrehungen von Dipsacus und Valeriana, ihre Basen sind aber durch eine deutliche Linie verbunden, ihre Insertionen stehen schief oder longitudinal, was doch wohl nicht durch eine einfache Torsion des Stengels bewirkt werden kann[1]).

---

[1]) Man denke sich auf einen Cylinder (z. B. von Kautschuk) die fraglichen Linien aufgetragen und nun diesen künstlich tordirt. Es werden bekanntlich die Längslinien zu Spiralen, Schraubenlinien werden steiler oder weniger steil, die quer zur Achse stehenden Kreise aber behalten Form und Lage.

Ueberhaupt fügen sich die beiden Gegenstände den für Weigelia beschriebenen und abgebildeten Verhältnissen so völlig, dass es mir kaum zweifelhaft erscheint, dass sie derselben Categorie[1]) angehören.

Ganz anders verhalten sich die beiden anderen, von Magnus angeführten Beispiele, Rumex Acetosa und Campanula Trachelium. Hier ist ohne Zweifel die Drehung des Stengels das Primäre. Aber die Blätter verwachsen auch nicht mit einander. Vergleiche hierüber die Beschreibung dieser Objecte im letzten Abschnitte des letzten Theiles.

Galeopsis Ladanum ("latifolia"). Eine am Boden im gedrehten Theile abgebrochene Pflanze, deren Stengel, oberhalb der 3 cm langen gedrehten Stelle, sich senkrecht emporhebt und etwa 30 cm hoch wird. Dieser ganze Theil ist von normalem Bau mit decussirten Blättern. Die Pflanze während der Blüthe gesammelt und getrocknet. Der gedrehte Theil zeigt die Riefen des Stengels in linksaufsteigender Spirale und zwar unten fast horizontal, nach oben steiler werdend und allmählich in den normalen Stamm übergehend. Er trägt vier Blattinsertionen, deren Blätter abgefallen sind, deren Achselzweige noch vorhanden sind.

Diese Blattinsertionen liegen in rechtsansteigender Spirale, aber in zwei Paaren, welche um etwa 1 cm von einander entfernt sind, während die Achselsprosse desselben Paares nur 1—2 mm von einander abstehen. Das untere Paar steht fast parallel der Stengelachse, die Riefen liegen hier fast quer. Das obere Paar steht nur wenig schief, die Riefen dementsprechend steil. Oberhalb des oberen Paares setzt sich die Drehung noch über 1 cm fort, dieser eine Centimeter bildet den Grund des ersten gestreckten, $7\frac{1}{2}$ cm langen Internodiums.

Man könnte vielleicht meinen, dass hier die gegenseitige Annäherung der Zweige eines Paares nach der einen Seite des Stengels etwa eine Folge der spiraligen Drehung des Stengels sein dürfte. Dieser Meinung kann ich aber nicht beipflichten, weil ich nicht einsehen kann, wie durch eine Drehung eine einseitliche Näherung der Zweige eines Paares stattfinden könnte. Für einen solchen Vorgang ist es durchaus erforderlich, dass die Blätter von vornherein in einer Spirale angeordnet sind.

---

1) Oder vielleicht dem Typus Urtica?

Ich betrachte somit dieses Object als eine echte Zwangsdrehung im Sinne Braun's, nach dem Typus Urtica, bedingt durch spiralige Anordnung der Blätter unter Verwachsung der Blattbasen in der Richtung der Spirale. Die Entfernung der beiden Blattpaare betrachte ich als eine Folge der nachherigen Zerreissung dieser Verwachsungslinie, wie solches bei Dipsacus thatsächlich so häufig vorkommt.

Sucht man in dieser Ueberzeugung nach jener Verwachsungslinie, so findet man sie als eine rothe, mit der Lupe deutlich kenntliche Linie, welche die beiden Blattpaare so weit verbindet, wie es der zerbrochene Zustand des Gegenstandes zu beurtheilen erlaubt. Dieselbe Linie verbindet die beiden Blattinsertionen in den Paaren und erstreckt sich oberhalb des oberen und unterhalb des unteren Paares.

Der Stengel ist im gedrehten Theil zu etwa doppelter Dicke angeschwollen.

Dieses Exemplar ist von Prof. Magnus in den Sitzungsberichten des botanischen Vereins der Provinz Brandenburg Bd. XIX, 1877, 31. Aug., S. 120 besprochen worden und zwar gleichzeitig mit der oben behandelten Mentha micrantha.

Teucrium fruticans L. „Taormina auf Sicilien, 28. März 1881, legit P. Magnus". Fünf Exemplare, 20—30 cm hoch, während der Blüthe gesammelt. Ein Spross mit dreigliedrigen, ein anderer mit viergliedrigen Blattquirlen. Die drei übrigen stellenweise gedreht über eine 3—9 cm lange, dicht unterhalb der Inflorescenz liegende Strecke. Hier die Blätter in einer Spirale und zwar links ansteigend sehr steil, die Riefen des Stengels in entgegengesetzter Richtung gedreht. Die Richtung der Drehung war in den drei Sprossen dieselbe.

Die gedrehten Theile nicht oder doch kaum merklich angeschwollen; die Blattinsertionen von einander entfernt, aber durch eine deutliche Linie verbunden, fast longitudinal gestellt mit den Achselknospen neben ihnen.

Echte Zwangsdrehung, vielleicht nach dem Typus von Urtica.

Silphium ternatum. „Mit geringer Zwangsdrehung, Berlin, im botanischen Garten, 11. October 1880, legit P. Magnus." Ein über 40 cm langes, oben und unten abgebrochenes Zweigstück mit 14, in einer steilen, linksläufigen Spirale geordneten Blättern. Die

Entfernungen der Blätter äusserst wechselnd, bisweilen berühren sie einander mit ihrer verbreiterten Basis, bisweilen 3 — 10 cm von einander abstehend. Die Blattinsertionen schief, fast longitudinal bei geringeren Entfernungen zu einer zusammenhängenden Linie verbunden.

In der unteren Hälfte bilden acht Blätter eine deutlich zusammenhängende Spirale von etwa einer Windung. Hier ist der Stengel in entgegengesetzter Richtung, aber entsprechend steil gedreht. Höher hinauf ist die Spirale zerrissen, und laufen die Riefen des Stengels der Achse parallel. Der Stengel im gedrehten Theil von normaler Dicke.

Zwangsdrehung wohl nach dem Typus von Weigelia.

Vierter Abschnitt.
Systematische Zusammenstellung.

Durch die Sammlungen von Braun und Magnus wird unsere Kenntniss der Verbreitung der Zwangsdrehungen im Pflanzenreich sehr wesentlich bereichert. Die auf S. 135 gegebene, aus der Literatur zusammengestellte Liste wird durch die Aufnahme dieser Beiträge fast doppelt so gross. Es scheint mir daher zweckmässig, die sämmtlichen in dieser Abhandlung angeführten Arten mit eigentlichen Braun'schen Zwangsdrehungen an dieser Stelle übersichtlich zusammenzustellen.

Ich wähle dazu die Gruppirung nach natürlichen Pflanzenfamilien.

Die in den einzelnen Abschnitten dieses Theiles behandelten Fälle sind durch folgende Buchstaben angedeutet:

L   Literaturverzeichniss,

B   Braun's Sammlung,

M   Magnus' Sammlung,

während die von mir selbst beobachteten Fälle durch d. V. angewiesen sind. Jeder Art ist die betreffende Seitenzahl beigefügt.

A. Kryptogamen.

Equisetaceen.

Equisetum Telmateja L. S. 136. — E. limosum L. S. 138. — E. palustre L. S. 138.

B. Dikotylen.

Scrophularineen.

Scrophularia nodosa B. S. 157. — Veronica latifolia B. S. 158.

Labiaten.

Dracocephalum speciosum L. S. 148. — Galeopsis Ladanum M. S. 164. — Hyssopus officinalis L. S. 149. — Mentha aquatica L. S. 149. — M. micrantha M. S. 162. — M. viridis L. S. 149. — Stachys palustris L. S. 92. — Teucrium fruticans M. S. 165. — Thymus Serpyllum L. S. 149.

Gentianeen.

Gentiana germanica B. S. 153.

Rubiaceen.

Aparine laevis L. S. 147. — Crucianella stylosa B. S. 152. — Galium Aparine L. S. 147. — G. Mollugo L. S. 145, B. S. 151 und M. S. 160. — G. palustre L. S. 146. — G. silvestre B. S. 151. — G. verum L. S. 146. — G. sp. L. S. 147. — Rubia tinctorum L. S. 147, B. S. 151, d. V. S. 98.

Caprifoliaceen.

Sambucus nigra B. S. 155. — Lonicera tatarica d. V. S. 116. — Weigelia amabilis d. V. S. 101.

Valerianeen.

Valeriana officinalis B. S. 151, M. S. 160, L. S. 142, d. V. S. 96. — V. dioica L. S. 145. — V. montana L. S. 145. — V. sambucifolia M. S. 160.

Dipsaceen.

Dipsacus silvestris L. S. 140, M. S. 132, 159, d. V. S. 13. — D. fullonum L. S. 140. — D. Gmelini L. S. 142. — Knautia arvensis B. S. 155.

Compositen.

Siegesbeckia orientalis B. S. 156. — Silphium ternatum M. S. 165. — Zinnia grandiflora B. S. 156. — Z. verticillata B. S. 156. — Eupatorium maculatum B. S. 157.

Amarantaceen.

Achyranthes sp. B. S. 154. — Gomphrena globosa B. S. 155.

Casuarineen.

Casuarina stricta L. S. 139. — C. sp. M. S. 161.

Urticineen.

Urtica urens B. S. 152, d. V. S. 113.

Caryophyllaceen.

Cerastium perfoliatum B. S. 153. — Dianthus Caryophyllus B. S. 152, d. V. S. 117. — D. barbatus L. S. 149. — Viscaria purpurea B. S. 153.

Aizoaceen.

Mesembryanthemum emarginatum B. S. 154.

Crassulaceen.

Crassula ramuliflora L. S. 148.

Philadelpheen.

Deutzia scabra d. V. S. 106.

Hippurideen.

Hippuris vulgaris L. S. 139.

Papilionaceen.

Lupinus luteus M. S. 161, d. V. S. 107.

IV. Theil.
Zwangsdrehungen nach Schimper und Magnus.

Erster Abschnitt.
Allgemeines.

§ 1. Einleitung.

Als Braun den Begriff der Zwangsdrehung aufstellte, und damit zum ersten Male die in den vorigen Theilen dieser Abhandlung beschriebenen Fälle zu einer einzigen Gruppe zusammenfasste, betonte er klar, dass nicht sämmtliche Torsionen dazu gehören. Er hebt hervor, dass „es mancherlei Drehungen des Stengels bei nicht windenden Pflanzen" gebe, und dass von diesen die Zwangsdrehung nur einen Fall bilde[1]). Ein zweites Beispiel liefern die ausführlich von ihm behandelten Drehungen der Baumstämme, welche gleich-

---

1) **Braun**, Ueber den schiefen Verlauf der Holzfaser und die dadurch bedingte Drehung der Bäume. Verhandl. d. k. pr. Akad. d. Wiss., Berlin 1854, S. 440.

falls früher nicht scharf unterschieden wurden und auch später noch wohl mit den übrigen Torsionen zusammengeworfen worden sind[1]).

Den Braun'schen Zwangsdrehungen und den gedrehten Baumstämmen gegenüber nenne ich eine Gruppe von Erscheinungen, in denen die Organe, bei gerade bleibender Achse, mehr oder weniger gedreht sind, ohne dass dabei ihre ursprüngliche Blattstellung eine Aenderung erlitten hätte, einfache Torsionen. Sie können vorkommen an Blättern, einzelnen Internodien und grösseren unbeblätterten Stengeltheilen und schliesslich auch an beblätterten Sprossen. In den drei ersteren Fällen springt ihre Unabhängigkeit von der Blattstellung ohne Weiteres in die Augen, im letzten müssen offenbar die Blätter durch die Drehung seitlich verschoben werden, aber eine sonstige Aenderung der Blattstellung findet nicht statt. Namentlich bleiben Blattpaare und Blattwirtel als solche vorhanden.

Viel häufiger als die Zwangsdrehungen sind im Pflanzenreich die einfachen Torsionen. Ich beabsichtige nicht, von ihnen eine vollständige Liste zu geben, sondern werde nur eine Reihe der wichtigsten Fälle hervorheben. Mehrere neue Beispiele aus meiner Sammlung werde ich den bekannten zuzufügen haben.

Die einfachen Drehungen sind sehr häufig mit Zwangsdrehungen verwechselt oder doch wohl geradezu als solche bezeichnet worden. So beschreibt z. B. von Seemen in den Verhandlungen des bot. Vereins d. Prov. Brandenburg, Bd. XXV, 1883, S. 218 in einer kleinen Mittheilung unter dem Titel „Zwangsdrehung bei

---

1) Vergl. Braun, l. c. S. 432—484 (1854) und einen Nachtrag in der Botan. Zeitung 1870, S. 158 (Sitzungsber. d. Ges. naturf. Freunde, Berlin, 21. Dec. 1869). Die von S. Kros, De spira (l. c.), S. 74 unter den Beispielen von spiraliger Faserrichtung genannten Punica Granatum und Pyrus torminalis sind ohne Zweifel hierher zu rechnen; beide Arten sind in Braun's Verzeichniss, l. c., S. 473 aufgezählt. Ueber die letztere Art, deren Drehung schon von Goethe besprochen wurde (Braun, l. c., S. 434), machte Jäger in der Allgem. Gartenzeitung von F. Otto No. 47 einige Mittheilungen, welche wohl in demselben Sinne aufzufassen sind. Vergl. Bot. Zeitung 1844, S. 239. Doch findet sich dieselbe Art in der Vegetable Teratology von Masters (S. 325) mit anderen Bäumen in derselben Liste wie Valeriana, Galium und Equisetum. Vergl. auch ibid. S. 319. Nur eine schärfere Trennung der verschiedenen Fälle von Drehung würde hier erkennen lassen, was an den übrigen, in dieser Liste nur namentlich angeführten Arten beobachtet worden ist. Doch wollen wir nicht vergessen, dass Masters' unübertroffenes Werk vom Jahre 1869 herrührt und dass es ein Leichtes wäre, darauf jetzt Kritik auszuüben.

Oenanthe fistulosa L." einen Stengel, dessen oberes Internodium
der Länge nach gespalten war und sich zu einem flachen, etwa
$\frac{1}{2}$ cm breiten, spiralförmigen Bande in drei Windungen aufgerollt
hatte. Die „Monstrosität" umfasst die beiden, das Internodium be-
grenzenden Knoten nicht, auch sonst ist der Stengel normal. Sie
wird aber als ein Beweis gegen die von Braun gegebene Erklärung der
echten Zwangsdrehungen angeführt!

A. W. Bennet beschreibt einen Fall von „Zwangsdrehung"
an der Bartnelke, bei welcher die kreuzweis decussirte Blattstellung
nicht alterirt wurde[1].

In diesen beiden Beispielen reicht die Beschreibung zur Beurtheilung der erwähnten Missbildung aus. Welche Verwirrung die
Anwendung des Namens Zwangsdrehnng im weiteren Schimper'-
schen Sinne verursachen kann, geht am klarsten aus den beiden
folgenden Citaten hervor:

a) „M. J. Gay présente un échantillon monstrueux de Dianthus barbatus, qui lui a été adressé de Bordeaux par M. Durieu
de Maison-neuve.

M. Moquin-Tandon considère cette monstruosité comme une
fascie avec torsion.

M. Duchartre rappelle qu'il a décrit un phenomène analogue
observé par lui sur un pied de Galium Mollugo." (Bull. Soc.
Bot. France T. III, 1850, S. 406.) Duchartre's Galium zeigte
die echte Braun'sche Zwangsdrehung (vergl. oben S. 145), von
Dianthus sind sowohl Zwangsdrehungen als einfache Verdrehungen
ohne Aenderung der Blattstellung bekannt. Es ist aus obigen Angaben nicht zu entscheiden, welche Monstrosität Herr Gay der
Gesellschaft vorgelegt hat.

b) Bruhin (Verhandl. d. Zool. Bot. Gesellsch. Wien Bd. XVII,
1867, S. 95) sagt, „dass bandartige Stengel in der Regel auch gedreht sind, wie aus dem Verzeichnisse ersichtlich ist." Dieses enthält:

> Hippuris vulgaris (bandartig-)spiralig,
> Pinus Abies, bandartig-spiralig,
> Asparagus officinalis, bandartig-spiralig,
> Equisetum Telmateja (bandartig-)spiralig u. s. w.

---

1) Vergl. z. B. Bot. Jahresb. XI, I, S. 446, No. 26. Siehe auch Dammer's
Uebersetzung von Masters' Pflanzenteratologie, S. 367.

Hat hier nicht eine Verwechselung mit der echten Braun'schen Zwangsdrehung von Hippuris und Equisetum stattgefunden?

Ich werde aus den angeführten Gründen die Zwangsdrehungen im Sinne von Schimper und Magnus im Folgenden nicht mit diesem Namen belegen, sondern sie einfach Torsionen oder Verdrehungen nennen.

§ 2. Zur Mechanik der einfachen Torsionen.

Ein weiterer Grund für die im letzten Satze des vorigen Paragraphen gewählte Bezeichnung ist auch der, dass ein „Zwang" bei den einfachen Torsionen nicht nachgewiesen worden ist.

Zwar vermuthet Magnus, „dass die Ursache dieser Drehungen der Längsriefen des Stengels in einem Widerstande zu suchen sein möchte, den der junge Stengel in der Richtung seines Längenwachsthums erfährt, in Folge dessen die Streifen des im Längenwachsthum behinderten Internodiums seitlich ausweichen" [1]. Aber es sind bis jetzt noch keine Versuche gemacht worden, die Existenz dieses Widerstandes zur Zeit der Entstehung der Torsion experimentell nachzuweisen. Würde dieses gelingen, so würde es sich vielleicht empfehlen, die betreffenden Fälle in eine besondere Gruppe zusammenzufassen und sie als Druckdrehungen zu bezeichnen. Denn bei den echten Braun'schen Zwangsdrehungen fehlt, wie ich für meinen Dipsacus nachgewiesen habe, zu der Zeit des kräftigsten Tordirens jede Spur von „Druck der umgebenden Blätter" [2] oder äusserem Widerstand gegen das Längenwachsthum des Stengels. Die vermuthlichen Druckdrehungen sollten also gerade aus Kraft dieser Vermuthung nicht mit den Zwangsdrehungen zusammengeworfen werden.

Wenn ich mich nicht täusche, wünscht Magnus nicht, wie viele andere Autoren, einfach alle teratologischen Verdrehungen Zwangsdrehungen zu nennen. Er beschränkt, wenn ich ihn richtig verstehe, diesen Namen auf die Braun'schen Zwangsdrehungen und auf jene von Braun ausgeschlossenen Fälle, in denen die tordirte Achse Verkürzung und Aufbauchung aufweist. Denn diese beiden

---

1) Verhandl. d. bot. Ver. d. Prov. Brandenburg XXI, 1879, S. VI.

2) Frühlingsversammlung d. bot. Ver. d. Prov. Brandenburg, I, Juni 1890, nach dem mir vorliegenden Zeitungsberichte.

Erscheinungen deuten einerseits hin auf eine Uebereinstimmung mit
vielen, obgleich bei weitem nicht mit allen echten Zwangsdrehungen,
andererseits aber auf den vermuthlichen, der Streckung entgegen-
wirkenden äusseren Druck. Solche Verkürzungen und Aufbauchungen
sind von Magnus an gedrehten Stengeln und Schäften von Phyteuma[1]), Statice Armeria[2]) und Taraxacum officinale[3]) beschrieben worden.

Ich hatte leider nicht die Gelegenheit die Entstehungsweise
solcher Verdrehungen zu beobachten.

Weitaus die meisten teratologischen einfachen Torsionen zeigen
aber weder Verkürzung noch Aufbauchung. Und für diese habe
ich mich, wenigstens in einem bestimmten Fall, überzeugen können,
dass zur Zeit der Entstehung der Torsion jeglicher äussere Druck
fehlt. Dieser Fall bezieht sich auf Crepis biennis, und ich möchte
ihn hier etwas ausführlicher beschreiben, da er wiederum zeigt, wie
wichtig für das Studium von Monstrositäten die Herstellung und
Cultur erblicher Rassen ist.

Crepis biennis.

Im Jahre 1886 fand ich unweit Hilversum auf einem Gras-
lande mehrere Exemplare mit schönen, einfachen Torsionen. Die
stärkste Ausbildung zeigte die Torsion in den beiden folgenden Beispielen. In dem ersteren fing sie etwa 25 cm über der Stengelbasis an und erstreckte sich über die übrigen 50 cm. Sie machte
hier $2^1/_2$ Umläufe und bewirkte, dass alle Blätter mit ihren Achselzweigen auf derselben Seite standen, wodurch die Pflanze mir schon
in einiger Entfernung auffiel. In dem anderen Exemplare machten
die Längsriefen gleichfalls $2^1/_2$ Schraubenumgänge, diese erstreckten
sich nur auf die oberen 30 cm des Stengels; die Torsion war hier
also stärker. Beide Stengel waren völlig gerade; ihre Zweige nicht
merklich tordirt.

Ich sammelte von diesem Fundort Samen und hatte in 1888
und 1890 im botanischen Garten in Amsterdam in zweiter und

---

1) Verhandl. d. bot. Ver. d. Prov. Brandenburg XXI, 1879, S. VI.
2) Vergl. den letzten Abschnitt.
3) Verhandl. d. bot. Ver. d. Prov. Brandenburg, Bd. XXXII, 1890, S. VII.
Die Arbeit war zur Zeit, als ich Obiges schrieb, noch nicht erschienen, doch hatte
Herr Prof. Magnus die Freundlichkeit, mir die Abbildung zuzusenden.

dritter Generation zahlreiche tordirte Pflanzen. Im Mai des letztgenannten Jahres, als die Pflanzen bereits hoch emporgeschossen waren, aber in der oberen Hälfte des Stengels ihr Längenwachsthum noch nicht beendet hatten, wählte ich einige Individuen zu einem Versuche aus[1]). Am 16. Mai bezeichnete ich an ihnen denjenigen Knoten, der auf der Grenze des tordirten und des noch torsionslosen Theiles des Stengels lag. Unterhalb dieses Knotens waren in jedem Individuum mehrere Internodien stark und deutlich tordirt; oberhalb folgte zunächst ein fast ausgewachsenes ungedrehtes Internodium und darauf einige jüngere, die jungen Inflorescenzknospen tragend. Alle diese Theile ragten völlig frei empor; eine geschlossene Blattknospe war am Gipfel nicht vorhanden; die jungen Blüthenköpfchen lagen nur in einzelnen kleinen Gruppen noch aneinander an. Von einem äusseren Drucke auf die wachsenden Internodien konnte somit keine Rede sein.

Im Laufe der folgenden 8—14 Tage trat an fünf Individuen eine kräftige Torsion oberhalb des markirten Knotens auf, an den übrigen meist nur eine geringe Drehung. Die Torsion erreichte 90—180° und erstreckte sich über die ältesten 10—20 cm oberhalb jenes Knotens.

Es geht hieraus hervor, dass bei Crepis biennis die einfache Verdrehung des Stengels[2]) am Ende der Streckung der betreffenden Stengeltheile stattfindet, wenn diese von jedem äusseren Zwange völlig frei sind.

Mit anderen Arten habe ich bis jetzt nicht experimentirt. Sollte einer meiner verehrlichen Leser mir Samen von tordirten Individuen geeigneter Species senden können, so würde ich gerne Culturen in dieser Richtung unternehmen.

Es seien zum Schlusse noch folgende allgemeinere Bemerkungen gestattet.

Einfache Drehungen entstehen theils aus äusseren[3]), theils aus

---

1) Kruidkundig Jaarboek Dodonaea Bd. III, 1890, S. 76.

2) Uneigentliche Zwangsdrehung fasciirter Exemplare und tordirte Fasciationen kommen in derselben Rasse vor. Vergl. über erstere den zweiten Theil, Abschn. II, § 5.

3) Vergl. über solche Fälle meine Versuche im zweiten Heft der Arbeiten des botan. Instituts in Würzburg 1871, S. 272.

inneren Gründen. Ferner sind sie oft normale, oder doch unter bestimmten äusseren Verhältnissen regelmässig auftretende Erscheinungen, oft aber subteratologischer oder teratologischer Natur. Für sämmtliche aus inneren Gründen entstehende Torsionen gilt wohl der Hauptsache nach die folgende Erörterung, welche von Sachs für die normalen Fälle aufgestellt wurde[1]).

Nach diesem Forscher entsteht die Torsion während des Längenwachsthums und in den genauer untersuchten Fällen am Schluss dieses. Da nun die Seitenlinien des gedrehten Körpers seine Achse schraubig umlaufen, so müssen sie länger sein als diese. Die Torsion kann somit durch stärkeres oder doch länger dauerndes Wachsthum der äusseren Theile erklärt werden. Eine Neigung zum Wachsthum in schiefer Richtung braucht nicht angenommen zu werden, denn sobald durch die erwähnte Differenz in der Streckung eine Spannung entstanden sein wird, wird der leiseste Anstoss genügen, diese Spannung durch Drehung wieder soweit möglich auszugleichen. Je grösser die Differenz des Längenwachsthums zwischen Achse und Peripherie, um so stärker wird aber die Torsion sein.

Als bekannte Beispiele normaler Drehungen nenne ich erstens diejenigen der Schlingpflanzen, namentlich wenn sie nicht schlingen, zweitens die der durch Etiolement übermässig stark verlängerten Sprosse, drittens die Characeen und ferner Chamagrostis, Spiranthes, Acacia decurrens[2]), Vaccinium Myrtillus u. s. w.

Zweiter Abschnitt.
Die von verschiedenen Autoren zu den Zwangsdrehungen gerechneten Erscheinungen[3]).

§ 1. Einfache Torsionen.

Einfache Torsionen finden sich sowohl an Stengeln als an Blättern vor. Von beiden Arten möchte ich hier vorzugsweise jene

---

1) Sachs, Lehrbuch der Botanik, 4. Aufl., S. 832.
2) Braun, Ordnung der Schuppen im Tannenzapfen, Nov. Act. Phys. med. Ac. C. L. Nat. Cur., T. XV, 1831, S. 266 und Braun, Verhandl. d. k. pr. Akad. Berlin 1854, S. 440.
3) Es sei mir erlaubt zu wiederholen, dass bei Drehungen die Achse gerade bleibt, bei Biegungen und Krümmungen sich in einer Ebene krümmt, und bei Schraubenwindungen selbst zu einer Schraubenlinie wird. Die peripherischen Theile werden bei Drehungen in Schraubenrichtung gestellt (vergl. oben II, I, § 2).

Beispiele aus der Literatur vorführen, welche mit Zwangsdrehungen verwechselt worden sind. An diese werde ich einige neue Beobachtungen anschliessen. Ich fange mit den Blättern an.

Die Torsionen der Blätter sind in einer ausführlichen und ausgezeichneten Abhandlung von Wichura zusammengestellt worden [1]). Seine Liste umfasst mehrere Hunderte von Arten. Ich nenne als die bekanntesten Alstroemeria und Allium ursinum.

Einige Beispiele gedrehter Blätter sind gelegentlich in der teratologischen Literatur mit Zwangsdrehungen und anderen Torsionen zusammengestellt worden. So z. B. von den Gräsern, deren Laubblätter nach Wichura gar häufig gedreht sind, Triticum repens [2]) und Avena [3]). Ferner Scolopendrium vulgare var. spirale und Salix babylonica annularis [4]), bei welchen Varietäten die spiralige Drehung der Blätter eine constante Eigenschaft ist. Einen Blattstiel von Sagittaria sagittifolia fand Kros [5]), einige Hülsen von Gleditschia triacanthos fand Godron gedreht [6]).

Ein sehr schönes Beispiel teratologischer Drehung zeigten einige Blattstiele von Dioscorea japonica im botanischen Garten zu Amsterdam im Juni 1886. An zwei aus Samen gewonnenen Exemplaren waren einzelne Internodien sowie einzelne Blattstiele mehr oder weniger abgeflacht und gedreht. Ein Blattstiel von 3 cm Länge zeigte $1\frac{1}{2}$ Umgänge (Taf. XI, Fig. 6), ein anderer von 5 cm aber nur einen. An Beiden waren die Blattscheiben verdoppelt. Die übrigen Blattstiele und Blätter dieser Pflanzen waren normal.

Sehr bekannte Drehungen bieten ferner die Blätter von Codiaeum variegatum (Croton interruptum), welche Pflanze diese Erscheinung wenn nicht regelmässig, so doch gar häufig zeigt [7]). Ein reiches Material erhielt ich vom Universitätsgärtner Herrn A. Fiet in Groningen. Blätter von einer Länge von 20—25 cm

---

1) M. Wichura, Ueber das Winden der Blätter. Flora 1852, No. 3—7. Tafel II.

2) Schlechtendahl, Bot. Ztg. 1843, S. 493; Kros, de Spira, S. 75.

3) Masters, Vegetable Teratology, S. 319.

4) Masters, l. c. S. 326.

5) Kros, de Spira, S. 63.

6) Godron, Mélanges de tératologie végétale, Mém. Soc. nat. d. Sc. nat. de Cherbourg, T. XXI, 1877/78, S. 254.

7) Masters, l. c. S. 326.

zeigten sich in ihrer Mitte gedreht wie eine Wendeltreppe oder
richtiger wie eine Archimedes'sche Schraube mit zwei Spiralen.
Bisweilen hatte ein Umgang nur eine Höhe von 2,5 cm, bei einem
Strahle von 5 mm, meist waren sie steiler. In den schönsten Fällen
war das Blatt genau einmal um seine Achse gedreht, Basis und
Gipfel kehrten ihre Oberseite nach oben. Es kommt solches sowohl
an unterbrochenen als an ununterbrochenen Blättern vor; in ersteren
fällt oft ein grösserer Theil der Torsion auf den nackten Theil der
Mittelrippe. Es liegt auf der Hand anzunehmen, dass die Torsion
hier durch stärkeres Längenwachsthum der Blattränder im Vergleich
zur Mittelrippe verursacht wird; dafür sprechen auch die welligen
Ränder mancher nicht oder schwach tordirter Blätter. Die Häufigkeit der Erscheinung macht diese Art zu experimenteller Entscheidung dieser Frage geeignet; ich möchte sie dazu empfehlen[1]).

 Triticum vulgare. Im Mai 1890 erhielt ich von Herrn Dr.
E. Giltay in Wageningen aus den Gärten der landwirthschaftlichen
Schule daselbst zwei Halme eines Bastardes „squarehead ♀ ✕
Zeeuwsche ♂." Sie waren am Stock abgebrochen und etwa
40 cm lang. Einige Blattscheiden waren gedreht, ihre Spreiten
flach, normal. An einem Spross war die untere Scheide normal,
die zweite, 17,5 cm lange, um 90° gedreht und zwar nach rechts,
die dritte wieder normal; der Stengel innerhalb der Scheiden ungedreht. Am zweiten Spross zeigte die dritte, 16 cm lange Scheide
eine Drehung und zwar nach links und um etwa 360°. Demzufolge
schien die Stellung der Spreite ungeändert. Die nächsthöhere Spreite
zeigte eine Drehung von 180°. Der Stengel ungedreht. In den
gedrehten Scheiden war es hauptsächlich der obere, aus den übrigen
hervorragende Theil, der die Erscheinung zeigte.

 Ich komme jetzt zu den tordirten Stengeln und stelle unter
diesen die unbeblätterten voran.

 Torsionen blattloser Stengel sind eine sehr häufige Erscheinung.
Sie wurden vor Braun's Arbeiten ganz gewöhnlich mit den echten

---

 1) Ich möchte hier auch die Aufmerksamkeit lenken auf die Crypto-
meria spiraliter contorta des Handels. Die jungen Zweige dieses Bäumchens
sehen aus wie tordirt, da ihre Blätter in schwach aufsteigenden Schraubenlinien
um die Achse gebogen sind. Das Ganze macht den Eindruck eines sehr stark
gedrehten Seiles. Diese Erscheinung ist, soviel ich weiss, von botanischer Seite
noch nicht untersucht worden, verdient aber offenbar ein genaues Studium.

Zwangsdrehungen verwechselt. So unterschied z. B. Ch. Morren zwischen Spiralismus und Torsion, und rechnete zu ersterem sowohl die echten Zwangsdrehungen von Valeriana und Dracocephalum wie auch einen Zweig von Scabiosa arvensis, den wir jetzt in erster Linie behandeln wollen[1]).

Die Pflanze war auf einer Wiese bei Droixhe unweit Lüttich gefunden. Der obere, völlig blattlose Theil des Stengels war in einer Länge von mehr als einem Fuss gedreht; die Drehung fing gerade oberhalb der obersten Verzweigungsstelle des Stengels an und reichte bis an das Blüthenköpfchen. Die Riefen des Stengels liefen in einer Schraubenlinie mit einer Neigung von etwa 60° aufwärts und bildeten mehrere Schraubenumgänge. Ihre Richtung war nach der beigegebenen Figur eine rechtsläufige.

Der gedrehte Stengel war völlig gerade und offenbar durch die Drehung nicht verkürzt.

Marchesetti fand bei Zaule zwei Exemplare von Plantago altissima[2]), welche je einen normalen und einen unterhalb der Aehre erheblich tordirten Blüthenstiel trugen. Kros erwähnt eine Sagittaria sagittifolia, welche er bei Leeuwarden gefunden hatte und deren Blüthenstiel spiralig gedreht war[3]). Gordon nennt ein Exemplar von Primula japonica, dessen Schaft kräftig entwickelt war und über einander drei Schirme von Blüthen trug. Von seiner Basis bis zum untersten Schirme war der Schaft tordirt, somit über einer Länge von 16 cm. Die Richtung war von links nach rechts. Er beobachtete die Pflanze in den Gärten des Herrn Bertier[4]).

Nach Buchenau sind Torsionen des nackten Schaftes sowie des über die Inflorescenz hinausragenden Blattes von Juncus effusus und verwandter Arten um Bremen nicht eben selten[5]). Er fand einmal einen Stengel von Juncus conglomeratus, an welchem bis nahe unter der Inflorescenz ein in der Achsel des obersten grundständigen Niederblattes entstandener Seitenspross seiner ganzen Länge

---

1) Bull. de l'Acad. Roy. Belg., T. XVIII, 1. Partie, S. 36.

2) Boll. d. Soc. Adriat. di Sc. nat. in Trieste, Vol. VII, 1882, p. 270.

3) Kros, de Spira, S. 74.

4) Mém. Soc. nat. Cherbourg, T. XXI, 1877/78, p. 253.

5) Abhandl. d. naturw. Vereins zu Bremen, Bd. II, 1871, S. 365 und Taf. III, Fig. 1.

nach angewachsen war. Auch dieser Schaft war tordirt und zwar sowohl im doppelten als im oberen, einfachen Theile und in dem gipfelständigen Laubblatt. Auf einen an derselben Stelle und zur selben Zeit gefundenen windenden Stengel werde ich in § 3 zurückkommen.

Hierher gehört wahrscheinlich auch „un chaume de Scirpus lacustris, assez régulièrement tordu sur lui-même,“ den Moquin-Tandon[1]) in Adr. de Jussieu's Sammlung gesehen hat.

Die folgenden Beispiele entnehme ich meiner eigenen Sammlung:

1. *Allium Moly.* Im Jahre 1880 fand ich im botanischen Garten in Amsterdam auf einem grossen, blühenden Beete dieser Pflanze zahlreiche Inflorescenzstiele tordirt. Die Achse war gerade, die scharfen Kanten liefen in mehreren steilen Windungen von der im Boden versteckten Basis bis zum Blüthenschirme. Die Höhe einer Windung war etwa 6—7 cm in den am meisten ausgesprochenen Fällen.

2. *Jasione montana.* Einen gedrehten Stiel einer blühenden Inflorescenz erhielt ich 1886 aus Leiden von Herrn Dr. J. M. Janse. Der abgepflückte Stiel hatte eine Länge von etwa 10 cm und war im unteren Theile gerade, nach oben erst in linksläufiger, dann in rechts aufsteigender Richtung tordirt. In jeder Richtung wurde eine volle Windung beschrieben, welche sich über etwa 2 cm erstreckte.

3. *Hypochoeris radicata.* Einen tordirten Blüthenstiel fand ich im Juni 1886 in Horstermeer unweit Amsterdam. Die Torsion war schwach ausgebildet, die Richtung an verschiedenen Stellen wechselnd.

4. *Hieracium Pilosella.* Einen tordirten Blüthenstiel sammelte ich auf der Haide zwischen Loosdrecht und Hilversum in demselben Monat. Die Torsion erstreckte sich über die oberen 6 cm, war ziemlich stark, setzte aber in ihrer Richtung in der Mitte um.

5. *Plantago lanceolata.* Tordirte Blüthenstiele dieser Art scheinen nicht gerade selten zu sein. Ich fand sie sowohl in meinen eigenen Culturen bei verschiedenen Variationen, als auch im Freien an verschiedenen Orten in der hiesigen Gegend. Sie waren meist schwach, erreichten aber bisweilen einen solchen Grad der

---

1) Tératologie végétale, S. 181.

Ausbildung, dass sie Einen Umgang auf etwa 2 cm machten. Sie erstreckten sich meist nur über den oberen Theil des Schaftes.

6. *Narcissus poeticus.* Die über ein halbes Meter langen Blüthenstiele scheinen nicht selten eine geringe Torsion zu haben. Ich beobachtete in mehreren Exemplaren im vergangenen Sommer eine Torsion von bis 270°.

7. *Pyrola minor.* Unter einigen hundert verblühten Exemplaren dieser Art fand ich am 19. Juli 1890 an der Strasse zwischen Harderwyk und Ermelo etwa ein Dutzend Stengel mit deutlicher Torsion und daneben viele mit mehr oder weniger sicheren Andeutungen derselben Erscheinung. Die stärkste Drehung zeigte ein Stengel, dessen Rippen auf 11 cm Länge etwa $2^1/_4$ Umgang machten. Die Drehung war eine linksläufige und erstreckte sich von der Rosette bis an die Inflorescenz. Der Stengel war gerade und von normaler Dicke. In den übrigen Exemplaren war die Torsion bald rechts-, bald linksläufig, für jeden einzelnen Stengel aber mit constanter Richtung. Sie war oft in der Mitte oder an der Basis bedeutend stärker ausgeprägt als in den übrigen Theilen desselben Stieles.

Tordirte Exemplare von Pyrola minor wurden auch von Herrn H. J. Lovink unweit Zutphen gefunden, der mir im Juli 1890 eine Sammlung von etwa 40 solcher Pflanzen sandte. Etwa die Hälfte waren links-, die übrigen rechtsgedreht. Nur ein Stengel hatte zwei Windungen, zwei hatten etwas mehr als eine Windung, alle übrigen weniger. Oft war die Torsion in der oberen Hälfte des Traubenstieles am stärksten ausgeprägt, oft aber auch in der unteren am schönsten oder überall gleichmässig ausgebildet.

Die wichtigsten Beispiele für eine klare Einsicht in das Wesen der einfachen Torsionen sind aber die Stengel mit decussirten Blättern. Ich habe deshalb auf Taf. XI in Fig. 3 einen Stengel von Lysimachia thyrsiflora abgebildet, welche eine solche Torsion zeigte. Ich fand diesen im Juni 1887 unweit 's Graveland. Es war ein schwaches Exemplar. Die unteren Internodien waren gerade, gestreckt und normal, die Blattstellung war genau decussirt. Nur das siebenste der in der Figur sichtbaren Blattpaare wich insofern ab, als das eine Blatt um 3 mm höher sass als das andere. Jetzt folgte das tordirte Internodium (*a*, *b*); die Drehung betrug 270°. Demzufolge war das von ihm getragene Blattpaar (8), das sonst normal war, nicht mit dem siebenten decussirt, sondern stand in derselben Ebene wie dieses.

Der übrige Theil des Stengels war nicht entwickelt, offenbar durch irgend eine Wunde in der Jugend zerstört. Es folgte nur noch ein Blattpaar, ohne gestrecktes Internodium; die beiden Blätter dieses Paares waren der Mitte nach bis an die Basis gespalten, wohl durch dieselbe Wunde. Die Achselknospen des achten Blattpaares waren zu langen Trieben herangewachsen.

Es war in diesem Stengel somit nur ein Internodium tordirt; die Decussation der Blätter oberhalb und unterhalb dieser Stelle aber erhalten.

Torenia asiatica. Wie viele andere Pflanzen mit decussirten Blättern tordirt diese Art ihre Internodien[1]) an den horizontalen oder nahezu horizontalen Aesten um etwa 90°, um ihre Blätter sämmtlich in horizontaler Ebene ausbreiten zu können. An einem Exemplare im hiesigen botanischen Garten fand ich aber im Mai 1890 horizontale Zweige mit einzelnen weit stärker tordirten Internodien. In einem unteren Internodium eines Seitensprosses erreichte die an den rippenförmig hervortretenden Kanten des viereckigen Stengels so leicht sichtbare Torsion etwa 360°, bei einer Länge von 8 cm; in anderen Internodien dieses und anderer Zweige nicht selten 180°. Es waren stets die ältesten Internodien, welche diese Erscheinung zeigten, den jüngeren fehlte auch die normale Drehung.

Häufiger sind aber die Beispiele von gedrehten Stengeln bei alternirender Blattstellung. Ich stelle in den Vordergrund den von Magnus beschriebenen Fall von Phyteuma[2]). Mehrere Stengel dieser Pflanze, welche Magnus bei Herrn E. Lauche beobachtete, zeigten die Längsriefen stark gedreht ohne Verwachsung der hier nur schmal inserirten Blättchen. Die Richtung der Drehung ist zwar in manchen, aber nicht in allen Stengeln über die ganze Länge dieselbe; sie schlägt dann meist in der Mitte um[3]).

Bei Campanula Trachelium sah derselbe Forscher einen kleinen Theil des Stengels gedreht, die Blätter dadurch nach der einen Seite genähert, ohne mit einander verwachsen zu sein. Bei

---

1) Vergl. Arb. d. bot. Instituts Würzburg I, S. 273.
2) Verhandl. d. bot. Vereins d. Prov. Brandenburg XXI, 1879, S. VI.
3) Vergl. ferner den folgenden Abschnitt.

Rumex Acetosella waren die Internodien der Inflorescenz derart gedreht, dass die Aeste nach derselben Seite abgingen[1]). Eine Drehung des Stengels von Phleum pratense sah van Hall und eine Pflanze von Epipactis palustris, deren Stengel im unteren Theile spiralig gedreht war, fand Kros auf der Insel Ameland[2]). Hierher gehört auch wohl eine Bambusa, welche im British Museum aufbewahrt wird[3]), sowie die von Camus erwähnten Torsionen von Poterium Sanguisorba[4]) und von Lolium perenne[5]).

Diesen Beispielen möchte ich die folgenden anreihen:

1. *Oenanthe Lachenalii.* Drei Sprosse mit ihren Seitenzweigen, im Ganzen acht Aeste tordirt. Torsion bald links-, bald rechtsläufig, bisweilen an demselben Spross umsetzend, der Wendepunkt im Knoten liegend. Die Drehung umfasst bisweilen nur ein, bisweilen 2—4 Internodien desselben Sprosses und ist meist stark und deutlich ausgeprägt; in einem besonders langen, oberen Internodium derart, dass dieses etwas aufgeblasen erscheint. Hier sind die Windungen niedrig, in anderen Internodien steiler (oft 2—3 cm pro Windung) oft auch viel steiler.

Die Achselsprosse von Blättern, welche zwischen stark gewundenen Internodien stehen, sind oft völlig ungedreht.

Die Insertionen der Blätter stehen, wie stets bei den einfachen Torsionen, quer zur Achse; sie haben keinerlei Aenderung erfahren.

Die tordirten Sprosse waren verhältnissmässig niedrig und diejenigen, welche vom ganzen Stock am frühesten blühten. Juni 1890 im botanischen Garten in Amsterdam.

2. *Oenanthe fistulosa.* Im Juni 1890 zeigte ein Spross unter Hunderten des hiesigen botanischen Gartens eine Torsion. Diese war auf das obere Internodium, den Stiel des Schirmes, beschränkt und namentlich in dessen unterer Hälfte entwickelt. Die Torsion war linksläufig, die Riefen machten $2^1/_2$ Windung über eine Strecke von 6 cm.

---

1) Sitzungsber. Brandenburg, l. c. XIX, S. 120. Vergl. auch im folgenden Abschnitt die nähere Beschreibung dieser Gegenstände.

2) Beides nach Kros, de Spira, S. 74.

3) Masters' Vegetable Teratology, S. 324.

4) Atti d. Soc. d. Naturalisti, Modena, Rendi conti, Ser. III, Vol. II, 1884, citirt nach Bot. Jb. XII, I, p. 638.

5) Ibidem S. 130; nach Bot. Jb. XIV, I, S. 758.

3. *Hieracium vulgatum.* Im Juli 1888 bei Hilversum gefunden; die Stengel gerade, wenig verzweigt, im oberen Theile über eine Länge von etwa 30 cm in steilen Windungen tordirt.

4. *Chaerophyllum hirsutum* aus dem botanischen Garten in Amsterdam, Juli 1887. Mehrere Stengel und einige Blattstiele tordirt. Im höchsten Grade der Ausbildung machten die Riefen zwei Umgänge auf einem Internodium von 9 cm Länge. Die Erscheinung hat sich an demselben Stocke in ausgeprägter Weise im Sommer 1889 wiederholt.

§ 2.   Ueber tordirte Fasciationen.

Vielfach sind in der teratologischen Literatur mit den echten Zwangsdrehungen Fasciationen verwechselt worden, und in manchen Fällen gelingt es aus den gegebenen Beschreibungen nicht zu entscheiden, welche von beiden Missbildungen dem Verfasser vorgelegen hat[1]). Namentlich bei Arten mit decussirter Blattstellung ist solches der Fall, erstens weil die Möglichkeit einer Zwangsdrehung nicht abzuweisen ist und zweitens weil hier auch auf den fasciirten Zweigen die Decussation aufgehoben wird und eine spiralige Anordnung der Blätter auftritt.

Dazu kommt, dass Zwangsdrehungen erst später entdeckt worden sind als Verbänderungen, und dass man während mehr als einem Jahrhundert neben vielen Beispielen von letzterer Missbildung nur ein oder einige wenige Beispiele von ersterer kannte. Es lohnte sich nicht, für diese seltenen Ausnahmen eine eigene Categorie aufzustellen, und so wurden sie ohne Weiteres der Gruppe der Fasciationen einverleibt.

Die berühmte, 1683 beschriebene Zwangsdrehung von Aparine laevis[2]), wurde unter dem Namen A. laevis fasciata aufgeführt, und der Verfasser, Georg Frank, sagt als Erklärung dazu „caulibus in scapum vermiformem confasciatis, ut accurate cognoscitur ex icone“ und führt dann eine Reihe von weiteren Beispielen aus der Literatur an, welche sich aber auf gewöhnliche, flache Verbänderungen beziehen[3]).

---

1) Vergl. z. B. das Citat Bruhin's auf S. 170.

2) Vergl. oben S. 147.

3) z. B. Ephem. Germ. curios. Dec. I, Ann. VII, Obs. 239, wo die Abbildung eine gewöhnliche Fasciation eines beblätterten Stengels eines Hieraciums (Pilosella fasciata) erkennen lässt.

Ebenso sagt De Candolle über die Zwangsdrehung von Valeriana montana[1]). „Il paraît que c'est une tige fasciée, composée de rameaux soudés en une bandelette, laquelle est elle-même contournée et soudée en un cornet."

Die durch diese mangelhafte Unterscheidung entstandene Verwirrung ist bei späteren Schriftstellern durch zwei Umstände noch vergrössert worden. Erstens durch die bekannten Krümmungen in Form eines Bischofsstabes, welche manche Fasciationen an ihrem oberen Ende tragen[2]) und zweitens durch die echten Drehungen, welche andere verbänderte Stengel aufweisen und welche am besten mit den oben behandelten gedrehten Blättern verglichen werden können[3]).

Einige Beispiele möchte ich hier anführen.

1. *Dioscorea bulbifera.* Wenn Schlingpflanzen fasciirt werden, so liegt die Möglichkeit vor, dass auch ihre fasciirten Stengel geneigt sein werden, sich zu tordiren. Davon bot mir obige Pflanze im verflossenen Sommer im botanischen Garten zu Amsterdam ein hübsches Beispiel. Ein Zweig war am Grunde rund, nach oben verbreitert und abgeflacht und hatte über mehr als 120 cm eine Breite von 4—6 mm, bei einer Dicke von kaum 1 mm. Er war links tordirt, wie die normalen Sprosse dieser Art und hatte im Ganzen $3^1/_2$ Windung. Grössere Strecken waren ungewunden und nur am Rande wellig gebogen.

2. *Oenothera biennis* kommt in den Niederlanden häufig mit schönen, breiten, verbänderten Stengeln vor. Herr von Breda de Haan sandte mir ein solches, bei Zandvoort gesammeltes Exemplar, welches im oberen, breitesten Theile ziemlich stark tordirt war. Die Erscheinung war an jenem Fundorte keine seltene.

---

1) Vergl. oben S. 145.

2) Hierher gehören wohl die Missbildungen von Fraxinus communis, welche Kros (de Spira, S. 73) erwähnt und die Sambucus nigra, caule contorto, foliis simplicibus verticillatis $^1/_5$, vel spiralibus secundum formulam $^2/_5$, welche Kirschleger in der Flora 1844, S. 729 beschreibt und welche Clos (Mém. Acad. Toulouse, 5. Serie, T. VI, p. 53) auf einer Linie mit den echten Zwangsdrehungen von Mentha und Galium citirt. Kirschleger's Beschreibung macht aber mehr den Eindruck, sich auf die jetzt in Gärten verbreitete Form S. nigra fasciata zu beziehen.

3) z. B. Mûrier blanc, Moquin-Tandon, Tératologie végétale, S. 180.

3. Einen verbänderten Blüthenschaft von *Primula denticulata* erhielt ich aus dem botanischen Garten in Groningen durch die Güte des Herrn A. Fiet. Er war von der Wurzelrosette bis zur Inflorescenz verbreitert und tordirt. Länge 9 cm, Breite 5 mm. Die Torsion war in der unteren Hälfte gering; in der oberen Hälfte machten die Riefen einen ganzen Umgang.

4. *Rubia tinctorum.* Unter den S. 99 erwähnten fasciirten Krappstengeln, welche ich von Herrn B. Giljam in Ouwerkerk erhielt, waren zwei, welche an ihrem Gipfel eine Torsion zeigten. Diese war offenbar eine Folge verschiedenen Längenwachsthums, indem die Kanten des bandförmigen Stengels sich stärker verlängerten als der mittlere Theil. Als die Stengel durch Welken erschlafft waren, gelang es die Drehung auszugleichen und den Gipfel flach zu legen. Einen ähnlichen fasciirten und tordirten Spross erhielt ich von Herrn J. C. van der Have in Ouwerkerk.

Merkwürdig an diesen vier 25—30 cm langen, unten runden und nach oben bis zu einer Breite von 1½—2 cm abgeflachten Stengeln war es, dass die Blattwirtel gar nicht auseinandergeschoben waren. Sie waren mehrblättrig, mit bis 40 und mehr Spreiten, aber ohne die longitudinale Verschiebung, welche sonst an fasciirten Stengeln üblich ist.

Zum Schlusse erwähne ich noch eine tordirte Fasciation von Syringa Josikaea, welche ich im Juni 1889 durch Herrn Garten-Inspector A. Fiet aus dem botanischen Garten in Groningen erhielt. Auf einem 1,3 cm breiten, flachen Zweige von 1888 sassen einige fasciirte Aeste von 1889; von diesen war einer 14 cm lang, 1 cm breit und in seiner unteren Hälfte um etwas mehr als 180° tordirt. Ausserdem trug dieser Strauch eine Inflorescenz mit 20 cm langer, nach oben bis 1 cm verbreiteter, flacher Hauptachse.

Von solchen tordirten Fasciationen, welche entweder von ihren Entdeckern oder gelegentlich von anderen Schriftstellern mit echten Zwangsdrehungen zusammengestellt wurden, oder deren Deutung auch jetzt noch unsicher ist, möchte ich hier die folgenden anführen:

1. *Asparagus officinalis,* abgebildet in Masters' Vegetable Teratology[1]), zeigt im unteren Theile des fasciirten Stengels eine

---

1) Masters' Vegetable Teratology 1869, S. 14, Fig. 6 und in der Liste auf S. 325.

schöne Torsion, während der obere flach ist. Schon Schlechtendahl hat den Gegensatz zwischen dieser Erscheinung und den später
sogenannten Zwangsdrehungen klar hervorgehoben[1]); er nennt als
tordirte Fasciationen nebenbei auch Beta und Rumex, welche
gleichfalls in Masters' Liste der Torsionen aufgezählt sind.

2. *Zinnia,* von der das nämliche gilt. Die Angabe bezieht
sich offenbar auf folgende Stelle aus Moquin-Tandon's Tératologie: „Herr Decaisne hat mir eine von starker Drehung be-
gleitete Verbänderung von Zinnia beschrieben, an welcher die Blatt-
organe auseinandergerückt und in eine einzige, vom Grunde des
Stengels bis zu seiner Spitze fortlaufende Spirale gestellt waren"[2]).
Ob dennoch keine Verbänderung, wie die in Braun's Sammlung
aufbewahrten Exemplare derselben Art?

3. *Veronica.* Von dieser Gattung sind hier drei Arten zu
nennen:

Veronica longifolia. Schauer erwähnt in seiner Uebersetzung
des citirten Werkes[3]) eines abgeplatteten, stark gewundenen Stengels
dieser Art, wo die Blätter, an die Kanten gedrängt, eine ziemlich
regelmässige Spirale bildeten.

Veronica amethystea. Fresenius erwähnt in seinem Abschnitte
über bandförmige Stengel einen Fall, wo ein Stengel, ohne bandförmig zu sein, spiralig gedreht war, und wo die meisten Blätter
dadurch den Schein von foliis monostichis angenommen hatten[4]).
Ob vielleicht echte Zwangsdrehung? Das Object wird in der Sammlung der Senckenbergischen naturforschenden Gesellschaft aufbewahrt.

Veronica latifolia. Clos fand über die 45 unteren Centimeter
eines Sprosses 60 Blätter, welche in regelmässiger Spirale standen
und ungefähr fünf Schraubenwindungen bildeten[5]). Die Blätter
waren je 6—10 mm von einander entfernt und hatten jedes eine
Knospe in der Achsel. „Sur l'écorce se montraient aussi des stries
de torsion." Die Spitze trug eine normale Inflorescenz. Die An-

---

1) Botan. Zeitung 1856, S. 73.
2) S. 182 des ursprünglichen Werkes und S. 167 der Uebersetzung.
3) l. c. S. 165.
4) G. Fresenius, Ueber Pflanzenmissbildungen, Abhandl. d. Sencken-
berg. naturf. Gesellschaft, II. Band, 1837, S. 46, Taf. IV.
5) Mémoires de l'Acad. Toulouse, 5. Série, T. VI, p. 52 (1862).

gaben reichen, wie man sieht, nicht hin, um eine Einsicht in die
Natur dieser Missbildung zu geben.

Die Gattung Veronica bleibt also einer näheren Erforschung
in hohem Grade bedürftig, um so mehr, als in Braun's Sammlung
ein Zweig mit offenbarer Zwangsdrehung aufbewahrt wird.

§ 3.   Einige Fälle von Schraubenwindungen.

Echte Schraubenwindungen, bei denen die Achse selbst zu einer
Schraubenlinie geworden ist, sind bisweilen gleichfalls mit Zwangsdrehungen verwechselt worden[1]). Ich möchte aus diesem Grunde
hier einige solche Erscheinungen zusammenstellen, um den Gegensatz klar zu bezeichnen und eine schärfere und consequentere Unterscheidung für die Zukunft herbeizuführen.

Die Schlingpflanzen geben die ersten Beispiele ab; diese bilden
nicht selten freie, nicht um eine Stütze herumgehende, nach dem
Aufhören des Wachsthums bleibende Schraubenwindungen[2]).   So
z. B. Akebia, Dioscorea und Menispermum, deren korkzieherartig gewundene, offenbar krankhaft entwickelte Sprossgipfel fast den
Eindruck teratologischer Bildungen machen.

Hierher möchte ich auch den von Wittmack gefundenen
Stengel von Convolvulus arvensis stellen[3]).   Dieser unterirdische,
aus grosser Tiefe senkrecht bis etwa 30 cm unterhalb der Grasnarbe
im Boden aufsteigende Stengel hatte sich in seinem oberen Theile
über eine Länge von etwa 110 cm in dichten Windungen aufgerollt.
Diese waren theilweise nach rechts, theilweise nach links gedreht,
offenbar weil die Spitze im Boden festgehalten wurde, wie bei einer
an ihrer Spitze befestigten Ranke.   Es ist klar, dass dieser Fall
nur eine sehr entfernte und oberflächliche Aehnlichkeit mit den
Zwangsdrehungen im Sinne Braun's hat.

Normale Schraubenwindungen bei nicht schlingenden Pflanzen
kennt Jeder in den Blüthenstielen mehrerer Arten von Cyclamen
und von Vallisneria spiralis.

---

1) So z. B. der unten zu erwähnende Fall von Convolvulus arvensis.

2) Vergl. meine Zusammenstellung in den Arbeiten des bot. Instituts in
Würzburg I, S. 325.

3) Wittmack in den Verhandl. d. bot. Ver. d. Prov. Brandenburg XXIV,
1883, S. IV; vergl. auch Bot. Jahresb. X, I, S. 538.

Ferner kommen solche bei der in Gärten bisweilen cultivirten Varietät Juncus effusus spiralis vor. Eine solche Pflanze zeigte im Jahre 1888 im hiesigen botanischen Garten mehrere Stengel, welche in ihrer ganzen Länge korkzieherartig gewunden waren. Ich bewahre einen Stengel mit fünf Windungen von etwa 4 cm Durchmesser und einen mit $7^1/_2$ Windungen von etwa 1—2 cm Diameter. Beide erreichten eine Höhe von wenig mehr als 10 cm. Ein schönes Exemplar eines Juncus mit spiralig gedrehten Halmen ist in der Uebersetzung von Masters' Pflanzenteratologie (S. 363) abgebildet.

Ein dritter Fall eines windenden Stengels aus dieser Gruppe ist von Buchenau beschrieben worden, unterschied sich aber von den vorhergehenden dadurch, dass der Stengel abgeflacht, etwa doppelt so breit als dick und um andere Stengel herumgewunden war[1]). Es war ein Juncus conglomeratus, bei Bremen im Juni 1867 von ihm gefunden. Der Stengel machte bis zur Inflorescenz $4^1/_2$ Windungen um zwei andere herum; die Scheinfortsetzung des Stengels (das Laubblatt) war weit stärker gedreht und zwar in $3^1/_2$ Windungen. Es scheint dieser Fall zu den am selben Orte beobachteten echten Torsionen in naher Beziehung zu stehen[2]).

Juncus effusus. Herr Dr. H. W. Heinsius schenkte mir einige Exemplare dieser Art, welche er unter Groeneveld unweit Baarn im Juni 1890 gefunden hatte. In einer grösseren Gegend zeigten fast alle Individuen mehr oder weniger deutliche Zeichen von Torsion oder von spiraliger Drehung, an einer im letzten Frühling umgegrabenen Stelle war die Erscheinung aber besonders stark ausgeprägt.

Die Sprosse zeigten alle Uebergänge zwischen einer steilen Schraube und einem fast geraden, tordirten Zustande. Die Richtung war in jedem Sprosse constant, in einigen links-, in anderen rechtsläufig. Ein Spross von 50 cm Länge war zu einer steilen Schraube mit fünf Umgängen und etwas über 0,5 cm Strahl ausgebildet, die übrigen mit weniger und steileren Windungen, bis diese ganz in Torsionsumläufen übergingen.

In zwei Fällen war der Spross etwas flach, im Querschnitt elliptisch. Die eine Kante war nun gerade geblieben, die andere lief in einer Schraubenlinie um diese herum und zwar in beiden

---

1) Abh. Bremen, l. c. S. 365.
2) Vergl. S. 177.

Fällen linksläufig (Taf. XI, Fig. 5). Die Zahl der Umgänge betrug 12 bei 60 cm, resp. 7 bei 35 cm Länge des ganzen Sprosses, mit Einschluss der über der Inflorescenz hervorragenden Scheide. Ueberhaupt war letztere stets im gleichen Sinne und in gleicher Weise tordirt wie die eigentliche Achse.

Es zeigt dieser Fall deutlich, dass wenigstens hier die Schraubenwindungen und die Torsion Aeusserungen derselben Variation sind.

Aehnliches findet man bisweilen, als seltene Monstrosität, bei Scirpus lacustris. Einen solchen Fall sammelte ich am Horstermeer, unweit Amsterdam, am 3. September 1886. Es war ein einziger, in seiner ganzen Länge in Schraubenform gewundener Stengel unter mehreren Hunderten von normalen Individuen. Er bildete sechs Umgänge mit einem Durchmesser von 6—10 cm und erreichte eine Höhe von etwas mehr als einen halben Meter. Die Schraube stieg von rechts nach links auf.

Auch bei Wurzeln kommen Schraubenwindungen von Zeit zu Zeit vor[1]). Oberförster Volkmann fand zu Lanskerofen, Kreis Allenstein, im Jahre 1881 eine Menge von einjährigen Sämlingen Quercus pedunculata, deren Pfahlwurzel korkzieherartige Windungen mit etwa zwei Umläufen hatte[2]). Aehnliche Erscheinungen hatte er auch früher beobachtet. Umeinandergedrehte Wurzeln von Daucus Carota bildet Masters ab[3]); ich besitze einen ähnlichen Fall von derselben Pflanze aus hiesiger Gegend und von Oenothera Lamarckiana aus meinen eigenen Culturen. Moquin-Tandon nennt die „Rave tortillée" und den „Raifort en tire-bouchon" als bekannte Beispiele spiralig gewundener Wurzeln[4]).

Ein letztes Beispiel möchte ich meiner eigenen Sammlung entnehmen. Es ist dies eine Hauptwurzel einer Keimpflanze des Pferdezahnmais, welche in Brunnenwasser angekeimt wurde und frei über Brunnenwasser aufgehängt im Wärmeschrank bei einer constanten Temperatur von 25° C. sich während sechs Tagen weiter entwickeln konnte (April 1889). Während Hunderte von Maiswurzeln in diesen Versuchen geradeaus wuchsen, bildete diese Eine eine Spirale. Vergl.

---

1) Vergl. Sachs in den Arb. d. bot. Instituts Würzburg und Darwin, Movements of plants.
2) Schriften der phys.-ök. Gesellsch. zu Königsberg XXIII, 1882, I, S. 42.
3) Vegetable Teratology, S. 53, Fig. 23.
4) Tératologie Végétale, S. 182.

Taf. XI, Fig. 2. Die Schraubenlinie hatte etwas mehr als fünf Umgänge; die oberen Windungen hatten eine Weite von etwa 6, die
unteren von etwa 3 mm.

§ 4. Zusammenstellung.

Ich stelle jetzt die in diesem und den vorigen Theilen dieser
Abhandlung besprochenen und einige wenige andere Fälle in der
Form einer Tabelle zusammen, einerseits um die Uebersicht zu er-
leichtern, andererseits um den Gegensatz der verschiedenen, mehr
oder weniger mit den Zwangsdrehungen verwandten Erscheinungen
in ein möglichst scharfes Licht zu stellen. Mit wenigen Ausnahmen
wurden sie bis jetzt alle einfach als Torsion zusammengefasst[1]), weil
ja oft die Bezeichnung Zwangsdrehung als gleichbedeutend mit Torsion angesehen wurde. Manche von ihnen sind nur deshalb angeführt, weil sie in der Literatur mit echten Zwangsdrehungen verwechselt worden sind, manche aber auch aus Analogie.

Die echten Zwangsdrehungen habe ich im vierten Abschnitt
des dritten Theils, S. 166, in tabellarischer Form aufgeführt.

Auf Vollständigkeit macht diese Uebersicht selbstverständlich
keinen Anspruch.

I. Einfache Torsionen.
　　1. Von Blättern und Blattstielen, S. 175:
　　　　Alstroemeria, Allium ursinum, Avena, Codiaeum
　　　　variegatum, Dioscorea japonica (Taf. XI, Fig. 6), Salix
　　　　babylonica annularis, Scolopendrium vulgare spi-
　　　　rale. Hierher auch die Hülsen von Gleditschia tria-
　　　　canthos und zahlreiche von Wichura (l. c.) zusammen-
　　　　gestellte Fälle. Ferner Triticum vulgare, S. 176.
　　2. Von nackten Stengeln:
　　　　Allium Moly S. 178, Hieracium Pilosella S. 178,
　　　　Hypochoeris radicata S. 178, Jasione montana S. 178,
　　　　Juncus conglomeratus S. 177, J. effusus S. 177,
　　　　Narcissus poëticus S. 179, Plantago altissima S. 177,
　　　　P. lanceolata S. 178, Primula japonica S. 177, Pyrola
　　　　minor S. 179, Sagittaria sagittifolia S. 177, Scabiosa
　　　　arvensis S. 177, Scirpus lacustris S. 178.

---

1) Masters, Vegetable Teratology S. 325; Frank, Pflanzen-
krankheiten S. 236.

3. Von beblätterten Stengeln:

Campanula Trachelium S. 180, Chaerophyllum hirsutum S. 182, Crepis biennis (erbliche Torsion) S. 172, Dianthus barbatus S. 170, Epipactis palustris S. 181, Hieracium vulgatum S. 182, Lolium perenne S. 181, Lysimachia thyrsiflora S. 179 (Taf. XI, Fig. 3), Oenanthe fistulosa S. 181 und O. Lachenalii ibid., Phleum pratense S. 181, Phyteuma S. 180, Poterium Sanguisorba S. 181, Rumex Acetosella S. 181, Torenia asiatica S. 180.

4. Von fasciirten Stengeln:

Asparagus officinalis S. 184 und 170, Dioscorea bulbifera S. 183, Oenothera biennis S. 183, Primula denticulata S. 184, Rubia tinctorum S. 184, Syringa Josikaea S. 184, Veronica amethystea S. 185, V. latifolia? S. 185, V. longifolia S. 185, Zinnia S. 185.

II. Drehung der Baumstämme.

Punica Granatum S. 169, Pyrus torminalis S. 169 und die zahlreichen von Braun (l. c.) zusammengestellten Beispiele.

III. Schraubenwindungen.

1. Von Stengeln:

Akebia S. 186, Convolvulus arvensis S. 186, Dioscorea S. 186, Juncus effusus spiralis S. 187, J. conglomeratus S. 187, Menispermum S. 186, Scirpus lacustris S. 188 und der aufgeschlitzte Stengel von Oenanthe fistulosa auf S. 170.

2. Von Wurzeln:

Rave Tortillée et Raifort en tire-bouchon S. 188, Daucus Carota S. 188, Oenothera Lamarckiana S. 188, Quercus pedunculata S. 188, Zea Mais S. 188 (Taf. XI, Fig. 2).

IV. Spiralige Stellung sonst decussirter oder wirteliger Blätter.

1. Ohne Verwachsung der Blattbasen:

1a. Nach $^2/_5$, $^5/_8$ u. s. w.:

Fraxinus excelsior S. 88, Lilium Martagon S. 90, Lilium candidum flore pleno S. 90 und die zahlreichen Beispiele von Braun und Delpino S. 88.

1b. Durch Verschiebung in den Wirteln:
Eucalyptus Globulus S. 89, Ligustrum vulgare
S. 89, Lythrum Salicaria S. 89, Syringa persica
S. 89 und die von Delpino aufgezählten Arten S. 88, 89.

2. Mit Verwachsung der Blattbasen, aber ohne Streckung der Internodien:
Pycnophyllum S. 91.

V. Krümmungen in flacher Ebene.

1. Bischofsstabförmige Krümmungen der fasciirten Aeste:
Fraxinus communis S. 183, Sambucus nigra S. 183
und zahlreiche andere.

2. Hin- und hergebogene Aeste, Varietates tortuosae:
Crataegus nach Masters' Veg. Terat. S. 317, Fig. 171,
Robinia (ibid.) und Ulmus nach Moquin-Tandon,
Térat. Vég. S. 181; Juncus nach Masters l. c. S. 317,
Fig. 170.

Dritter Abschnitt.
Die einfachen Torsionen in der Sammlung des Herrn Prof. Magnus.

§ 1. Uebersicht.

Die im vorigen Theile (Abschn. III) aufgeführte Sammlung, welche Herr Prof. Magnus die Güte hatte mir zum Studium zu leihen, enthielt ausser den dort behandelten echten Braun'schen Zwangsdrehungen noch eine Reihe von wichtigen Beispielen einfacher Torsionen.

Ich beabsichtige von diesen jetzt kurze Beschreibungen zu geben, und stelle zunächst die Arten in folgende Uebersicht zusammen:
Torsionen an Stengeln.

1. An nackten Blüthenschäften und Stielen von Inflorescenzen:
Angelica silvestris, Armeria vulgaris, Poterium
Sanguisorba, Jasione montana, Taraxacum officinale, Cephalaria ruthenica, Juncus effusus, Plantago lanceolata, Parnassia palustris.

2. An einzelnen Internodien bei Arten mit decussirter Blattstellung, ohne Veränderung dieser.
Cephalaria ruthenica, Buxus sempervirens, Jacaranda mimosaefolia.

3. An beblätterten Sprossen von Arten und Varietäten mit
alternirenden Blättern.

Ligularia (Cineraria) sibirica, Rumex Acetosa,
Rumex sp., Campanula Trachelium, Phyteuma
spicatum, Valeriana officinalis.

Torsionen von Blättern in Folge behinderten Längen-
wachsthumes.

Calamagrostis Epigeios.

Die Sammlung giebt mir noch zu zwei Bemerkungen von all-
gemeinerer Streckung Veranlassung. Es sind dies die folgenden:

Einfache Torsionen, welche an einzelnen Internodien, längeren
Blüthenschäften und sonstigen unbeblätterten Sprosstheilen auftreten,
nehmen sehr häufig an dem betreffenden Objecte von unten nach
oben an Intensität zu. Nicht selten ist der untere Theil ungedreht,
während der obere stark tordirt ist. Aus der Sammlung des Herrn
Prof. Magnus liefern dazu Beispiele Cephalaria ruthenica,
Taraxacum officinale, Poterium Sanguisorba, Armeria
vulgaris, Angelica silvestris, Juncus effusus, Plantago
lanceolata, Parnassia palustris und Phyteuma spicatum.

Zweitens fällt es auf, dass in Bezug auf einfache Torsionen
dünne und lange Sprosse vor den im Verhältniss zur Länge dickeren
bevorzugt scheinen. Die soeben genannten Beispiele bestätigen dieses,
mit Ausnahme von Angelica silvestris, aber an dieser sind es
nur die jüngsten, somit ziemlich dünne Gipfel, welche tordirt sind.

§ 2. Torsionen von Stengeln.

A. An nackten Blüthenschäften und Stielen von Inflorescenzen.

1. *Angelica silvestris L.* „Uttewalder Grund, 30. Sept. 1881,
legit P. Magnus." Der Stiel einer Dolde, 6 cm lang, ist in zwei
Windungen links gedreht. Das nächstuntere Internodium ohne
Drehung.

2. *Armeria vulgaris.* „Potsdam, Baumgartenbrücke, legit
C. Scheppig, 21. Sept. 1885." Der Blüthenschaft, 25 cm lang,
äusserst stark und zwar rechtsläufig gedreht. Die Drehungen fehlen
im unteren Theil und werden nach oben immer zahlreicher, d. h.
weniger steil. In den obersten 10 cm vier Windungen, darunter
nur etwa eine. Die Pflanze trägt einen zweiten, jüngeren, ungedrehten Schaft.

3. *Poterium Sanguisorba.* Drehung des oberen 7 cm langen
Theiles eines blühenden Stengels. Windung unten links-, höher hinauf rechtsläufig. Unten steil, oben ziemlich stark gedreht.

4. *Jasione montana.* Ein 20 cm langer, nackter Blüthenschaft,
unten rechts-, oben linksgedreht. Drehungen sehr steil, wenig
markirt.

5. *Taraxacum officinale.* Ein Blüthenstengel, dessen oberer
Theil zwei linksläufige Windungen trägt.

6. *Juncus effusus L.* „Schaft mit gedrehten Riefen, Berlin,
bei Tempelhof, 22. Juni 1879, legit P. Magnus." Zwei Schäfte,
der eine mit links, der andere mit rechts gedrehten Riefen. Die
Drehung ist schwach ausgebildet, nimmt vom Grunde gegen die
Inflorescenz etwas zu und erstreckt sich auch über das den Stengel
scheinbar fortsetzende Blatt.

7. *Plantago lanceolata.*

a) „Wiese bei Wartenberg, 2. Juli 1883, legit Hunger."
Ein gekrümmter, etwa 15 cm langer Blüthenschaft mit links gedrehten
Riefen. Die Torsion fehlt in der Basis und nimmt nach oben allmählig an Intensität zu, ist aber im jüngsten, noch nicht ausgewachsenen Theil nicht zu erkennen und wechselt ihre Richtung
kurz unterhalb dieses. Die Riefen machen etwa drei linksläufige
Windungen und vielleicht eine rechtsläufige.

b. „Rostock, Juni 1878, legit C. Fisch." Eine ganze Pflanze
mit drei langgestielten Aehren. Die beiden kleineren Stiele schwach
tordirt, der grösste, 14 cm lange in seiner oberen Hälfte sehr stark
gedreht. In letzterem die Torsion unten linksläufig, oben rechtsläufig. Es kommen 1 bis $1^1/_2$ Windung pro cm, und dieses erstreckt
sich über etwa 6 cm.

c) „Hamburg, bei Blankenese, 22. Sept. 1876, legit P. Magnus."
Eine ganze, grosse Pflanze mit sechs Blüthenstielen von 40—60 cm
Länge, welche sämmtlich tordirt sind. Unter ihnen sind zwei sehr
stark tordirt und zwar mit zunehmender Intensität von der Basis
nach oben. Beide am Grunde linksläufig, oben rechtsläufig. Im
höchsten Grade erstreckt sich eine Windung über etwa 1 cm des
Schaftes.

An einem dieser beiden Stiele ist „ein Laubblatt dicht unter
die Aehre gerückt."

8. *Parnassia palustris L.* Berlin, am Eisenbahndamm der Görlitzer Bahn zwischen Treptow und Johannisthal, 2. Sept. 1880, legit E. Hunger." Ein blühendes Pflänzchen, dessen Blüthenstiel gedreht ist. Unten fehlt die Torsion, nach oben nimmt sie an Intensität zu. Sie ist linksläufig, kehrt aber gleich unterhalb der Blüthe um. Sie erreicht etwa eine Windung pro cm.

B. **An einzelnen Internodien bei Arten mit decussirter Blattstellung.**

1. *Cephalaria ruthenica.* „Drehung vieler Blüthenschäfte ohne Betheiligung der Blätter; Pest 1883, legit Steinitz." Zwei reichblühende Sprosse von 40—60 cm, an denen viele Blüthenstiele gedreht sind. Die Torsion findet bald nach links, bald, und zwar an anderen Stielen derselben Pflanze, nach rechts statt. Sie ist meist, jedoch nicht immer, auf das oberste Internodium unterhalb des Blüthenköpfchens beschränkt und ergreift von diesen und anderen Internodien vorzugsweise den oberen Theil. In den am stärksten tordirten Stellen umfasst eine Windung etwa 2 cm. Blattstellung unverändert.

2. *Buxus sempervirens.* „Mit gedrehtem Stamm. Villa Carlotta bei Bellagio, 12. October 1879, legit P. Magnus." An einem Aestchen ist ein Internodium von 1 cm Länge linksläufig tordirt. Die scharf hervortretenden Riefen machen etwa $^3/_4$ Windung. Die Blätter stehen in den beiden angrenzenden Knoten nicht genau opponirt, sondern der Achse parallel ein wenig auseinander geschoben. Die tieferen Internodien sind normal, die höheren weggeschnitten.

3. *Jacaranda mimosaefolia.* „Brasilien." Ein Ast mit einzelnen tordirten Internodien und tordirten Blattstielen. Blattstellung ungeändert, decussirt. Richtung der Riefen theils links-, theils rechtsläufig.

C. **An beblätterten Sprossen von Arten oder Varietäten mit alternirenden Blättern.**

1. *Ligularia (Cineraria) sibirica.* „Dorpat in Rossia media, legit Trevirauus, comm. Uechtritz." Ein etwa 40 cm langes, rechtsgedrehtes Stengelstück. Drehungen steil.

2. *Rumex Acetosa L.* „Wiese bei Nauen, 3. Juni 1877, legit P. Magnus." Ein Exemplar, „wo die einander folgenden verlängerten Internodien eines Theiles der Inflorescenz so gedreht sind,

dass deren Aeste nach derselben Seite abgehen." Dieser, den Sitzungsberichten des botanischen Vereins der Provinz Brandenburg (Bd. XIX, S. 120) entnommenen Beschreibung füge ich die folgende handschriftliche Notiz desselben Forschers bei: „Unter Drehungen der Internodien zeigen dieselben in der oberen Region der Inflorescenz plötzliche Abbiegungen und werden die Zweige nach einer Seite gerichtet." Auch hier ist, wie Magnus richtig bemerkt, die Drehung des Stengels das Primäre, die veränderte Richtung der Blätter das Secundäre. Aber die Blätter zeigen keine Spur von Verwachsung unter einander; ihre Insertionen stehen genau quer zur Achse.

Ein zweites Exemplar einer Rumex-Art zeigt Drehungen in den blättertragenden Internodien. Auch hier sind die Insertionen der Blätter quer zur Achse gestellt und nicht mit einander verwachsen.

3. *Campanula Trachelium L.* „Wien, legit P. Magnus." Ein 25 cm langer, blühender Ast, dessen unteres Internodium eine sehr starke Torsion trägt. Es ist etwa 3 cm lang und hat fast $1\frac{1}{2}$ linksläufige Windungen. Die Drehung erstreckt sich ein wenig über das nächstfolgende Internodium, gleicht sich hier aber allmählig aus. Die Insertion des Blattes zwischen diesen beiden Gliedern steht genau quer zur Achse, die Achselknospe oberhalb des Stieles.

Durch die Drehung des zweiten Internodiums ist die seitliche Entfernung der beiden betreffenden Blätter etwas verringert; sie sind nach einer Seite genähert (in verticaler Projection betrachtet). Sonst hat die Torsion keine Folgen in Bezug auf die Blattstellung.

Mit vollem Rechte behauptet Magnus für diesen Fall, dass die Drehung des Stengels das Primäre ist, und dass die Verschiebung der Blätter als deren Folge betrachtet werden muss[1]). Die Blätter sind nicht unter sich verwachsen.

4. *Phyteuma spicatum.* Der mir vorliegende Umschlag enthält 1. zwei aufgeklebte blühende Stengel, ohne Angabe von Zeit und Ort des Fundes, aber mit vielfachen handschriftlichen Bemerkungen unseres Autors; es sind dieses vermuthlich die in den Sitzungen des botanischen Vereins der Provinz Brandenburg (Bd. XXI, S. VI, Frühjahrsversammlung 1879) von Herrn Lauche vorgelegten Exemplare; 2. fünf Pflanzen späteren Ursprunges, deren eines mit Fas-

---

1) Sitzungsber. des bot. Ver. d. Prov. Brandenburg XIX, S. 120.

ciation des Kopfes am 22. Juni 1879 von Magnus in Berlin gesammelt wurde, deren zweites und drittes in 1885 bei Potsdam
wuchsen, während die beiden übrigen im Berliner botanischen Garten
in 1887 beobachtet wurden. Auch die vier letzteren sind von
Magnus gesammelt worden.

Alle diese Exemplare sind während oder nach der Blüthe eingelegt; in allen ist der untere Theil des Stengels ungedreht, fängt
die Torsion im beblätterten Theil des Stengels an und nimmt gegen
die Inflorescenz allmählig, und meist bedeutend, an Intensität zu.
Von dieser Regel bildet nur ein Exemplar aus Potsdam (1885) insofern eine Ausnahme, als der nackte Theil des Stengels unmittelbar
unterhalb der Aehre hier ungedreht ist; in dieser Pflanze ist die
Torsion überhaupt nur in geringem Grade ausgebildet.

Mit Ausnahme eines anderen Exemplares (Berlin 1887) stehen
die Blattinsertionen überall quer zur Achse. Sie sind durch die
Torsionen einander seitlich genähert, ohne Spur von Verwachsung.
Es ist ganz klar, dass die Verhältnisse hier genau so liegen, wie
sonst bei den einfachen Torsionen, aber ganz anders wie bei den
Zwangsdrehungen.

Die zuletzt erwähnte Ausnahme bildet aber einen, wenigstens
scheinbaren, Uebergang zwischen beiden Gruppen von Erscheinungen.
Sie wurde von Magnus im botanischen Garten in Berlin in 1887
in voller Fruchtreife gesammelt, während das zweite, aus demselben
Jahre stammende Individuum noch Blüthen trägt. Das fruchtreife
Exemplar hat einen ungedrehten Stengel und eine gleichfalls ungedrehte, 14 cm lange Aehrenachse. Zwischen beiden liegt die
scheinbare Zwangsdrehung. Sie ist 6 cm lang, die Riefen rechts
ansteigend, in der Mitte etwa um 45° gegen die Achse geneigt.
Die gedrehte Strecke trägt fünf Blätter, welche in einer steilen,
linksläufigen, fast ganz einseitswendigen Schraubenlinie stehen, während
ihre Insertionen nicht quer zur Achse, sondern in der Verbindungslinie der Blattbasen, also fast longitudinal gestellt sind. Die Achselsprosse stehen somit neben ihnen. Die Verbindungslinie der Blattbasen ist aber eine rein ideale Linie, ich finde keine Spur jener
Leiste, welche bei den echten Zwangsdrehungen nach dem Typus
von Weigelia die Blattbasen vereinigt.

Am Grunde des gedrehten Theiles biegt sich der Stengel; bis
dahin gerade aufgerichtet, bildet er jetzt einen Winkel von 50° mit

der Vertikalen. Auf der Grenze der Aehre richtet er sich wieder aufwärts. Die Blattinsertionen stehen so, dass die Medianen der Blätter senkrecht stehen und ihre Oberseite nach oben gerichtet ist.

Der gedrehte Theil ist aufgetrieben, fast doppelt so dick wie der normale. Er zeigt einen Riss, der der Richtung der Riefen folgt.

Bis auf die fehlende Verwachsung der Blattbasen stimmt die Erscheinung ganz mit den echten Zwangsdrehungen überein, während sie in fast allen Hinsichten von den einfachen Torsionen abweicht.

Dennoch glaube ich hier eine einfache Torsion vor mir zu haben, und dass die Erklärung ihrer Abweichung von den Torsionen der übrigen Phyteuma-Stengel in der Seitwärtsbiegung der gedrehten Strecke und in der, wohl geotropischen Aufrichtung der Blüthenähre zu suchen sein wird. Doch lässt sich hierüber am vorliegenden, ausgewachsenen und getrockneten Stengel nichts ermitteln und muss auch hier eine endgültige Erklärung neuer Funde, oder einer Cultur der gedrehten Rasse, wenn diese noch vorhanden sein sollte, anheimgestellt werden.

Für die weiteren Betrachtungen, zu welchen dieses Material die Veranlassung giebt, verweise ich auf den im Eingang citirten Aufsatz von Magnus.

5. *Valeriana officinalis.* Ein 70 cm hoher Stengel von normaler Dicke, an welchem sich fünf beblätterte Knoten vorfinden, von gestreckten Internodien getrennt. Die beiden unteren dieser fünf Knoten tragen je nur ein Blatt mit stengelumfassendem Fuss, die drei oberen Knoten tragen decussirte Blattpaare. Das Internodium zwischen den beiden erstgenannten Knoten (12 cm lang) ist tordirt, seine Riefen machen etwa Eine rechtsansteigende Windung.

§ 3. Torsionen von Blättern.

Calamagrostis Epigeios. „Perleberg, legit Lehmann." „Drehungen in Folge behinderten Längenwachsthums. Umsetzungen der Drehungen an den Blättern, wie an der festgehaltenen Ranke, weil das flache Blatt an seiner Spitze auch nicht nach rechts oder links ausweichen konnte!! P. Magnus." Ein am Rhizom abgebrochener blühender und dennoch nur 20 cm langer Spross, dessen Längenwachsthum, mit Ausnahme der unteren Internodien, offenbar durch irgend eine Ursache gehemmt worden ist. Der Spross selbst nicht

gedreht, nur gekrümmt, die ganze Rispe zu einem Knäuel von etwa
3 cm Länge zusammengedrungen. Die Missbildung lässt sich am
besten mit dem mangelhaften Wuchs vieler Pflanzen unter dem
Einflusse des Schäumthierchens (Cercopis spumaria) vergleichen.
Die Blätter, welche von derselben Ursache nicht oder doch nicht in
gleichem Maasse in ihrem Längenwachsthum beeinträchtigt wurden,
sind stark tordirt, und zwar mit abwechselnder Richtung. Sie stecken
mit ihren Spitzen ineinander und dieses mag die Torsion, wenigstens
zum Theil, bedingt haben.

Aehnliche Torsionen bekommt man bekanntlich, wenn man an
Stengeln während des Wachsthums die Spitze nach unten biegt und
festbindet.

Ob im vorliegenden Falle die Torsionen teratologischer Natur
sind, scheint mir fraglich. Wunderlich sind sie aber ohne Zweifel.

Erklärung der Tafeln II—XI.

Tafel II.

Dipsacus silvestris torsus.

Drei tordirte Individuen aus der dritten Generation meiner Rasse, am 28. Juni
1889 ausgegraben und photographirt.

Fig. 1. Das einzige unter etwa 70 tordirten Exemplaren, dessen Torsion in
der Mitte unterbrochen war. Von den beiden zwischengeschobenen geraden Internodien läuft die Blätterspirale auf dem unteren als stellenweise zerrissener Flügel
b, c, d auf dem oberen f, g als eine in der Figur nicht sichtbare gerade Wundlinie. Blätterspirale linksläufig. Höhe vom Wurzelhals w bis zur Gipfelblüthe
85 cm. a angewachsenes Suturblättchen.

Fig. 2. Häufigerer Fall, oberhalb des gedrehten Stammes sind zwei Internodien ausser dem Stiel der Inflorescenz gestreckt. Die Knoten 5 und 6 sind
zwei- resp. dreiblättrig; ihre Projectionen sind auf Taf. VII in Fig. 5 und 6 abgebildet. Das Internodium unterhalb 5 trägt eine sehr deutliche Wundlinie, offenbar durch Zerreissung der Blätterspirale entstanden. w Wurzelhals. Höhe bis zur
Gipfelblüthe 120 cm. Blätterspirale linksläufig.

Fig. 3. Der häufigste Fall unter den 70 tordirten Pflanzen. Oberhalb des
gedrehten Theiles nur ein gestrecktes Internodium ausser dem Blüthenstiele. Blattquirl zwischen diesen beiden dreigliedrig. Blätterspirale rechtsläufig. Höhe oberhalb des Wurzelhalses w 90 cm.

Tafel III.

Dipsacus silvestris torsus.

Mikrotomschnitte aus den wachsenden Gipfeln sich tordirender und anderer Hauptstämme, welche im Mai 1889 abgeschnitten und in Alkohol eingelegt wurden (Fig. 2—9) und aus der Wurzelrosette eines solchen Exemplares vor Anfang der Streckung am 27. December 1889 eingelegt (Fig. 1). Jede Figur ist einem besonderen Individuum entnommen.

Fig. 1 ($^6/_1$). Centraler Theil einer sehr kräftigen Winterrosette mit spiraliger Blattstellung, geschnitten 2,5 mm oberhalb des Vegetationspunktes. Spirale linksläufig. Blattwinkel No. 3 bis No. 16 $= 5 \times 360^0 + 20^0 = 1820^0$. Divergenzwinkel somit etwa 140^0.

Fig. 2 ($^5/_1$). Dreizähliger Stengel, kurz oberhalb des Vegetationspunktes geschnitten.

Fig. 3 ($^5/_1$). Tordirender Hauptstamm, 1,4 mm oberhalb des Vegetationspunktes geschnitten. Blätterspirale rechtsläufig; Blätter oberhalb der Flügelverbindungen getroffen.

Fig. 4 ($^{20}/_1$). Gipfel eines tordirenden Stammes, auf welchem die Inflorescenz bereits angelegt worden ist. Blätter 1, 2 und 3 in rechtsläufiger Spirale, wie die sämmtlichen älteren Blätter; 4, 5 und 6 als dreigliedriger Wirtel (Winkel 120^0).

Fig. 5 ($^{20}/_1$). Gipfel eines tordirenden Stammes vor Anlage des Blüthenköpfchens. Die Blätterspirale linksläufig, umfasst auch die höchsten sichtbaren Blattanlagen.

Fig. 6 ($^5/_1$). Blatt eines dreizähligen Individuums mit dreizähliger Achselknospe.

Fig. 7 ($^6/_1$). Normaler Hauptstamm mit decussirten Blättern, 0,2 mm oberhalb des Vegetationspunktes geschnitten.

Fig. 8 ($^5/_1$). Blatt eines tordirenden Stengels mit zweizähliger Achselknospe ohne collaterale Knospen.

Fig. 9 ($^5/_1$). Individuum mit tordirtem Hauptstamm und rechtsläufiger Blattspirale, welche sich noch über die Blätter 1—4 erstreckt. Jüngere Blätter in dreigliedrigen Wirteln. Auf der Grenze ein gespaltenes Blatt 5. Der rechte Flügel des Doppelblattes 5 (xx) schliesst sich, 3,2 mm tiefer, an den Flügel des Blattes 4 an, der linke an Blatt 6 (xx). Die beiden mittleren Flügel von 5 und der benachbarte von 7 (x) laufen am Internodium, welches sich wahrscheinlich bedeutend gestreckt haben würde, abwärts, wie aus den successiven Mikrotomschnitten ersichtlich war.

NB. Sämmtliche auf dieser Tafel abgebildete Blätter von tordirenden Exemplaren (Fig. 3—6 und 8—9) waren noch so jung, dass das Internodium unter ihnen noch keine Spur von Torsion zeigte.

Tafel IV.

Dipsacus silvestris torsus.

Suturblätter, Suturknospen und accessorische Achselknospen. Die Ziffern weisen die Stellung der Blätter in der Spirale an wie auf der vorigen Tafel. Mit Ausnahme von Fig. 9—12 sind sämmtliche Präparate aus Mikrotom-Schnittserien ausgewählt, für welche junge Pflanzen mit tordirendem Hauptstamm, im Mai 1889 abgeschnitten, das Material lieferten.

Fig. 1 ($^{6}/_1$). Aus einem tordirenden Hauptstamm mit rechtsläufiger Blattspirale. Vier Schnitte A—D, welche dasselbe Suturblättchen s in verschiedener Höhe treffen. A 2,8 mm oberhalb, B 0,6 mm, C 1,6 mm, D 3,2 mm unterhalb des Vegetationspunktes. In A ist s in seinem Gipfel geschnitten; in B weit oberhalb der Insertion des Blattes 4; in C ist es rückständig mit Blatt 4 verwachsen (0,8 mm oberhalb der Insertion des Blattes 4). D 0,8 mm unterhalb der Insertion des Blattes 4; die beiden Flügel von s an das Internodium angewachsen; sie laufen bis an die Insertion der Blätter 1 und 2 abwärts. Aehnlich verhält sich das Suturblatt u^{IV} in Fig. 3 auf Taf. VII.

Fig. 2 ($^{6}/_1$). Mikrotomschnitt durch einen tordirenden Stengel, 1 mm unterhalb des Vegetationspunktes. Das Suturblättchen s ist dem Blatt 5 rückständig angewachsen. Die Verbindungslinie liegt anodisch von der Mediane von 5; die Bauchseite des Suturblättchens ist dem Blatte 3 zugekehrt. Spirale linksläufig.

Fig. 3 ($^{6}/_1$). A und B. Ein Suturblatt s oberhalb der Verbindung mit dem Internodium getroffen und zwar in B 1,2 mm, in A 2,0 mm oberhalb dieser Stelle. Das Blättchen war nur bis 0,2 mm unterhalb des Blattes 4 an das Internodium angewachsen, also nicht dem Blatte selbst.

Fig. 4 ($^{5}/_1$). Querschnitt einer tordirten Pflanze mit linksläufiger Spirale, 1,8 mm unterhalb des Vegetationspunktes. Zwei Suturblättchen s und s'. Das eine, s, ist 2 mm tiefer an Blatt 3, das andere, s', 2,5 mm tiefer an Blatt 6 angewachsen.

Fig. 5 ($^{5}/_1$). Achselspross mit collateralen Knospen von einem tordirten Stamm mit linksläufiger Blattspirale.

Fig. 6 ($^{5}/_1$). Dasselbe von einem anderen im gleichen Sinne tordirten Individuum im Querschnitt.

Fig. 7 ($^{5}/_1$). Aehnlicher Fall aus einer rechtsläufigen Spirale. Die beiden collateralen Knospen fasciirt.

Fig. 8 ($^{5}/_1$). Suturknospe (s) auf dem Querschnitt eines tordirten Individuums mit linksläufiger Blätterspirale.

h = Höhlung des Stengels, verengt durch das schraubenförmige Diaphragma.

Fig. 9—12. Einem erwachsenen Stamme eines Individuums mit linksläufiger Blätterspirale entnommen.

Fig. 9 ($^{1}/_1$). Ein freies Suturblättchen.

Fig. 10 ($^{1}/_1$). Ein solches, zweinervig, mit seiner Insertion zwischen den Blättern 1 und 2. p Flügelverbindung.

Fig. 11 ($^{1}/_1$). Basis eines Blüthenstieles mit den beiden collateralen Achselknospen.

Fig. 12 ($^{1}/_1$). Eine Suturknospe, auf der Grenze der Blätter 1 und 2, deren Achselknospen bereits zu blühreifen Sprossen entwickelt waren.

Fig. 13 ($^{6}/_1$). Halbschematische Darstellung der Lage der Suturblättchen, eingetragen in einen Abschnitt einer linksläufigen Spirale. 13 A quer zur Spirale; dieses Blättchen ist weiter aufwärts um 90° geotropisch gedreht. 13 B parallel zur Spirale, dieser die Bauchseite zukehrend, mit einer Suturknospe. Weiter oberhalb um 180° geotropisch gedreht. 13 C parallel zur Spirale, dieser die Rückenseite zukehrend, mit zwei Suturknospen. Blättchen weiter nach oben nicht gedreht.

Fig. 14 ($^5/_1$). Suturblättchen (*s*), welches nur über einen kleinen Theil des Internodiums angewachsen war. Querschnitt oberhalb dieser Verbindung und unterhalb des nächstoberen Blattes, welches die Nummer 4 tragen würde. Blätterspirale linksläufig.

Tafel V.
Dipsacus silvestris torsus.

Fig. 1. Darstellung der Drehungsbewegung nach Darwin's Methode zur Beobachtung der Circumnutation. Das Blatt 1 war bereits zur Ruhe gelangt. Die Lage der folgenden Blätter 2—11 am Anfang des Versuchs ist durch 0 vorgestellt, ihre Bewegung durch den ausgezogenen Theil des Kreises.

0   Anfangslage am 11. Mai 1889,
I   Lage am 13. Mai,
II   „   „ 15. „
III   „   „ 17. „
IV   „   „ 19. „
V   „   „ 21. „

Wenn eine oder mehrere der letzten Marken fehlen, so hat sich das betreffende Blatt, nach Erreichung der zuletzt markirten Lage, nicht weiter bewegt.

Fig. 2. Schema für die Gürtelverbindungen der Gefässbündel eines Blattpaares einer normalen decussirten Pflanze. *m m*, mittlere Gefässbündel der Blattnerven. *a, b* seitliche Bündel und *c* Randbündel der Mittelnerven. *d* Gefässbündel der Flügel auf dem Suturbogen entspringend. *a' b'* eine der zahlreichen Abweichungen, welche von diesem Schema vorkommen.

Fig. 3 ($^1/_1$). Grund der Flügelverbindung zweier benachbarter Blätter eines tordirten Exemplares mit den Flügeladern. *m, m'* mittlere Gefässbündel der Hauptnerven der beiden Blätter; *a, c, a', c'* seitliche Bündel der Mittelnerven; *p, q* Randbündel. Vom Suturbogen *c c'* entspringen die wichtigsten Flügeladern.

Fig. 4 ($^1/_2$). Suturblatt (b) an einem gestreckten Internodium eines grundständigen Astes eines atavistischen Individuums, am 18. Juli 1889 abgeschnitten und photographirt. 1, 2 die beiden weggeschnittenen Blätter des Knotens *a*; 3, 4, 5 die Blätter des folgenden Knotens; *c, d* Flügelverbindung zwischen Blatt 2 und 3.

Fig. 5 ($^1/_1$). Querschnitt durch ein junges, Mai 1889 abgeschnittenes, tordirendes Exemplar, etwa 1 mm oberhalb des Vegetationspunktes. Man erkennt, wie die Divergenzwinkel durch die Torsion kleiner werden. Von Blatt 2—11 trifft der Schnitt die Flügelverbindungen, sonst liegt er oberhalb dieser.

Fig. 6 ($^1/_1$). Querschnitt durch einen erwachsenen Stamm mit rechtsläufiger Blattspirale, die in die Höhlung hineinragende Diaphragmaleiste zeigend.

Fig. 7 ($^1/_1$). Schiefer Längsschnitt eines Gipfels eines tordirenden Stammes, tangential zur Höhlung genommen, um das schraubenförmig in diese hineinragende Diaphragma zu zeigen.

Fıg. 8 $\left(\frac{3,5}{1}\right)$. Querschnitt durch ein junges Internodium eines Hauptstammes mit rechtsaufsteigender Blattspirale, das Diaphragma zeigend. a, b, b' collaterale Achselknospen.

Fig. 9 $\left(\frac{3,5}{1}\right)$. Die Gefässbündel am Grunde der Blätter 12 und 13 des in Fig. 5 abgebildeten Exemplares. Tangentialschnitt, in Kreosot durchsichtig gemacht. Bedeutung der Buchstaben wie in Fig. 3.

Fig. 10 ($^1/_1$). Ein Stammgipfel eines jungen tordirenden Exemplares, im Mai 1889 abgeschnitten und der Länge nach aufgespalten und flach gelegt. Blätterspirale rechtsaufsteigend. Die einzelnen Blätter sind an ihrer dicken medianen Blattspur kenntlich, sowie an dem kleinen Kreise, der die Lage der normalen Achselknospe andeutet. Man erkennt die in ihrem Bau variablen Gürtelverbindungen.

Fig. 11 ($^1/_2$). Theil eines grundständigen Astes eines abgeschnittenen Atavisten, am 17. Juli 1889 photographirt. Ein Knoten mit geringer Torsion zwischen zwei gestreckten Internodien; man sieht die beiden Achselsprosse der beiden dicht nebeneinander stehenden Blätter. Am Internodium unterhalb dieses Knotens lief der Blattflügel bis zum nächstunteren Blatt anfangs herab, war aber während der Streckung zerrissen (0), man erkennt die Risslinie bei r, s.

Fig. 12 A B ($^5/_1$). Zwei Querschnitte eines Hauptstammes mit rechtsläufiger Blattspirale. In A ist bei s die Insertion einer Suturknospe getroffen, die Flügelbündel sind noch getrennt. Im Schnitt B, 0,2 mm tiefer, erkennt man den Suturbogen (s'), aus welchem jene Flügelbündel entspringen. Er liegt ausserhalb des Gefässbündels der Suturknospe (s). a eine collaterale Achselknospe.

Tafel VI.

Dipsacus silvestris torsus.

Alle Figuren sind Photographien von Theilen von Zweigen, welche im Juni 1889 aus den Stümpfen der dicht am Boden abgeschnittenen Atavisten emporwuchsen und Mitte Juli 1889 photographirt wurden.

Fig. 1 ($^1/_2$). Locale Zwangsdrehung (Blatt 5, 6, 7, 8) oberhalb eines dreiblättrigen Knotens (a mit Blatt 1, 2, 3). Blatt 4 ist durch die Streckung des Stengels oberhalb a zweibeinig geworden. Seine Vorderseite ist an die Vorderseite des Blattes 3, welches sonst ein normales Glied des dreiblättrigen Quirls bildet, angewachsen.

Fig. 2 ($^1/_2$). Locale Zwangsdrehung zwischen gestreckten Internodien. Am Knoten a die Blätter 1 und 2, dieses mit seinem Flügel an 3 verwachsen. Zwangsspirale in Blatt 3, 4, 5, 6 und 7. Letzteres durch Streckung des Stengels zweibeinig geworden und ferner durch eine Risslinie und einen zerrissenen Flügeltheil mit 8 verbunden. Die drei Blätter 8, 9, 10 in ungleicher Höhe, einen Scheinwirtel bildend. Der Flügel des Blattes 1 von a bis b herablaufend; unterhalb b bis zum Knoten eine Risslinie. $c\,d$, die Risslinie, welche die beiden Beine des Blattes 7 mit einander verbindet.

Fig. 3 ($^1/_2$). Vierblättriger Scheinwirtel zwischen gestreckten Internodien, mit starker Zwangsdrehung (a—b). Bei c lief der Flügel des unteren Blattes in der Jugend am Internodium abwärts, doch war jetzt losgerissen. Der Stengel trug die entsprechende Risslinie.

Fig. 4 ($^1/_3$). Diphyller Becher mit ganz verwachsener, viergipfliger Spreite. Die vom Trichterstiel eingeschlossene Endknospe des Sprosses hat diesen seitlich gesprengt und tritt durch den Riss hervor. Sie hat aber ihre Spitze noch nicht befreit.

Fig. 5 ($^1/_2$). Locale Zwangsdrehung, die an den Zweigen meiner Cultur in 1889 häufigste Art des Auftretens zeigend.

Fig. 6 ($^1/_2$). Anschluss einer Zwangsdrehung an einen dreigliedrigen Wirtel (Blatt 1, 2, 3), dessen unteres Blatt (1) mit seinem Flügel nicht an Blatt 3 anschliesst, sondern am Internodium als schmale Flügellinie abwärts läuft. Flügel von Blatt 3 mit Blatt 4 verwachsen, ebenso die Flügel in der Spirale 4, 5, 6. Von Blatt 6 führt eine Risslinie zu Blatt 7. Von Blatt 7 führt eine braune Risslinie am 8 cm langen gestreckten Internodium aufwärts bis zum unteren Blatte eines dreigliedrigen Scheinwirtels.

Fig. 7 ($^1/_2$). Der Knoten a trägt die genau opponirten Blätter 1 und 2. Daran schliesst sich die Zwangsspirale von Blatt 3, 4, 5, 6, 7, 8, 9, 10 an, mit schöner Torsion des Stengels von 4 bis 10, aber mit Streckung von d bis c. Durch diese Streckung ist das zweigflige Blatt 3 zweibeinig geworden. Die entsprechende Risslinie war von c bis d am Stengel deutlich sichtbar. Dem Rücken des Blattes 3 ist das Blatt o gleichfalls mit seinem Rücken bis zur halben Höhe angewachsen, es steht mit seinen beiden Flügeln am Knoten a inserirt. Es ist vielleicht nur ein stark ausgebildeter Theil des Flügels zwischen Blatt 1 und 2 auf der Seite a.

Tafel VII.
Dipsacus silvestris torsus.

Fig. 1 ($^1/_2$). Ein tordirender Hauptstamm, der im Juni 1890 zu Versuchen diente. Nachdem er völlig ausgewachsen war, wurde er im Herbst abgeschnitten und photographirt. Im unteren Theil wurden die Gürtelverbindungen der Gefässbündel der Blätter abgekratzt, bevor die Torsion an der betreffenden Stelle anfing. Die Torsion ist dadurch nicht gestört worden. Im oberen Theil wurden Längsschnitte zwischen je zwei Blättern vor Anfang der Torsion gemacht. Die zwischen zwei Längsschnitten liegenden Theile wuchsen gerade aus, ohne sich zu tordiren. Den Gipfel liess ich ohne Verwundung, hier trat die Zwangsdrehung wieder in üblicher Weise ein.

a, b. Der vierte Umgang der Blätterspirale oberhalb der Wurzelblätter.

1—8. Die Reihenfolge der Blätter, jetzt am leichtesten an ihren Achselsprossen kenntlich. Einschnitte sind gemacht zwischen Blatt 1 und 2 (d, e), 3 und 4 (auf der Hinterseite liegend, der anodische Rand des Schnittes mit c, c', c'', der katodische mit g, g', g'' bezeichnet) und zwischen Blatt 4 und 5 (die Ränder dieses Schnittes durch h, h', f, f' angedeutet).

Fig. 2 ($^1/_2$). Aus demselben Material wie Tafel VI. Decussirter Stengel mit einem „aufgelösten Blattpaar a b; die Decussation ist dadurch nicht gestört. Vom Blatt a läuft ein später vom Internodium losgerissener Flügel (c) abwärts; die Risslinie erstreckt sich bis zum unteren Blattpaar.

Fig. 3 $\left(\frac{1}{2,5}\right)$. Der in den Ber. d. d. bot. Ges. VII, Tafel XI, Fig. 7 abgebildete Stamm, von der anderen Seite gesehen. Die Suturblätter (u—u^{IV}) mit den entsprechenden Buchstaben belegt; u' ist in dieser Figur nicht sichtbar, u^{IV} war in der citirten Figur hinter den beiden mittleren Blättern der rechten Seite versteckt. u, u'' und u''' freie; u^{IV} angewachsenes Suturblättchen. (In der Erklärung der citirten Figur ist u'' irrthümlich als angewachsenes Suturblättchen angegeben.)

Fig. 4 ($^1/_2$). Zwangsdrehung aus demselben Material wie Tafel VI, mit zweibeinigem Blatt an einen zweiblättrigen Knoten anschliessend. Es ist dies der höchste Grad von Torsion, welchen ich bis jetzt an Seitenzweigen meiner Rasse beobachtet habe.

Fig. 5 und 6. Projectionen der beiden zwei- und dreiblättrigen Scheinwirtel der auf Tafel II in Fig. 2 abgebildeten Pflanze; 6 des oberen, 5 des zweitoberen Quirls. Die Ziffern geben die Reihenfolge der Blätter in der genetischen Spirale an. Je weiter sie vom Stengel gezeichnet sind, um so tiefer waren sie diesem eingepflanzt.

Fig. 7 ($^1/_2$). Ein ähnliches Präparat wie Fig. 1, aus derselben Versuchsreihe. Die untere Stammeshälfte mit vier Umgängen der ansteigenden Blätterspirale nicht gezeichnet. 1—6, die aufeinanderfolgenden Achselsprosse der Blätter der Versuchsstrecke. Einschnitte wurden gemacht zwischen Blatt 1 und 2 (in der Figur unsichtbar, da er auf der Rückenseite liegt), Blatt 2 und 3 (a, a', a'', a''', a^{IV}, a^{V}) und zwischen Blatt 3 und 4 (b, b', b''). Es geschah dieses im Juni, vor Anfang der Torsion an den betreffenden Stellen. Demzufolge unterblieb die Drehung im Stengel zwischen Blatt 1 und 4. Oberhalb dieses Blattes stellte sie sich wieder ein.

Tafel VIII.

Dipsacus silvestris torsus.

Fig. 1 ($^1/_3$). Geringer Grad von Becherbildung am unteren Knoten eines Zweiges eines im Juni 1889 am Boden abgeschnittenen Atavisten.

Fig. 2 ($^1/_4$). Keilförmiges Blüthenköpfchen als End-Inflorescenz eines in der Achsel eines gabelspaltigen Blattes stehenden Sprosses.

Fig. 3 ($^1/_2$). Einblättriger Becher, aus dessen Trichterstiel sich die Endknospe (c) des Zweiges durch einen Riss (a, b) befreit hat. d e, Achseltriebe eines Blattpaares, welches nur durch ein ganz kurzes Internodium vom Becher getrennt war. Spreite des Bechers einspitzig.

Fig. 4 ($^1/_1$). Einblättriger Becher, wie Fig. 1—3 aus demselbe Material wie Tafel VI. a b Risslinie, welche die normale Stellung des Bechers c als dem Blatte d opponirt erscheinen lässt; o Achselknospe.

Fig. 5 und 6 ($^1/_8$). Gipfel zweier Atavisten aus der Cultur von 1889, am 28. Juni photographirt. Beide Stämme mit genau decussirter Blattstellung, aber in den Gipfeln mit mehr oder weniger tief gespaltenen Blättern. Drei Achselsprosse gespalten. Die Pflanzen waren 2 m hoch und sind kurz vor der Blüthe abgeschnitten.

Tafel IX.

Fig. 1—6. Weigelia amabilis.

Fig. 1 ($^1/_1$). Typische Zwangsdrehung, August 1886 in einem Garten unweit Hilversum gefunden. Die drei unteren Blätter (1—3) in Scheinwirtel, an diesen anschliessend die Zwangsspirale 4—15. Unterhalb des Wirtels 1—3 hatte der Zweig nur noch einen Knoten, gleichfalls mit dreiblättrigem Scheinquirl.

Fig. 2 und 3 ($^1/_1$). Zwangsdrehung, im Jahre 1871 in einem Garten in Haag von mir gesammelt. Fig. 2 aus dem oberen, Fig. 3 aus dem unteren Theil des Zweiges. Die Blätter dicht am Grunde abgeschnitten.

Fig. 4. Horizontalprojection der Blattstellung des in Fig. 1 abgebildeten Zweiges. Die einzelnen Blätter sind mit denselben Zahlen belegt wie in jener Figur.

Fig. 5 ($^{40}/_1$). Die Endknospe des in Fig. 1 abgebildeten Zweiges, im Querschnitt kurz oberhalb des Vegetationspunktes. Blätter sämmtlich in spiraliger Anordnung.

Fig. 6 ($^{12}/_1$). Ein etwas tieferer Schnitt durch dieselbe Knospe.

Fig. 7. Lupinus luteus.

Fig. 7 ($^1/_1$). Eine Inflorescenz mit spiraliger Anordnung der Blüthen und zwangsgedrehter Achse. Ermelo, Juli 1890. Man erkennt die spiralige Verbindungslinie der abgefallenen Bracteen.

Tafel X.

Fig. 1. Deutzia scabra. Zweig mit localer Zwangsdrehung aus dem botanischen Garten in Amsterdam. Blätter abgeschnitten. Die Zahlen weisen ihre Anordnung in der genetischen Spirale an. 1, 2 fast normales; 8, 9 normales Blattpaar. Zwischen diesen beiden die fünf Blätter 3—7 in Spirale mit dem Divergenzwinkel $^2/_5$. Sie sind unter sich durch eine erhabene Linie verbunden, welche namentlich zwischen 5, 6 und 7 deutlich entwickelt war. An dieser Stelle Zwangsdrehung um etwa 180°.

Fig. 2. Horizontalprojection desselben Zweiges nach Aufhebung der Torsion (Zurückdrehung um etwa 180°). Die einzelnen Blätter durch dieselben Zahlen angegeben. Die gezogenen Linien deuten die verkürzten, die punktirten die gestreckten Internodien an.

Fig. 3 ($^1/_1$). Lonicera tatarica. Zweig mit Zwangsdrehung aus dem botanischen Garten in Amsterdam. Blätter abgeschnitten und nach der genetischen Spirale numerirt. Blatt 1—4 vierblättriger, vertical ein wenig auseinander geschobener Quirl; unterhalb dieses hatte der Zweig noch zwei vierblättrige Quirle. In der Region der Blätter 8—11 ist der Stengel um etwa 180° tordirt, sonst nicht.

Fig. 4. Horizontal-Projection desselben Zweiges nach Aufhebung der Torsion. Die Blätter stehen alle in viergliedrigen alternirenden Wirteln. Die punktirten Linien deuten die gestreckten Internodien an.

Fig. 5 ($^1/_1$). Urtica urens. Zweig mit localer Zwangsdrehung. Ermelo, Juli 1890. Die Abweichung beschränkt sich auf die Blättergruppe *b1,—b4*. Das Blattpaar *a3, a4*, sowie *c1* und *c2* und die höheren sind normal. In der Region *b1, b4* ist der Stengel um etwa 180° tordirt, sonst nicht.

Fig. 6. Horizontalprojection desselben Zweiges, ohne Aufhebung der Torsion. Die einzelnen Blätter durch dieselben Bezeichnungen angedeutet. Die gezogene Linie $c2$, $b2$, $a2$ ist die mediane äussere Blattspur von $c2$ und $b2$ und giebt somit die Torsion an. Die durch eine Accolade verbundenen Blätter $b2$, $b3$ hatten ihre zwischenliegenden Stipeln verwachsen.

Fig. 7 und 8 ($\frac{1}{1}$). Dianthus Caryophyllus mit localer Zwangsdrehung ($b1$, $b2$, $c1$, $c2$) an sonst normal decussirten Stengeln. Putten, Juli 1890. b^*, c^*, d^* die Achselsprosse der Blätter $b1$, $c1$ und $d1$.

Tafel XI.

Fig. 1 ($\frac{1}{1}$). Valeriana officinalis. Theil eines Stengels mit der Blatt-stellung $\frac{1}{2}$, Blattscheide (a) den Stengel (b) umfassend. Ankeveen, Juni 1886.

Fig. 2 ($\frac{1}{1}$). Zea Mais. Keimling in Wassercultur, mit schraubiger Hauptwurzel.

Fig. 3 ($\frac{1}{1}$). Lysimachia thyrsiflora. Einfache Torsion, die decussirte Blattstellung ist dabei erhalten geblieben. Ankeveen, Juni 1886.

Fig. 4 ($\frac{1}{1}$). Polygonum Fagopyrum. Ermelo, Juli 1890. Zwischen o und p sind die Stipulae von Blatt 1 und 2 verwachsen; demzufolge ist der Spross hier gestaucht, gekrümmt und gedreht; bei q hebt er sich geotropisch aufwärts. 1, 2, 3, 4 die successiven Blätter, 1a, 2a, 3a, 4a ihre Achselsprosse (2a ist ein Blüthenstiel).

Fig. 5 ($\frac{1}{1}$). Juncus effusus. Flacher Stengel, um die eine Seitenkante tordirt.

Fig. 6 ($\frac{1}{1}$). Dioscorea japonica. Tordirter zweispreitiger, abgeflachter Blattstiel, bei a auf dem Stengel eingepflanzt. c nächsthöheres Internodium.

Fig. 7 ($\frac{4}{1}$) und 8 ($\frac{4,5}{1}$). Lupinus luteus. Querschnitte dicht unterhalb des Vegetationspunktes zweier junger, etwa 1 cm langer Inflorescenzen mit spiraliger Anordnung der älteren Blüthenknospen. Man erkennt die spiralige Stellung der Bracteen, in deren Achseln die Blüthenknospen noch ganz jung waren. Die Torsion hatte in dem betreffenden Theil der Achse noch nicht angefangen.

Fig. 9 und 10 ($\frac{2}{3}$). Crepis biennis. Ein Theil eines Sprosses mit localer Zwangsdrehung, von beiden Seiten photographirt, Mai 1890. Die Blätter 1—4 in einer Gruppe zwischen zwei gestreckten Internodien. Blatt 2 und 3 durch unvollkommene Gabelung eines Blattes entstanden, am Grunde nicht getrennt, in ihrer gemeinschaftlichen Achsel der kurze sehr flache und sehr breite Zweig o. Die Zwangsdrehung auf diesen Abschnitt des Stengels beschränkt.

Fig. 2.

Fig. 1.

Fig. 3.

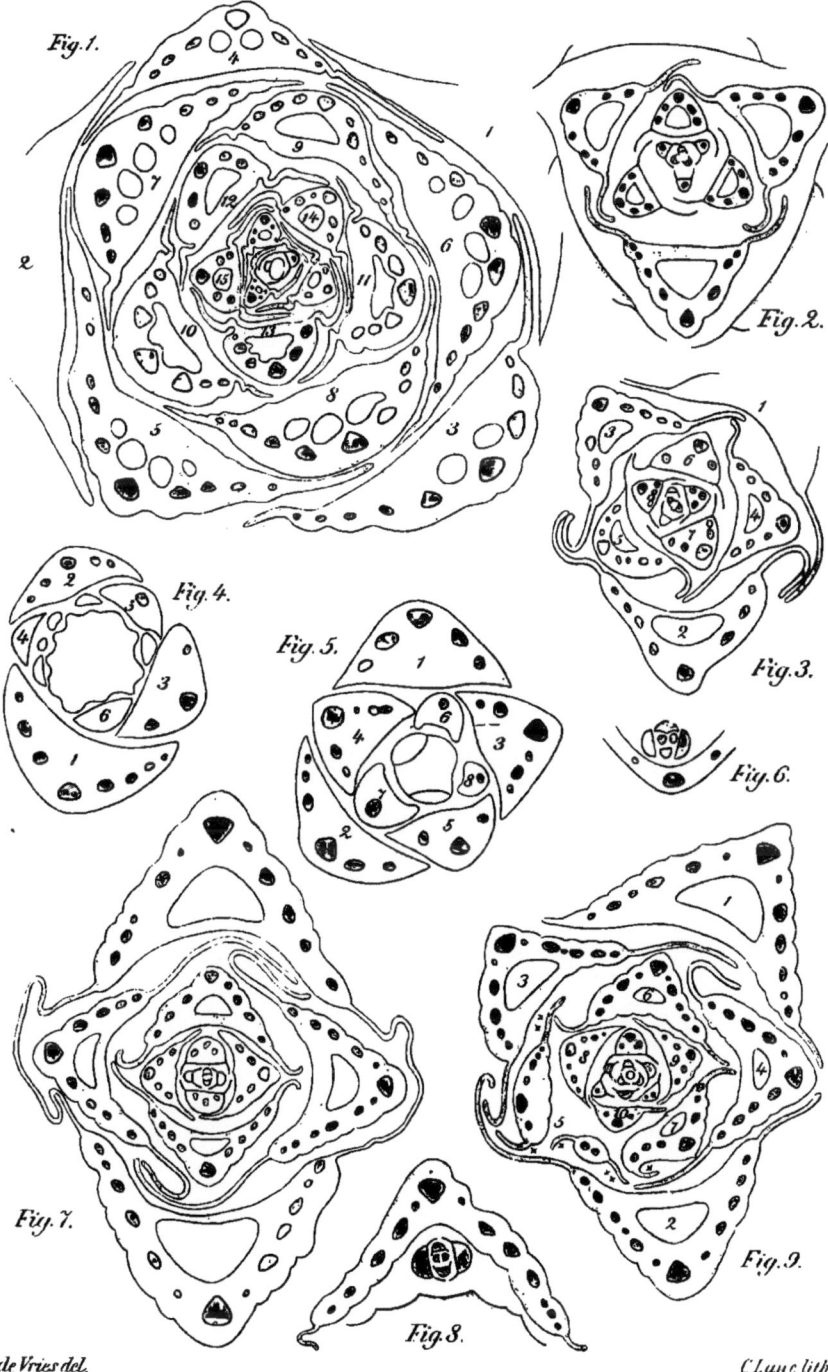

Fig.1.
Fig.2.
Fig.3.
Fig.4.
Fig.5.
Fig.6.
Fig.7.
Fig.8.
Fig.9.

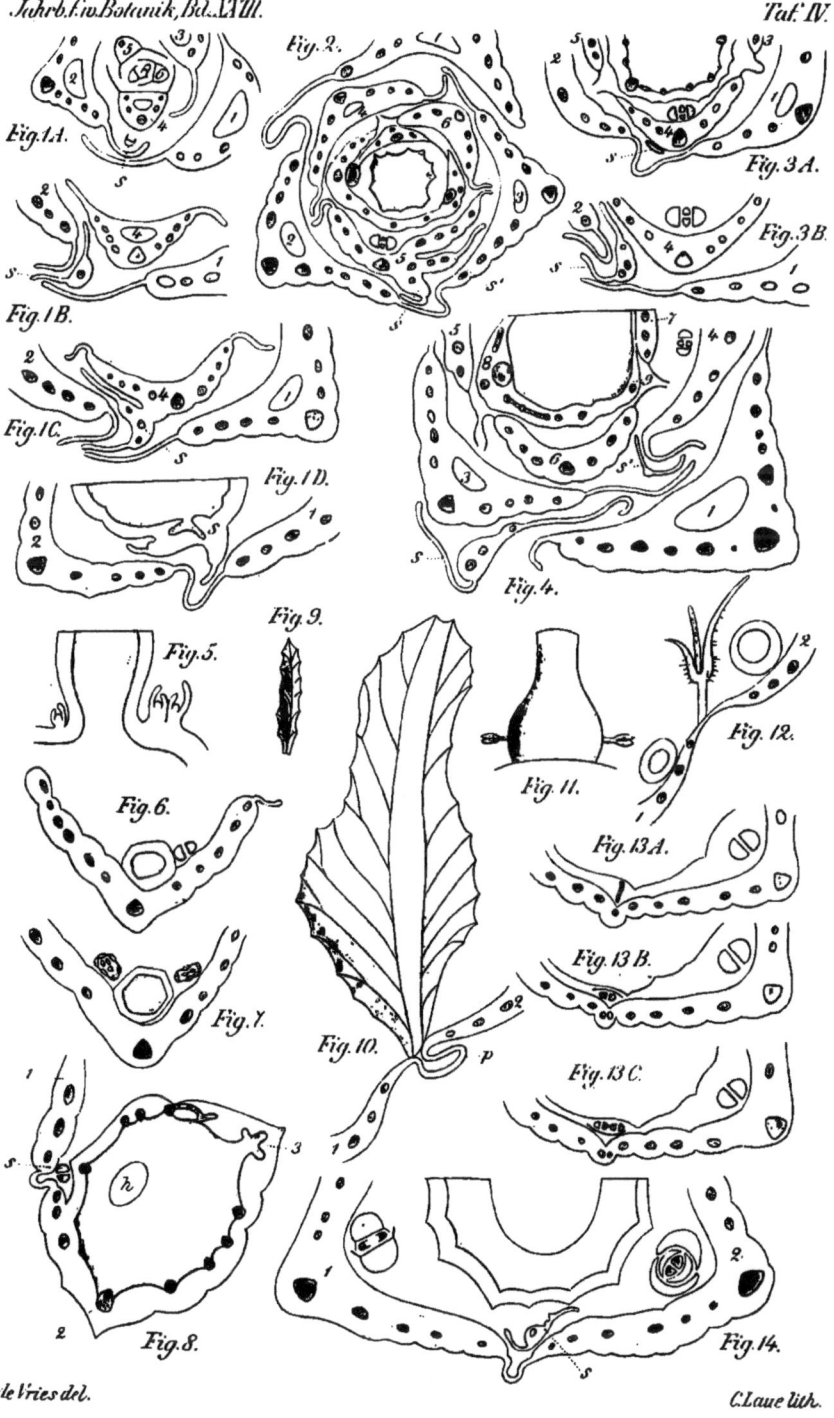

Fig.1A.

Fig.1B.

Fig.1C.

Fig.1D.

Fig.2.

Fig.3A.

Fig.3B.

Fig.4.

Fig.5.

Fig.6.

Fig.7.

Fig.8.

Fig.9.

Fig.10.

Fig.11.

Fig.12.

Fig.13A.

Fig.13B.

Fig.13C.

Fig.14.

de Vries del.

C.Laue lith.

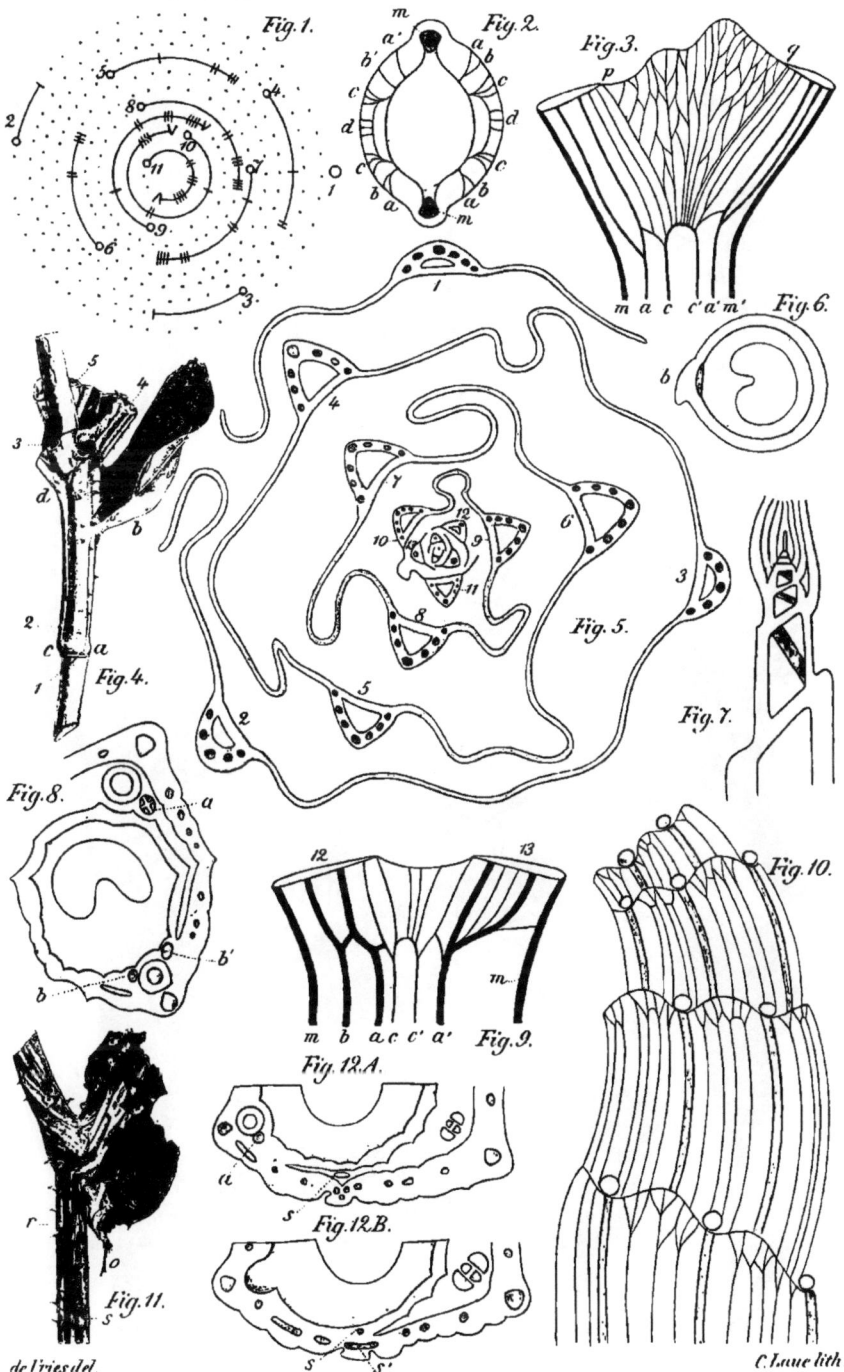

Fig. 1.

Fig. 2.

Fig. 3.

Fig. 7.

Fig. 5.

Fig. 4.

Fig. 6.

de Vries phot.

C. Laue lith.

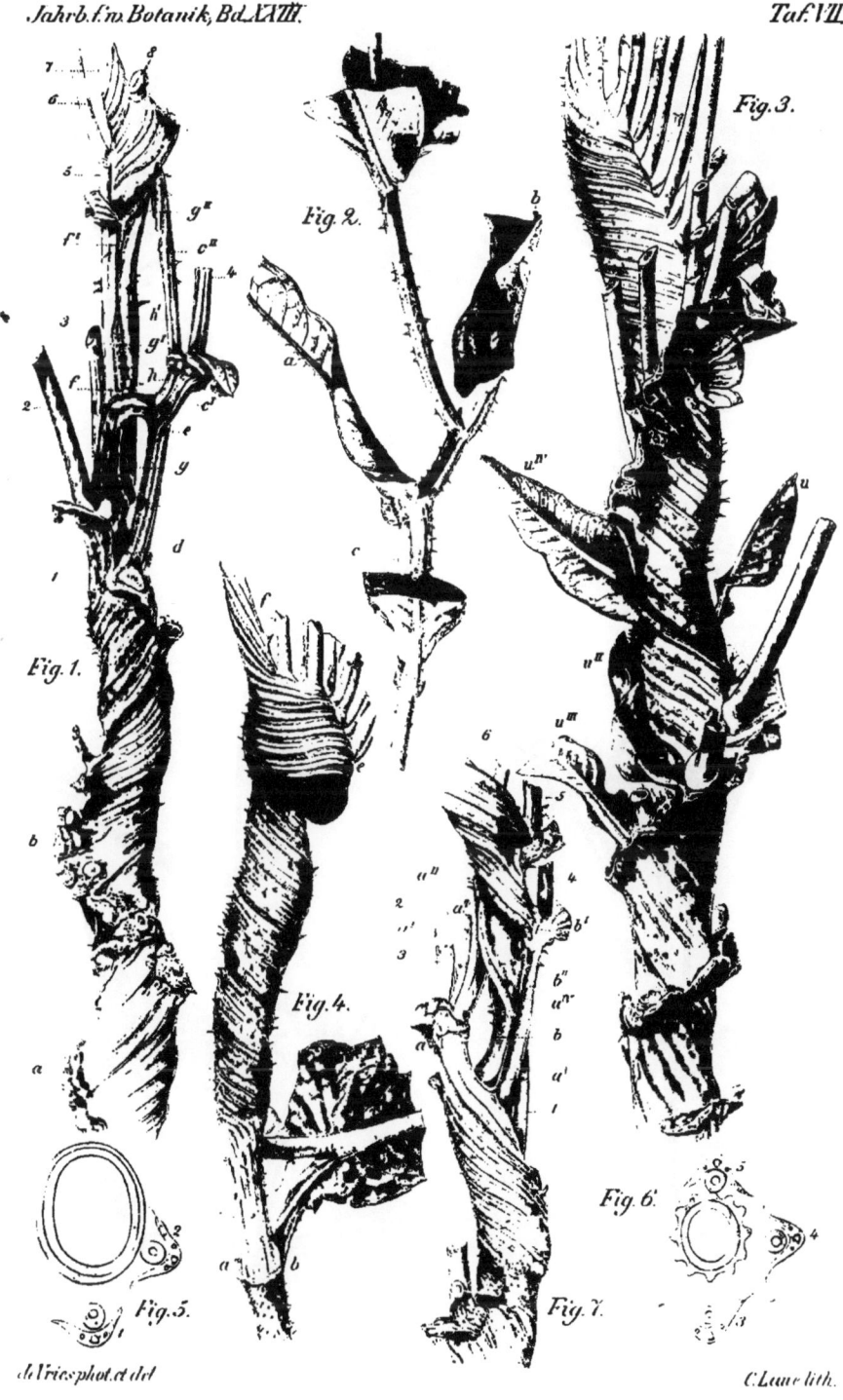

Fig. 1.

Fig. 2.

Fig. 3.

Fig. 4.

Fig. 5.

Fig. 6.

Fig. 7.

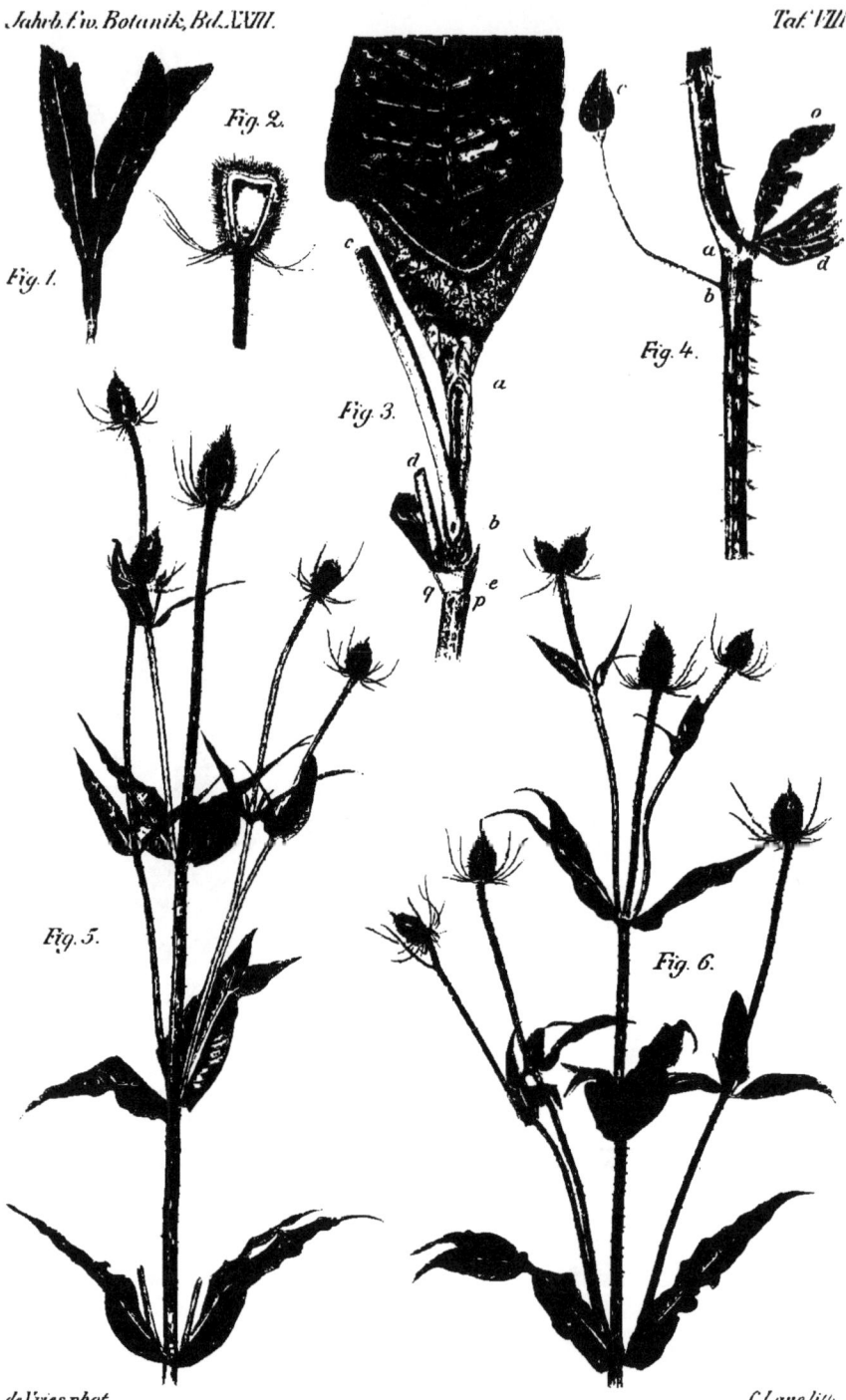

Fig. 1.

Fig. 2.

Fig. 3.

Fig. 4.

Fig. 5.

Fig. 6.

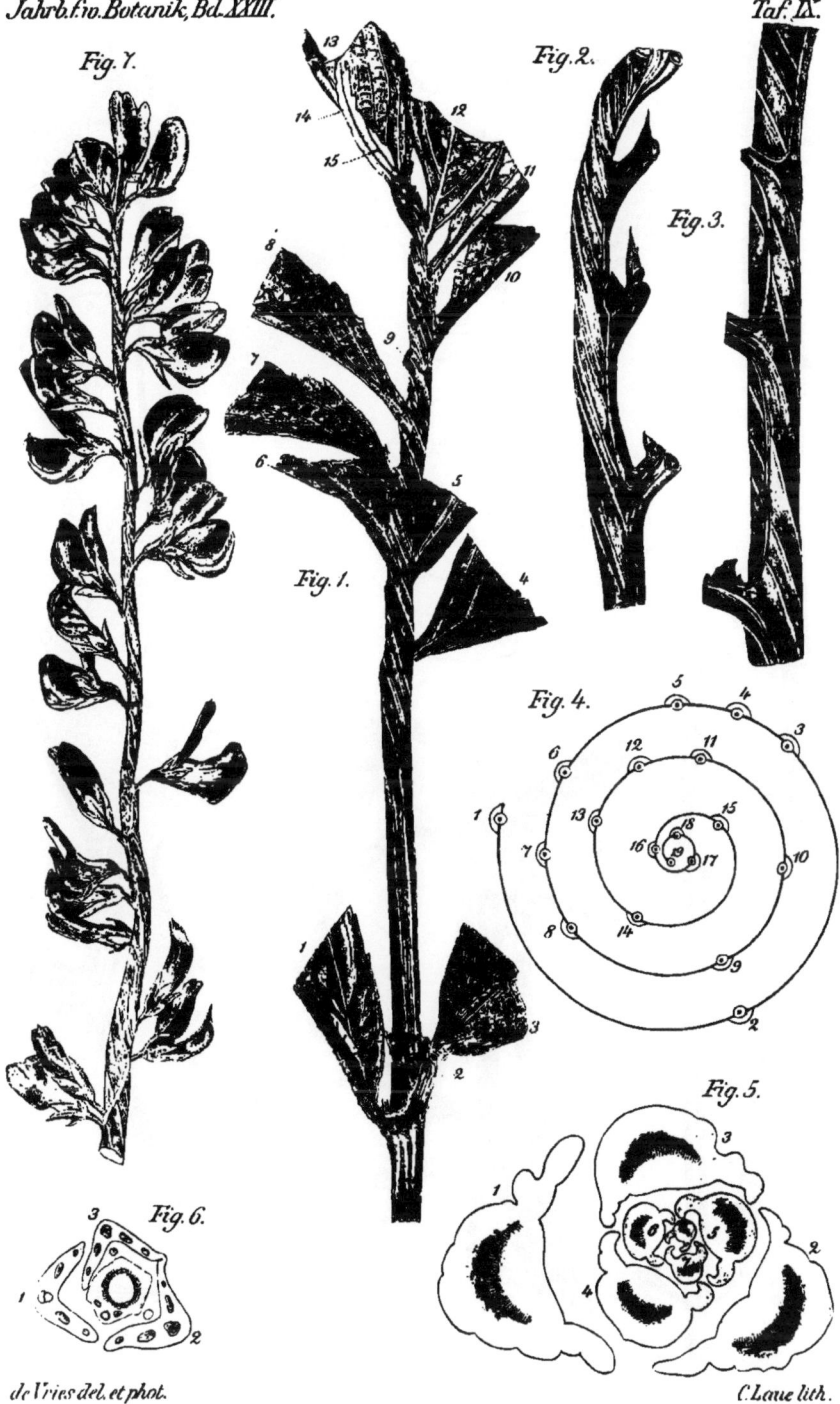

Fig. Y.

Fig. 2.

Fig. 3.

Fig. 1.

Fig. 4.

Fig. 5.

Fig. 6.

de Vries del. et phot.

C. Laue lith.

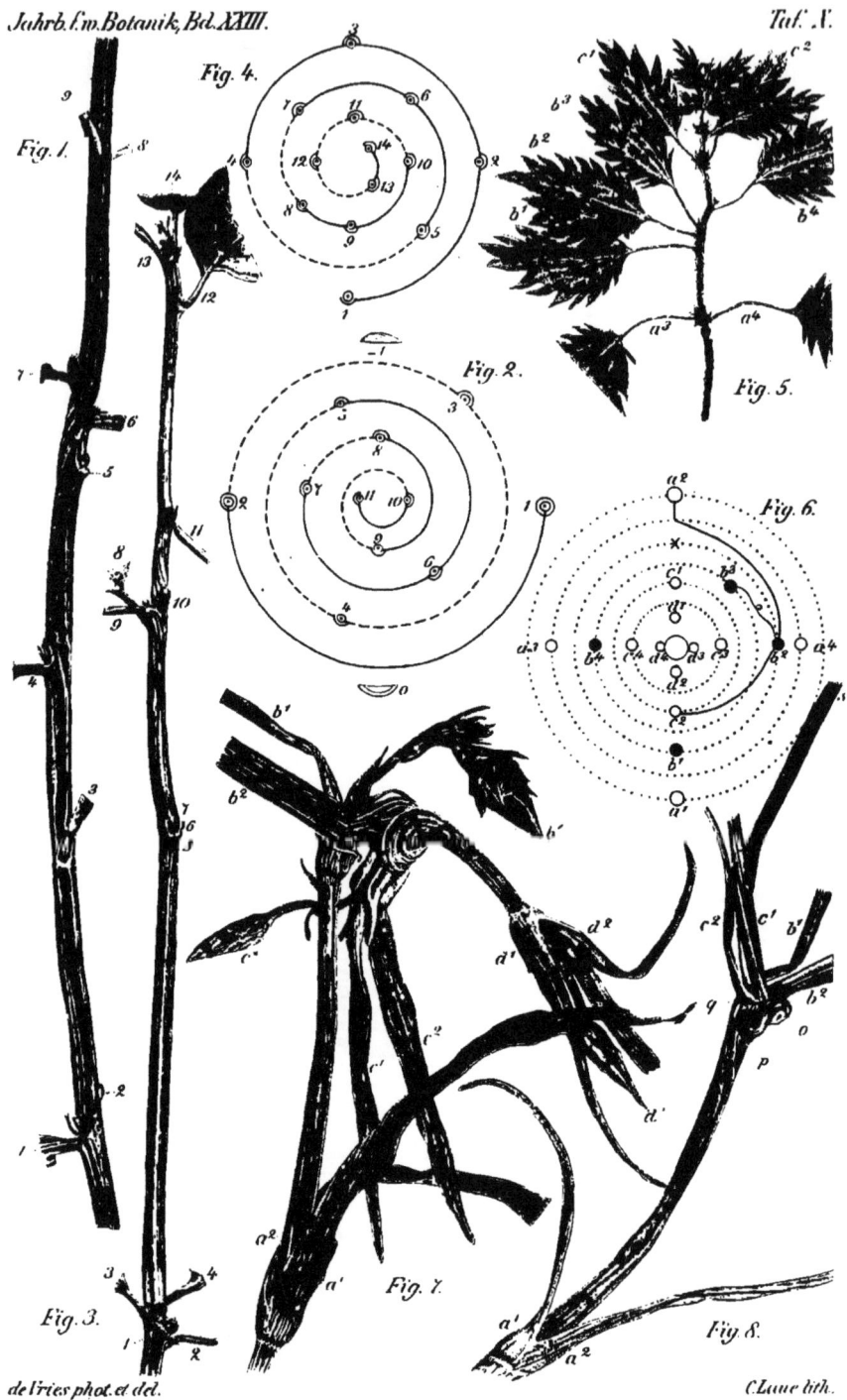

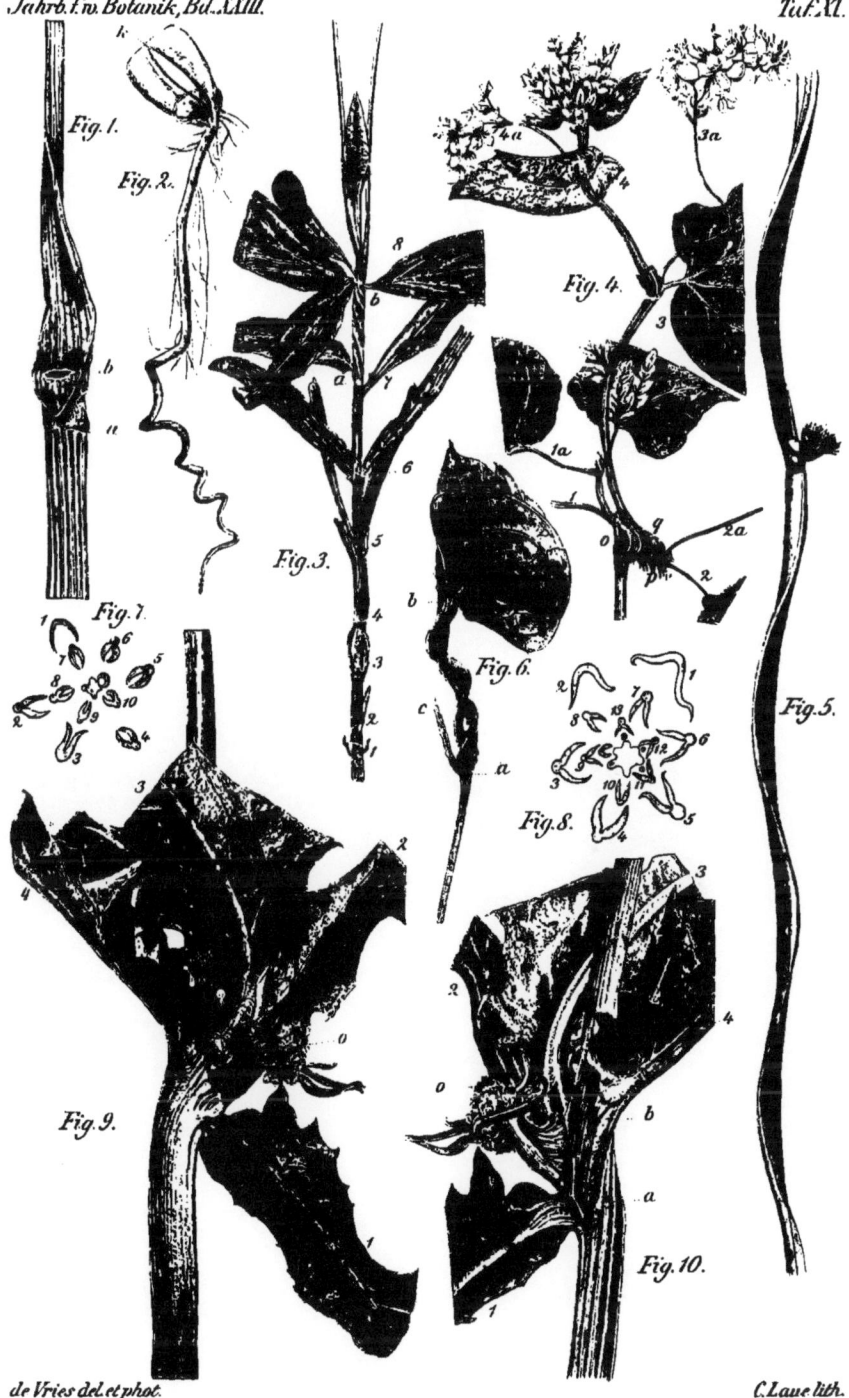

Fig. 1.

Fig. 2.

Fig. 3.

Fig. 4.

Fig. 5.

Fig. 6.

Fig. 7.

Fig. 8.

Fig. 9.

Fig. 10.